Venus-Morde

W0236448

Venus-Morde

Erotische Kriminalgeschichten von
Ruth Rendell, Patricia Highsmith u. a.

Econ & List Taschenbuch Verlag

Veröffentlicht im Econ & List Taschenbuch Verlag 1998

Der Econ & List Taschenbuch Verlag ist ein Unternehmen
der Econ & List Verlagsgesellschaft, München
Deutsche Erstausgabe
© 1997 für die deutsche Ausgabe by Econ GmbH,
Düsseldorf und München
Übersetzernachweis am Ende jeder Geschichte
Titel der Originalausgabe: Mysterious Erotic Tales
Collection Copyright © 1997 by Michael O'Mara Books Ltd.
Umschlagkonzept: Büro Meyer & Schmidt, München – Jorge Schmidt
Umschlagrealisation: Init GmbH, Bielefeld
Titelabbildung: Rainer Tintel
Lektorat: RR
Satz: Josefine Urban – KompetenzCenter, Düsseldorf
Druck und Bindearbeiten: Elsnerdruck, Berlin
Printed in Germany
ISBN 3-612-25237-2

Inhalt

Ruth Rendell
Eine Freizeitbeschäftigung

Menschen zu erschrecken war früher eins meiner Hobbys. Vielleicht sollte ich besser sagen, eine Leidenschaft, und auch nicht Menschen, sondern ganz besonders Frauen. Andere einzuschüchtern ist in der Tat sehr reizvoll, wie jeder festgestellt hat, der es bereits erfolgreich ausprobiert hat. Ich vermute, daß dieses Gefühl etwas mit Macht zu tun hat. Die meisten Menschen versuchen es nie wirklich, daher wissen sie es nicht, aber sie sehen sich diejenigen an, die es tun: Richter, Polizisten, Gefängniswärter, Zollbeamte, Steuerfahnder. Denen geht es gut, nicht wahr? Man wird sie nie dabei ertappen, daß sie aufgeben oder andere Verfahrensweisen annehmen. Menschen zu erschrecken steigt ihnen in den Kopf. Sie berauschen sich daran, sie leben davon. Genau wie ich. Während andere Männer wahrscheinlich mit ihren Kumpels runter in die Kneipe oder zum Fußball gingen, fuhr ich raus nach Epping Forest und jagte Frauen Angst ein. Man könnte das Ganze als meine Freizeitbeschäftigung bezeichnen.

Verstehen Sie mich jetzt bitte nicht falsch. Da war nie etwas, nun ja, Anstößiges an dem, was ich tat. Sie wissen schon, was ich damit meine, das muß ich sicher nicht näher erläutern. Ich bin weit davon entfernt, ein Perverser zu sein, das kann ich Ihnen versichern. Tatsächlich verirre ich mich auf die Seite von zu großer moralischer Strenge. Auch bin ich keiner von diesen einsamen und benachteiligten Menschen. Ich bin glücklich verheiratet und Vater eines kleinen Jungen. Ich bin einen Meter achtzig groß, sehe nicht schlecht aus und, das kann ich Ihnen ebenfalls versichern, sowohl physisch als auch psychisch völlig normal.

Natürlich habe ich versucht, mein Verhalten zu analysieren und meine Motive aufzudecken. War mein Hobby jemals etwas anderes als nur ein Mittel gegen die Langeweile? Was die üblichen Maßstäbe betrifft, kann mein Leben als ziemlich langweilig eingestuft werden: Ich verkaufe Flugtickets und beantworte die Fragen der Passagiere am Schalter der Anglo-Mercian-Fluggesellschaft, lebe in einer Doppelhaushälfte in Muswell Hill, fahre am Sonntag zum Tee zu meiner Schwiegermutter und verbringe einmal im Jahr 14 Tage Urlaub in einer Ferienwohnung in South Devon. Ich habe schon sehr früh geheiratet. Abenteuerlust gehört nicht gerade zu meinen hervorstechenden Eigenschaften. Mein aufregendstes Erlebnis war, als wir dachten, daß eines unserer Charterflugzeuge entführt worden sei, doch das Ganze stellte sich als falscher Alarm heraus.

Meine Frau ist eher ein ängstlicher Typ. Vergessen Sie nicht, daß sie auch allen Grund dazu hat, dort wo wir wohnen, in der Nähe von Highgate Wood und Queens Wood. Eine Frau setzt ihr Leben aufs Spiel, wenn sie alleine an diesen Orten herumläuft. Carol erfreute mich regelmäßig mit Schauergeschichten – und sie tut es noch immer.

»Nachmittags um zwanzig nach fünf! Am hellichten Tag. Er hat sie vergewaltigt und ihr mit einem Messer das Gesicht zerfetzt. Sie mußte mit 17 Stichen am Hals genäht werden.«

Meine Frau hat keinen Führerschein, und wenn sie erst nach Einbruch der Dunkelheit nach Hause kommt, gehe ich immer zur Bushaltestelle und hole sie ab. Sie würde noch nicht einmal die Muswell Hill Road alleine lang laufen, weil auf beiden Seiten der Wald angrenzt.

»Wenn du an einem solchen Ort einen Mann alleine antriffst, fragst du dich natürlich, was er dort treibt, oder? Ein junger

Mann, der ziellos umherläuft. Anders wäre es, wenn er einen Hund dabei hätte. Du bist dann ganz angespannt, und eine schaurige Gänsehaut überzieht deinen ganzen Körper. Wenn du mich nicht immer abholen würdest, ich würde gar nicht erst rausgehen, glaube ich.«

Hat mich das etwa erst auf die Idee gebracht? Auf jeden Fall hat es mich über Frauen und Angst nachdenken lassen. Bei Männern sieht das ja ganz anders aus, sie machen sich keine Gedanken darüber, daß es einem Angst einjagen könnte, wenn man sich an dunklen oder verlassenen Orten aufhält. Ich weiß zumindest, daß es bei mir nicht so ist, und deshalb hatte ich, bevor Carol mir all diese Geschichten erzählte, noch nie darüber nachgedacht, wie wichtig diese Angelegenheit für Frauen sein könnte. Jetzt, da ich es einmal nachvollziehen konnte, erzeugte es ein seltsam erregendes Gefühl in mir.

Und irgendwann jagte ich selbst einer Frau einen Schrecken ein – zufällig. Auf dem Weg zur Arbeit gehe ich in der Regel mitten durch den Queens Wood zur U-Bahnstation Highgate und nehme dann die nördliche Linie nach London rein. Bei besonders schlechtem Wetter fahre ich mit dem Bus bis zur U-Bahn-Haltestelle, aber meistens laufe ich hin und auch wieder zurück, und der Weg durch den Wald ist eine empfehlenswerte Abkürzung. An einem Märzabend so gegen sechs Uhr ging ich auf dem Nachhauseweg durch den Wald. Es dämmerte und es war neblig. Die Straßenlaternen, die in recht großen Abständen zueinander stehen und die Wege nur in spärliches Licht tauchen, waren schon angeschaltet. Doch ich denke oft, daß sie die Szenerie in eine fast noch bedrohlichere und unheilvollere Atmosphäre verwandeln als vollständige Dunkelheit. Man passiert einen Lichtkegel und geht eine schwach erleuchtete Strecke auf die nächste Laterne zu, deren schwacher Schein ein paar hundert Meter weiter schimmert. Und kaum hat man ihn erreicht, einen orange-gelben Lichtstrahl zwischen den kahlen Ästen, läßt man ihn auch schon wieder hinter sich, um das nächste dunkle Stück zu bewältigen. Ich stellte mir vor, was das für ein Gefühl sein mußte, als Frau durch den Wald zu laufen, und wirklich, ich sonnte mich in meiner Männlichkeit und meiner Angstfreiheit.

Dann sah ich die junge Frau herannahen. Sie kam den Weg von den Priory Gardens entlang. Mir schoß der Gedanke durch den Kopf, daß sie nicht so schnell auf mich aufmerksam werden würde, wenn ich wie bisher energisch und zielstrebig in Richtung Wood Vale weiterging, wenn ich mit flotten Schritten weiterlief und dadurch aussah wie ein Mann auf dem Weg nach Hause zu seiner Frau und dem Abendessen. Ich hatte keine konkrete Absicht in meinem Kopf, als ich erst meine Schritte verlangsamte und schließlich innehielt und stehenblieb. Aber als ich es tat, wurde mir bewußt, daß ich die Sache durchziehen würde. Die junge Frau kam jetzt zur Wegkreuzung, an der auch die nächste Laterne stand. Sie warf mir einen hastigen kurzen Blick zu. Ich stand einfach nur lässig da und erwiderte ihren Blick mit einem ausdruckslosen Starren. Ich vermute, ich habe absichtlich, aus einer plötzlichen Lust auf einen bösen Streich heraus, meine Augen starren und leuchten lassen und meinen Mund halb geöffnet. Jedenfalls hat sie sich sehr schnell abgewendet und ihre Schritte deutlich beschleunigt.

Sie trug Schuhe mit hohen Absätzen, daher konnte sie nicht sehr schnell gehen, zumindest nicht so schnell wie ich. So schlenderte ich lediglich hinter ihr her, bis ich ungefähr einen Meter hinter ihr war.

Ich konnte ihre Angst förmlich riechen. Sie trug sehr viel Parfüm, und ihr Angstschweiß schien den Geruch noch zu verstärken, so daß zunächst eine Duftwolke und dann eine Woge von einer berauschenden Mischung aus animalischem und blumigem Duft zu mir drang. Ich keuchte laut. Da fing sie an zu rennen, und ich ging gemessenen Schrittes hinter ihr her. Mit ihrer darauffolgenden Reaktion hatte ich allerdings nicht gerechnet. Sie blieb plötzlich stehen, drehte sich um und schrie mit zitternder, angsterfüllter Stimme: »Was wollen Sie von mir?«

Ich blieb ebenfalls stehen und starrte sie erneut an. Sie streckte mir ihre Handtasche entgegen. »Nehmen Sie sie!«

Der Spaß war weit genug gegangen. Schließlich wohnte ich in der Gegend. Und ich hatte eine Frau und einen Sohn, an die ich denken mußte. Ich antwortete mit Londoner Cockney-Akzent: »Behalt deine Tasche, Süße. Du verstehst mich falsch.«

Um sie wieder zu beruhigen, ging ich den Weg wieder zurück und ließ sie in Richtung Wood Vale, der Laternen und ersten Häuser entkommen. Aber ich kann kaum beschreiben, welches Machtgefühl und – tja – triumphierende Manneskraft und was man Machogehabe nennt, mir diese Begegnung verschafft hatte. Ich fühlte mich großartig. Ich stolzierte geradezu nach Hause, und Carol fragte mich, ob ich im Lotto gewonnen habe.

Da ich mich bei dieser Geschichte streng an die Wahrheit halte, sollte ich wohl auch die anderen Konsequenzen der Ereignisse im Wald erwähnen. Ich habe in jener Nacht mit Carol geschlafen, und wir hatten den besten Sex seit langem, es war für uns beide wirklich großartig. Und ich mache mir nichts vor, wenn ich sage, daß es ausschließlich mit dem Abenteuer mit der jungen Frau zusammenhing.

Am nächsten Tag betrachtete ich mich im Spiegel, alle Lampen bis auf den kleinen Strahler über unserem Bett waren aus. Und ich sah genauso aus wie am Abend, als das Mädchen sich unter der Laterne nach mir umdrehte. Ich kann Ihnen sagen, daß ich fast vor mir selbst erschrocken wäre. Ich sagte Ihnen bereits, daß ich nicht gerade schlecht aussehe, doch ich bin von Natur aus ziemlich blaß, und da ich auch noch dünn bin, wirkt mein Gesicht ein wenig ausgezehrt. In dem spärlichen Licht lagen meine Augen tief in ihren Höhlen, und mein Mund stand gedankenlos offen. Ich trat vom Spiegel zurück, bis ich mich ganz sehen konnte, mit krummem Rücken, starrem Blick und herabhängenden Armen. Ich hatte zweifellos das Zeug zum Frauenschocker von nicht gerade schlechtem Kaliber.

Man sagt ja immer, der erste Schritt sei der wichtigste. Ich hatte den ersten Schritt bereits getan, doch der zweite war wesentlich schwieriger, und es vergingen einige Wochen, bis ich ihn machte. Ich sagte mir immer wieder, ich solle mich nicht verrückt machen und diese idiotischen Gedanken vergessen. Davon einmal abgesehen, war mir klar, daß ich ziemlich schnell in Schwierigkeiten geraten würde, wenn ich weiterhin Frauen in Queens Wood erschreckte, vor meiner eigenen Haustür sozusagen. Doch ich kam einfach nicht von dem Gedanken los. Immer wieder mußte ich daran denken, wie wunderbar ich mich an jenem Abend gefühlt hatte, wie stolz ich herumgelaufen und was für ein toller Kerl ich gewesen war.

Das Merkwürdige daran war, daß ich ausgerechnet zwischen dem Queens-Wood-Ereignis und der nächsten Gelegenheit zahlreiche erniedrigende Erlebnisse hatte. An der Endstation der Flughafenlinie spuckte mich tatsächlich eine Frau an. Ich übertreibe jetzt nicht. Sie war zwar betrunken, hatte sich mit Scotch aus dem Duty-free-Shop um den Verstand gesoffen, aber sie hat mich angespuckt. Und ich stand mitten in der Halle zwischen allen Touristen und wischte mir die Spucke von der Uniform. Kurz darauf bekam ich einen Verweis wegen Unfreundlichkeit gegenüber einem Passagier. Das geschah völlig zu Unrecht und, ehrlich gesagt, ich hätte auf der Stelle kündigen sollen, doch ich habe eine Frau und einen Sohn, und Jobs gibt es heutzutage auch nicht an jeder Straßenecke. All das ist passiert, und Ärger zu Hause hatte ich auch noch, weil Carol ständig nörgelte, wir sollten mit ihrer Freundin und deren Mann nach Menorca in Urlaub fahren, anstatt wie üblich 14 Tage in Salcombe zu verbringen. Ich sagte ihr gleich, daß wir uns das nicht leisten konnten, aber ich lasse mich im Gegenzug nun auch nicht gerne fragen, warum ich nicht so viel verdiene wie Sheilas Mike.

Mein Selbstwertgefühl als Mann war auf einem Tiefpunkt angelangt. Dann fragten uns Sheila und Mike irgendwann, ob wir den Tag mit ihnen verbringen wollten – Carol, Timothy und ich. Sie waren früher unsere Nachbarn gewesen, sind aber vor kurzem in ein neues Haus in einem der entfernten Vororte gezogen, die wirklich in Essex liegen. Also fuhren wir drei raus nach Theydon Bois, und ich machte so die Bekanntschaft mit dem Epping Forest.

Es handelt sich hierbei um 100 Quadratkilometer Wald, der am nördlichen Stadtrand von London liegt. Doch wenn man von Wake Arms entlang der schmalen, von Wald, Unterholz, Gestrüpp und Birken gesäumten Straße nach Theydon fährt, fühlt man sich leicht wie mitten in der Provinz. Kaum zu glauben, daß London nur 25 Kilometer entfernt liegt. Der Wald ist grün und ruhig, und vom Auto aus macht er einen harmlosen Eindruck, obwohl das natürlich täuscht. Wir fuhren an einer Frau vorbei, die nicht gerade einen Wachhund spazierenführte: einen winzigen Malteser... Das brachte mich auf eine Idee. Warum sollte ich nicht hier rausfahren? Warum sollte ich meine Erschreck-Aktion nicht hier draußen ausprobieren, wo mich niemand kannte?

Zwei Tage später tat ich es dann. Es war Frühling und abends bis ungefähr acht Uhr hell. Ich fuhr nicht mit dem Auto. Irgendwie bildete ich mir ein, daß Personen, die so etwas taten, keine Autos besaßen. Die Fahrt war schrecklich, schlimm genug, um jeden davon abzuhalten, der nicht so entschlossen war wie ich. Ich fuhr gleich nach der Arbeit hin, nahm die Stadtbahn bis nach Loughton und dann den Bus den Hügel hinauf bis zum Wald. In Wake Arms stieg ich aus und ging den Hügel wieder hinunter, nicht auf der Straße, sondern einige Meter im Wald. Ich war nicht einer einzigen Frau begegnet, als ich die Häuser von Theydon erreicht hatte, und so machte ich mich auf den Rückweg. Ich war etwa 100 Meter wieder den Berg hinaufgegangen, als aus einem der letzten Häuser ein junges Mädchen heraustrat. Sie trug eine Jeans und hatte die Hände tief in den Taschen ihres Mantels vergraben.

Offensichtlich ging sie in Richtung Wake Arms. Zumindest

dachte ich das. Ich verfolgte sie eine ganze Weile, hielt mit ihr Schritt, blieb aber versteckt hinter den Weißdorn-, den Holzapfelbüschen und den Brombeersträuchern. Ich wartete, bis wir etwa eine Viertelmeile von den Häusern entfernt waren, ehe ich mich zu erkennen gab und vor ihr auf den Bürgersteig trat. Ich drehte mich zu ihr um, stand einfach nur da und starrte den Weg entlang, wie ich es vor dem Spiegel geübt hatte.

Sie war nicht nervös. Sie war mutig. Sie zögerte nur einen kurzen Augenblick. Aber sie traute sich nicht so recht, an mir vorbeizulaufen. Statt dessen überquerte sie die Straße. Auf dieser Straße ist nie viel Verkehr, und es war noch kein einziges Auto vorbeigekommen. Sie überquerte also die Straße und lief schneller. Ich ging ebenfalls auf die andere Straßenseite, blieb aber weiterhin hinter ihr. Schon bald fing sie an zu rennen, natürlich rannte ich jetzt auch, jedoch nicht schnell genug, um sie einzuholen, sondern nur so schnell, um an ihr dranzubleiben.

Das ganze Spiel dauerte einige Minuten, Wake Arms lag inzwischen eine gute Meile entfernt, als sie plötzlich kehrtmachte, über die Straße sauste und den Weg, den sie gerade gekommen war, wieder zurückrannte. Da hörte ich auf, sie weiter zu verfolgen. Ich blieb stehen und lachte. Lachte lange und laut, ich war so glücklich und fühlte mich frei, ich spürte eine alles überwältigende Kraft. Ich – ein bescheidener, gewöhnlicher, langweiliger Typ – konnte eine derartige Furcht auslösen.

Nach diesem Erlebnis ging ich regelmäßig in den Epping Forest. Ganz im Vertrauen, ich war alle 14 Tage dort. Da ich im Schichtdienst tätig bin, arbeite ich abwechselnd von vier Uhr nachmittags bis Mitternacht oder von zehn Uhr abends bis sechs Uhr morgens. So habe ich es sogar ein paarmal geschafft, tagsüber dorthin zu gehen. Viele Frauen sind am Tag allein zu Hause, und kein Mann kann sie begleiten, wenn sie nach draußen gehen. Ich ließ nie mehr als zwei Wochen verstreichen, ohne in den Wald zu gehen, und gelegentlich ging ich auch öfter. Wenn ich schlecht gelaunt war zum Beispiel oder wenn Carol und ich gestritten hatten oder ich wegen der Geldsorgen deprimiert war. Es tat mir so unglaublich gut, ich wünschte, ich könnte Ihnen verständlich machen, wie gut. Denken Sie nur mal an das gute Gefühl, wenn Ihnen eine Sache einen unglaublichen Schub gibt, Sie in einem Auto richtig Gas geben, in der Disco wild tanzen oder von irgend etwas völlig berauscht sind – nun, die erschreckten Frauen haben mir all das gegeben. Im nachhinein war es ein Gefühl wie Weihnachten oder frisch verliebt zu sein.

Und es war doch auch nichts Schlimmes dabei? Schließlich habe ich sie nie verletzt. Ein französisches Sprichwort lautet: »Es bereitet mir so unendlich viel Freude und dir so wenig Schmerz.« Genauso verhielt sich die Sache für mich und die Frauen, zumal es auch für sie bestimmt nicht ohne Freude war. Stellen Sie sich doch mal vor, wie sehr sie es genossen haben müssen, hinterher davon zu erzählen, kein Detail auszulassen, so wie Carol das immer tat, und dabei die Tatsachen zu verdrehen, ein wenig zu übertreiben und sich selbst für einen Augenblick zum Mittelpunkt des Interesses zu machen.

Soweit ich weiß, müssen sie Suchpartys veranstaltet haben, müssen Ehemänner, Freunde und Väter draußen in Gruppen nach mir gesucht haben. Und alle hatten sie eine tolle Zeit, wie es bei den Menschen nun mal so ist, wenn sie etwas oder jemanden jagen. Letztlich, jetzt wo alles gesagt ist, was habe ich denn schon getan? Nichts. Ich habe sie weder belästigt noch versucht, sie zu berühren, ich habe lediglich herumgestanden, sie angesehen und bin hinter ihnen hergerannt.

Es war nichts Schlimmes dabei. Das dachte ich zumindest. Ich konnte ja nicht ahnen, was alles Schlimmes passieren konnte, und Sie können mir glauben, ich habe oft darüber nachgedacht, weil ich ebenso von Schuldgefühlen geplagt werde wie alle anderen. Ich habe darüber nachgedacht, mich vor mir selbst gerechtfertigt und jegliche Schuld weit von mir gewiesen. Junge Frauen bekommen keinen Herzinfarkt oder fallen tot um, nur weil ein

Mann hinter ihnen herläuft. Junge Frauen bekommen auch kein dauerhaftes emotionales Trauma, nur weil ein Mann sie anstarrt. Die älteste Frau, die ich je erschreckt habe, war die mit dem Malteser, und die war höchstens vierzig. Ich habe sie bei meiner dritten oder vierten Tour wieder getroffen und bin ihr erst eine Weile gefolgt, bevor ich hinter den Büschen hervorgetreten bin und mich ihr in den Weg gestellt habe. Sie sagte dasselbe, was auch schon die junge Frau im Queens Wood gesagt hatte, sie sprach mit der gleichen erstickten Stimme: »Was wollen Sie von mir?«

Ich habe ihr nicht geantwortet. Ich hatte Mitleid mit ihr und ihrem kleinen nutzlosen Hund, und so verzog ich mich in die Schatten der Bäume. Der nächsten Frau, die mir diese Frage stellte, antwortete ich mit professioneller Würde: »Sammle nur Flechten, Madam.«

Als ausreichenden Beweis für meine Harmlosigkeit betrachte ich, daß nie auch nur das leiseste Anzeichen von Polizei in der Gegend war. Ich bin sicher, daß keine von denen zur Polizei gegangen ist, weil sie nämlich nichts zu berichten hatten. Sie hätten nur erzählen können, was sie sich eingebildet hatten und was ihnen die Medien an Erwartungen eingetrichtert hatten. Dennoch entstand auch Schaden bei der Sache, unwiderruflicher Schaden und Leid und Scham. Zweifellos denken Sie jetzt, daß Sie es bereits geahnt haben. Das Unvermeidliche mußte einfach geschehen, die Begegnung, die jeder Mann, der regelmäßig Frauen erschreckt, zwangsläufig früher oder später haben muß, wenn das Blatt sich gegen ihn wendet. Ja, es ist geschehen, zum Aufhören hat es mich allerdings nicht bewegt. Es gehört nun mal zum Berufsrisiko, daß man am Arm gepackt und durch die Luft geschleudert wird, rücklings mit Blutergüssen auf dem Boden landet, niedergestreckt von einer Frau mit schwarzem Gürtel im Judo. Ich bin jedoch auch im nachhinein sehr froh, daß ich mich damals wie ein Gentleman benommen habe. Ich habe sie weder verflucht noch laut beschimpft. Ich bin lediglich aufgestanden, habe mich kurz vor ihr verbeugt und bin in Richtung Wake Arms davongegangen. Carol wollte hinterher wissen, woher die vielen grünen Flecken auf meinen Kleidern kamen, und ich glaube, sie ist seit jenem Tag davon überzeugt, daß ich mit einer anderen Frau im Gras gelegen habe. Als würde ich so etwas jemals tun!

Der Angriff auf mich erschreckte mich zwar, hielt mich allerdings nicht von weiteren Aktionen ab. Ich ließ drei Wochen verstreichen, drei schreckliche Wochen voller Sehnsucht, dann fuhr ich an einem sonnigen Junimorgen zurück zur Wake Road und hatte eines meiner besten Erlebnisse. Und zwar mit einem Mädchen, das nicht die Straße entlangging, sondern eine Abkürzung mitten durch den Wald nahm. Ich lief neben ihr her und ließ sie manchmal einen kurzen Blick auf mich erhaschen. Ich wußte, daß sie mich bemerkte, genau wie bei der jungen Frau in Queens Wood; ich konnte ihre Angst spüren, sie förmlich riechen.

Dann schlenderte ich aus den Büschen hervor, blieb vor ihr stehen und wartete. Sie wagte nicht, mir näher zu kommen, und wußte nicht, was sie tun sollte. Schließlich kehrte sie um, und ich folgte ihr, indem ich mir einen Weg durch die Büsche bahnte, bis sie annehmen mußte, ich sei verschwunden. Dann tauchte ich plötzlich wieder vor ihr auf dem Weg auf. Diesmal wandte sie sich nach links und rannte los. Ich ließ sie laufen. Wie immer konnte ich ein lautes Lachen nicht unterdrücken und ließ sie entkommen. Ich hatte ihr keinen Schaden zugefügt. Denken Sie mal an die Erleichterung, die sie verspürt haben muß, als sie bemerkte, daß sie mich abgehängt hatte und in Sicherheit war. Denken Sie mal daran, wie sie nach Hause gekommen ist und ihrer Mutter, ihrer Schwester oder ihrem Ehemann alles erzählt hat.

Man könnte genausogut sagen, daß ich ihr geradezu einen Freundschaftsdienst erwiesen habe. Höchstwahrscheinlich habe ich sie davor gewarnt, alleine in den Wald zu gehen und sie dadurch vor einem wirklich Perversen oder Sittenstrolch beschützt.

Das ist Ansichtssache, nicht wahr? Man könnte mich also auch als öffentlichen Wohltäter bezeichnen. Ich habe den Frauen die Gefahren vor Augen geführt. Ich war wie der schwache elektrische Schlag, der ein Kind lehrt, die Finger von elektrischen Leitungen zu lassen. Das habe ich zumindest geglaubt. Bis ich erfahren mußte, daß auch ein kleiner Schreck töten kann.

Ich war draußen im Wald auf der Ware Road, als ein glücklicher Zufall eintrat. Es war Herbst, und so gegen sechs Uhr abends wurde es schon dunkel. Früher konnte ich allerdings nicht dort sein, und ich machte mir keine großen Hoffnungen, daß irgendeine Frau einfältig genug war, diese Straße im Dunkeln alleine entlangzulaufen. Ich war in Wake Arms aus dem Bus gestiegen und ging gerade gemütlich den Hügel hinunter, als ich das geparkte Auto vor mir am Straßenrand entdeckte. Sogar aus der Entfernung konnte ich das schreckliche Geräusch hören, als die Fahrerin versuchte, den Motor zu starten, dieses entsetzliche Schleifen, das entsteht, wenn der Anlasser kaputt ist.

Die Beifahrertür wurde geöffnet, und eine Frau stieg aus. Sie war allein. Sie beugte sich noch einmal in den Wagen, schaltete das Licht aus, warf dann die Tür zu, schloß ab und fing an, den Hügel in Richtung Theydon hinunterzulaufen. Ich hielt mich zwischen den Bäumen versteckt, und sie hatte mich bisher nicht wahrgenommen. Ich folgte ihr und überlegte dabei fieberhaft, welche Taktik ich diesmal anwenden sollte. Ich entschied mich schließlich, sie erst einmal mit einem Spurt einzuholen.

Etwa einhundert Meter hinter ihr trat ich auf den Bürgersteig und rannte hinter ihr her. Dabei machte ich soviel Lärm wie nur möglich. Sie blieb selbstverständlich stehen und drehte sich um, so wie ich es vorhergesehen hatte. Vielleicht dachte sie, ich sei ein Retter, der ihren Wagen wieder flottmachen würde. Sie sah sich um und wartete auf mich, doch als ich ihren Blick auffing, änderte ich meine Laufrichtung und ging wieder in den Wald. Sie zuckte die Schultern und lief weiter. Noch hatte sie keine Angst bekommen.

Allerdings war es jetzt dunkel, und auch der Mond schien nicht. Ich holte sie ein und ging sehr leise an ihrer Seite, etwa fünf Meter von ihr entfernt, gerade zwischen den ersten Bäumen am Waldrand. Dann waren wir endlich außer Sichtweite des geparkten Wagens und noch weit von den ersten Lichtern von Theydon entfernt. Die Straße lag im Dunkeln, war jedoch noch lange nicht undurchdringlich schwarz. Ich trat absichtlich auf einen dünnen Ast und ließ ihn knacken, hastig drehte sie sich um und sah mich an.

Sie machte einen Sprung. Sofort sah sie wieder weg und beschleunigte ihre Schritte. Natürlich hatte sie gegen mich keine Chance, eine Frau von ihrer Größe nimmt es nicht mit einem Mann wie mir auf. Selbst wenn sie lief, so schnell sie konnte, war es für mich immer noch ein Spaziergang.

Nicht ein Auto war die Straße entlanggekommen, seit ich sie verfolgte. Jetzt kam eins. Ich konnte die Lichter in der Ferne der kurvigen Straße auf- und abhüpfen sehen. Die Frau stellte sich an den Straßenrand und hob den Daumen wie eine Anhalterin. Ich blieb regungslos stehen, um zu beobachten, was passierte. Was habe ich denn letztlich getan? Nur herumgestanden. Doch der Fahrer hielt nicht an. Natürlich nicht, ich hätte es an seiner Stelle auch nicht getan. Jeder kennt diese Männer, die mitten in der Nacht anhalten, um hübsche, nett gekleidete Anhalterinnen mitzunehmen, und jeder weiß, was sie vorhaben. Der nächste Fahrer hielt ebenfalls nicht an. Ich befand mich zu diesem Zeitpunkt ein paar Schritte vor ihr, immer noch im Wald, und im Licht der Scheinwerfer konnte ich ihr Gesicht erkennen. Sie sah wirklich gut aus, nicht daß diese Tatsache mich besonders interessiert hätte, aber ich konnte erkennen, daß sie gut aussah und daß sie vom Typ her Carol ähnelte: eine schlanke dünne Blondine mit einer ziemlich guten Figur und lockigen Haaren.

Die Dunkelheit wirkte noch bedrohlicher, nachdem die Scheinwerfer wieder verschwunden waren. Ich könnte behaupten, daß sie inzwischen etwas weniger angespannt war, vielleicht hatte sie mich in den letzten fünf Minuten nicht mehr gesehen und daher angenommen, ich sei verschwunden. Und ich war tatsächlich versucht, Schluß zu machen und nach einer Viertelstunde aufzugeben, wie ich es immer tat, wenn ich meinen Spaß gehabt hatte.

Ich wünsche mir bei Gott, ich hätte es getan. Doch aus dem idiotischsten Grund, den man sich vorstellen kann, machte ich weiter. Ich machte weiter, weil ich wie sie in Richtung Theydon unterwegs war. Ich wollte dort die U-Bahn nehmen, anstatt wieder zurückzulaufen und eine Ewigkeit auf den Bus zu warten. Ich hätte natürlich einfach warten und sie vorgehen lassen können. Doch ich tat es nicht. Aus irgendeinem perversen Drang heraus hielt ich mit ihr Schritt und trat hinter ihr aus dem Wald auf den Bürgersteig.

Ich lief sehr leise entlang und holte sie bald ein. Die Straße fiel in einer leichten Kurve ab. Ich war noch zwei, drei Meter hinter ihr, ging sehr vorsichtig, und sie bemerkte mich nicht. Dann fing ich leise an zu pfeifen, die Melodie eines Kirchenliedes, die Crimond-Version von »Der Herr ist mein Hirte«. Was für eine Wahl!

Sie wirbelte herum. Ich dachte erst, sie würde etwas sagen, doch ich glaube, sie war dazu nicht in der Lage. Ihre Stimme hatte vor Angst versagt. Sie drehte sich wieder um und rannte los. Sie konnte ganz schön schnell rennen, dieses winzige, verletzliche, blonde Mädchen.

Die Lichter eines Autos tauchten schemenhaft am Ende der Straße auf. Grelle Scheinwerfer, auf Fernlicht gestellt, die weißblau den sie umgebenden Wald anstrahlten, die jeden Baum bloßstellten und von den Stämmen lange schwarze Schatten warfen. Ich sprang zur Seite und duckte mich im hohen Gras. Die Frau lief mitten auf die Straße, streckte beide Arme in die Luft und schrie: »Hilfe! Hilfe!«

Das Auto hielt an. Einen Augenblick lang war ich sehr angespannt und dachte, der Fahrer könne aussteigen und nach mir suchen, doch er tat es nicht. Er öffnete die Beifahrertür von innen. Die junge Frau stieg ein, und sie saßen vielleicht noch eine halbe Minute herum und warteten, dann fuhr der weiße Ford Capri davon.

Ich war erleichtert, als ich sah, daß der Wagen hinter dem Hügel verschwand. Und mir wurde klar, daß ich mich nicht zu früh freuen durfte. Die Wahrscheinlichkeit war groß, daß die Frau und der Autofahrer entweder bei der Polizei anrufen oder gleich auf dem Revier von Loughton vorbeifahren würden. Ich wußte, daß ich mich besser auf dem schnellsten Wege in Richtung Theydon aufmachte.

Wie es nun einmal so geht, kam mir unterwegs kein einziges Auto entgegen. Ich lief gerade am Stadtpark vorbei, als ich die ersten Autos sah. Am Bahnsteig mußte ich fast eine halbe Stunde warten, bis endlich die U-Bahn kam, doch es kam auch kein Polizist vorbei. Ich bin dann mit der Bahn dort abgehauen.

Gewiß, es gibt Schlimmeres, als für ein Verbrechen bestraft zu werden. Zum Beispiel, nicht dafür bestraft zu werden. Ich leide unter dem, was ich getan habe, weil es mir natürlich verboten ist – besser gesagt, weil ich mir verboten habe –, es wieder zu tun. Und ich werde das Gesicht dieser jungen Frau nie vergessen, so hübsch, so verwundbar und angsterfüllt. Es erscheint mir oft in meinen Träumen.

Zum ersten Mal entdeckte ich es jedoch in der Zeitung, zwei Tage nachdem ich sie auf der Wake Road erschreckt hatte. Die Titelstory der Zeitung berichtete über ihren Tod, daher war auch ihr Foto abgedruckt. Am nächsten Morgen, zwölf Stunden nach ihrem Tod, hatte man ihre mit Stichwunden übersäte und verstümmelte Leiche in einem Feld zwischen Epping und Harlow gefunden. Die Polizei fahndete nach einem Mann, wahrscheinlich der Fahrer eines weißen Ford Capri.

Ihr Retter. Ihr Mörder. Und wer war ich?

Originaltitel: An Outside Interest
Deutsch von Angela Troni

Dan Annenberg schloß seine Seminare stets mit dem gleichen Satz: »Und auch wenn Sie alles vergessen, was ich heute gesagt habe, an eins sollten Sie sich erinnern: Seien Sie bei allem, was Sie tun, mit Leib und Seele dabei, seien Sie in Ihrem Privatleben ebenso diszipliniert wie im Beruf, und vor allem, halten Sie beides strikt auseinander. Vielen Dank.«

Dan ließ seinen nackten Körper in das heiße Apfelblüten-Walnuß-Schaumbad gleiten. Dreißig Minuten Zeit zum Entspannen vor dem Abendessen, während das Herunterladen von E-Mails die Telefonleitung besetzt hielt und gegen eingehende Anrufe abschirmte. Zwanzig beruhigende Minuten in der Wanne im »Ritz Carlton« hoch über Hongkongs *Central District*, um sich von einer weiteren nervenaufreibenden Landung auf dem *Kai-Tek-Airport* zu erholen.

Dan stand auf, rieb sich mit einer als »Body Creme« bezeichneten Seife ab und richtete sein Augenmerk dabei besonders auf die verborgenen Körperteile, die am meisten unter dem vierzehnstündigen Flug gelitten hatten. Er spürte am eigenen Leib, welch hohen Preis er für sein Leben aus dem Koffer zahlte. »Nicht wirklich dick«, dachte er, »aber auch nicht mehr ganz straff.« Wenn er die Muskeln anspannte, war von dem Fett kaum noch etwas zu sehen, doch seine Brust und sein Bauch waren in den letzten Jahren weicher geworden. »Eigentlich nicht schlecht für jemanden, der auf die vierzig zugeht.« Und hatte Colleen nicht angedeutet, daß ihr weiche Männer gefielen? »Noch kein Grund zur Beunruhigung«, sagte er sich.

Während er sich abtrocknete, sah er CNN, erfuhr dabei jedoch kaum mehr als die Namen all der Hotels in Caracas, in denen er CNN sehen konnte, um die Namen all jener Hotels in Prag zu erfahren, in denen er... Es herrschte kein Mangel an diesen Hotels, doch das wußte er bereits, denn er war selbst in vielen von ihnen abgestiegen.

Gelangweilt schaltete er auf einen Erotikfilmkanal um. Ein Mann mit Koteletten im Stil der siebziger Jahre vögelte eine Frau, die die Augen fest geschlossenen hielt. Sie lag auf einem Tisch, die Füße auf den Schultern des Mannes, und bei jedem Stoß seiner Oberschenkel gegen ihre üppigen Hinterbacken durchlief eine Woge ihren fleischigen Körper, so daß ihre Wasserballonbrüste an ihre Schlüsselbeine schwappten. »Oh, ja!« schrie die Frau wieder und wieder. Dan ließ die Hand unter das Handtuch gleiten und umschloß seinen glühenden Ständer. Er schloß die Augen und malte sich aus, wie Colleens strafferer Körper sich in der gleichen Stellung gegen seinen bewegen würde. Er spürte förmlich, wie seine Hand über ihre Brüste strich und er ihre erbsenharten Knospen zwischen den Fingerspitzen rollte. Er sah sie vor sich, die Augen geschlossen, den Kopf in den Nacken geworfen, mit schwellenden Lippen nach Luft ringend, während sie sich wollüstig aufbäumte und die Fersen dabei auf seine Schultern stützte. Er stellte sich vor, wie Colleens innere Muskeln sich um ihn schlossen, ihn noch tiefer in ihr warmes Geschlecht zogen, und er glaubte, die Kühle um seinen harten, glänzenden Schaft zu spüren, wenn er ihn aufreizend so weit aus ihrem Schoß zog, bis sie nur noch die geschwollene Eichel umschlossen hielt. Dann stieß er so heftig zu, daß seine Eier gegen ihre Hinterbacken gequetscht wurden. Es war diese Präzision seiner Bewegungen, die sie liebte, sagte sie. Das Gefühl, ihn fast zu verlieren und ihn dann wieder bis ans Heft aufzunehmen. »Ich sollte mich für Colleen aufsparen«, dachte er, doch er konnte einfach nicht aufhören und gab schließlich dem inneren Druck nach. »Ach, zum Teufel, vielleicht kommt sie ja nicht einmal.« Ein Klopfen an der Tür verscheuchte die Bilder seiner überbordenden Phantasie, und eine schrille Stimme sagte: »Zimmerservice, Bett machen.«

»Nein, danke«, rief er und zog die Hand zurück.

Er schaltete den Fernseher aus und wickelte das Handtuch fester um seine Taille, ehe er sich dem anderen unverzichtbaren Gerät des späten zwanzigsten Jahrhunderts zuwandte: einem Laptop, der auf dem Schreibtisch aus Nußbaum-Furnier stand. Die Datenübertragung von einem anderen Computer im zehntausend Kilometer entfernten Boston war beendet, und Ideen, Fragen, Gesuche, Antworten, Beschwerden und Aufträge warteten darauf, gelesen zu werden. Insgesamt hatten sich fünfundachtzig Nachrichten angesammelt, seit er den Laptop vor zwei Tagen in einem ähnlich ausgestatteten, ähnlich teuren Hotelzimmer in London zuletzt angeschlossen hatte. Er suchte unter den Absendern nach dem einzigen Namen, der ihn wirklich interessierte: Colleen Pritchard. Er fand eine ihrer typischen knappen Notizen: »Gute Neuigkeiten! Komme am Freitag nach Hongkong. Wehe, du reist vor Sonntag nacht ab! Wau, wau! Deine Collie.«

Es war die beflügelnde Nachricht, auf die er kaum zu hoffen gewagt hatte; eine Nachricht, die sein Herz höher schlagen ließ und bewirkte, daß sein Handtuch sich vorne wieder einige Zentimeter ausbeulte. Ehe er seinen Computer ausschaltete, begann er damit, Felix eine Nachricht zu schreiben. Sein Freund in Singapur würde das gemeinsame Golfwochenende in Malaysia absagen müssen. Dan hörte mittendrin auf und griff statt dessen zum Telefon.

Die Verbindung war kristallklar. »Tut mir leid, Felix, alter Freund«, sagte er. »Ich muß übers Wochenende in Hongkong bleiben.«

»Sag das noch mal!« antwortete Felix rhetorisch. »Wir reden

hier vom besten Golfplatz Asiens, verflucht, vielleicht sogar der ganzen Welt! Wir reden über eine dicke Anzahlung! Über sechs Monate im voraus gemachte Buchungen!«

»Felix, worüber wir reden, ist … ist, daß ich vor Sonntag nacht nicht da sein werde.«

»Also, am Montag geht's los?«

»Am Montag geht's los.«

»Großer Fehler, Dan. Großer Fehler.«

»Kannst du nicht jemand anderen finden, der mit dir fährt?« fragte Dan, der sich ein klein wenig schuldig fühlte, seinen Jugendfreund derart zu versetzen.

»Soll das ein Witz sein?« fragte Felix. »Die stehen schon rund um den Block Schlange. Bis Montag. Amüsier dich gut!«

Am Freitag verlieh ihm die Vorfreude auf Colleen solche Energie, daß Dan brillierte wie nie zuvor. Er gab sein berühmtestes Seminar, dem er seinen internationalen Durchbruch verdankte: »Positives Planen für Spitzenleistungen: Die Macht des Geistes über das Geld.« Seine Zuhörerschaft bestand aus achtzig leitenden Angestellten, von denen jeder achthundert Dollar für das Privileg gezahlt hatte. Ausgerüstet mit einem Funkmikrophon, führte Dan sie durch seine zehn Gebote, die *Annenberg Power Points*. Seine Kritiker erinnerte er an eine Art geistesgestörten Prediger, dauernd in Bewegung, ein ewiges Lächeln auf dem Gesicht. Am Ende der Veranstaltung sprang er zurück aufs Podium und schloß: »Und auch wenn Sie alles vergessen, was ich heute gesagt habe, an eins sollten Sie sich erinnern: Seien Sie bei allem, was Sie tun, mit Leib und Seele dabei, seien Sie in Ihrem Privatleben ebenso diszipliniert wie im Beruf, und vor allem, halten Sie beides strikt auseinander. Vielen Dank.« Er verbeugte sich unter donnerndem Applaus und fühlte sich absolut unbesiegbar, ein Gefühl der Kraft durchströmte seinen einen Meter neunzig großen Körper wie ein Orgasmus. Ganz anders als noch vor zehn Stunden, als er auf sein Frühstück gestarrt hatte, ohne einen Bissen davon herunterzubekommen.

Wie oft kamen Menschen auf ihn zu und sagten: »Es muß wunderbar sein, ein derartiges Selbstvertrauen zu besitzen.« Niemand sah das nervöse Wrack, in das er sich bereits Stunden vor seinem Auftritt verwandelte. Niemand ahnte, wie wichtig es für ihn war, ein großartiges Seminar zu geben. Dan wußte, was geschehen konnte. Ein paar schlechte Tage. Wichtige Leute, die mit dem Gedanken weggingen, ihr Geld verschwendet zu haben. Und schon wäre er erledigt. Nun ja, erledigt war vielleicht ein wenig übertrieben, wenn er ehrlich war. Es müßte schon eine Katastophe geschehen, um ihn daran zu hindern, ein gutes Einkommen zu erzielen, doch mit Sicherheit würde er nicht mehr genug Geld an Land ziehen können, um seine Schulden abzubezahlen. Im übrigen quälte ihn der Verdacht, daß an dem alten Sprichwort etwas dran war, das behauptete: »Wer's kann, tut's; wer's nicht kann, lehrt's.« Dan war zum Abstinenzler geworden, um sicherzugehen, daß er sein Geheimnis nicht versehentlich ausplauderte. Er war ein Bankrotteur, der anderen Leuten beibrachte, wie sie die richtige innere Einstellung zum Reichwerden erlangen konnten. Wo war da die Glaubwürdigkeit?

Noch ehe Dan die Tür zu seinem Hotelzimmer öffnete, wußte er, daß Colleen angekommen war. Er konnte sie von weitem riechen: ihr Kräutershampoo, der an geröstete Nüsse erinnernde Duft frisch getrockneten Haars und ein Parfüm mit einem Hauch von Koriander. Er hielt inne und dachte an ihre erste Begegnung in . . . wo war das noch gleich? Irgendeine Hauptstadt irgendwo auf der Welt. Kalt mußte es gewesen sein. Sie hatte einen dicken Mantel getragen.

Colleen Pritchard, freie Journalistin, war direkt im Anschluß an ein Seminar in sein Hotelzimmer gekommen, um ihn zu interviewen. Ihr Presseausweis am Revers hatte sie vorgestellt, und ohne daß sie ein Wort gewechselt hatten, hatte Dan ihr den Mantel abgenommen, um ihn an die Garderobe zu hängen. Sie hatte sich revanchiert, indem sie ihm das Jackett ausgezogen hatte, und innerhalb einer Minute waren sie beide auf natürliche, mysteriöse Art nackt gewesen. Es war einer dieser seltsamen Vorgänge im Leben, die keiner bewußten Überlegung bedurften.

Er erinnerte sich bruchstückhaft an einige Details. Sie hatte sich ihren grünen Kaschmirpullover über den Kopf gezogen, und dabei war ein spitzenbesetztes weißes Camisol zum Vorschein gekommen, unter dem sie keinen BH trug. Sie knöpfte sein Hemd auf, während er seine Krawatte lockerte und sich die Schlinge über den Kopf zog. Wie sie zur Unterwäsche gelangt waren, hatte er vergessen, doch er erinnerte sich noch daran, wie sie gelächelt hatte beim Anblick seines Ständers, der aus dem Gummibund seiner Boxershorts ragte. Sie hockte sich hin, um sie hinunterzuziehen, und sein praller Schwanz blieb wie ein gehorsamer Soldat in strammer Habachtstellung stehen. Sie spielte mit ihm wie mit einem »Einarmigen Banditen«, und er schnellte mit einem dumpfen Schlag gegen seinen Bauch. »Spiel weiter, und du hast den Jackpot«, dachte Dan.

Sie waren nackt, hatten den Kopf geneigt, Studenten der Bildhauerkunst, die die Form des Künstlers bewunderten; Colleen studierte ihn, während er sie studierte. Ein großer Zeh, der sich zu seinen kleineren Gefährten neigt. Ein Fußrücken mit feinen Sehnen. Ein Knie, geschaffen, um vollendet in die Rundung der Schenkel überzugehen. Weiche Oberflächen, die zum Darüberstreichen verführen, ein goldenes Nest zum Kosen, eine sinnliche Vulva, verführerisch verborgen. Einzelne Muskeln an einem trainierten Bauch. Ein umschatteter Nabel. Kleine Brüste mit großen Warzenhöfen; der linke ein wenig größer und dunkler als der rechte. Kräftige Schultern, ein schlanker Hals. Feuchte Lippen unter einer markanten Nase und scharfen Augen.

Er schlang seine Arme um ihr Gesäß und zog sie an sich. Als er eine Hand emporgleiten ließ, entdeckte er ein einzelnes Kondom, das mit Klebeband an ihrem hohlen Kreuz befestigt war. Er lächelte. Sie löste das Päckchen von ihrer Haut, stöhnte wegen des leichten Schmerzes und riß es mit den Zähnen auf, während sie Dan zum Bett dirigierte. Als sie sich rittlings auf ihm niederließ und dabei ihr feuchtes, geschwollenes Geschlecht offenbarte, das vom hellen Haar ihres Venushügels kaum verdeckte wurde, konnte er sich davon überzeugen, wie anregend sein Seminar gewesen war.

Sie liebten sich geräuschvoll, doch noch immer wortlos. Sie gab Laute von sich wie ein Welpe, der in einem Pappkarton eingesperrt ist. Und er klang, als versuche er, sich eine Fischgräte aus der Kehle zu räuspern. Nachher hatten sie einander angesehen und waren vor Verlegenheit noch tiefer errötet.

Colleen hatte das Schweigen als erste gebrochen. »Es tut mir leid«, hatte sie gesagt. »Ich habe Sie offenbar gekratzt.«

Er hielt ihr seine Hand hin. »Hi, ich bin Dan Annenberg«, sagte er. »Gekratzt? Ich habe nichts gespürt.«

Sie schüttelte ihm die Hand und antwortete: »Colleen Pritchard, ich bin hier, um Sie zu interviewen.«

»Danke«, entgegnete er, »es war mir ein Vergnügen.«

Sie hatten während des eigentlichen Interviews die ganze Zeit gekichert. Sie hatte dabei rittlings auf ihm gehockt, ihren Computer auf seiner Brust, und sich sowohl der Tonaufnahmefunktion als auch der Tastatur bedient. Sie gab Informationen ein, während er in sie eindrang. Eine Computerfestplatte speicherte das Geräusch eines Welpen, der sich aus einem Pappkarton befreit, und einer Fischgräte, die aus einer Kehle geräuspert wird.

»Colleen Pritchard?« hatte er später gefragt. »Laß mich raten. Irische Mutter, walisischer Vater. Hab' ich recht?«

»Logisch betrachtet, ja«, hatte sie geantwortet, »doch mein Vater ist Engländer, aus Devon, und meine Mutter war Holländerin. Ihr verdanke ich wohl meine Größe und mein blondes Haar. Man kann sich beim Erraten von Nationalitäten nicht mehr auf Namen verlassen. Wir leben in einer Epoche, in der wir uns das aussuchen können, was uns in der Welt am besten gefällt. Aufregend, nicht wahr?«

Sie hatten das Interview während des Frühstücks beendet. Wo war das? In Stockholm vielleicht? Er hatte das Hotelzimmer noch vor Augen, doch während Stockholm einzigartig in der Welt ist, hätte das Zimmer zu jeder beliebigen Hotelkette gehören können, in jeder beliebigen Stadt, irgendwo auf der Welt.

Dan steckte seine Schlüsselkarte in den dafür vorgesehenen Schlitz und betrat das Zimmer. Es wurde durch das aus dem Bad einfallende Licht spärlich erhellt. Colleen lag schlafend im Bett. Als seine Augen sich an das Dämmerlicht gewöhnt hatten, konnte er ihren Hinterkopf auf dem Kissen sehen. Sie lag auf der Seite, die Knie hoch angezogen. Ein frisches weißes Laken bedeckte ihre Rundungen und offenbarte lediglich ihre hellen Schultern unter einer praktischen Kurzhaarfrisur. Es war drei Wochen her, daß sie sich zuletzt getroffen hatten. In Madrid, wenn sein Gedächtnis ihn nicht täuschte. Er zog sich aus und schmiegte sich an ihren Rücken, der Panzer für ihren Schildkrötenrumpf. Zu jedem anderen Zeitpunkt hätte er es sicher genossen, einfach still bei ihr zu liegen und die Wärme ihres Körpers in sich aufzusaugen, doch der tobende Applaus hatte prickelnde Stromstöße durch seine Muskeln zucken lassen, die es ihm unmöglich machten, sich zu entspannen. Er mußte etwas Körperliches tun, oder er würde explodieren. Nein, falsch. Er mußte etwas Körperliches tun *und* explodieren.

Bei ihrer ersten Begegnung hatte Dan ihr gesagt: »Ich nehme an, mein Agent hat dir die Grundregeln erläutert. Du schreibst nur über mein Berufsleben. Keine persönlichen Einzelheiten. Nichts darüber, was ich gerne esse oder wofür ich mein Geld ausgebe. Wir bleiben dabei, wie ich die Seminare entwickelt habe und welche Ideen ich darin vorstelle, okay?«

»Das versteht sich von selbst«, hatte sie geantwortet. »Du willst den Mythos vom großen Dan Annenberg aufrechterhalten, richtig? Wie lautet noch der Satz, mit dem du deine Seminare beendest? Irgend etwas darüber, daß man Privat- und Berufsleben trennen soll?«

»So ähnlich. Und ehe du fragst: Nein, mir ist noch nie zuvor so etwas passiert wie das, was zwischen uns geschehen ist.«

»Mir auch nicht«, hatte sie mit einem Glitzern in den Augen erwidert. »Ich nehme meist eine Fotografin mit. Glaubst du, wir hätten einen flotten Dreier hingelegt, wenn sie nicht aufgrund des Nebels Verspätung gehabt hätte?«

Dan lächelte.

»Mister Annenberg! Denk nicht einmal daran! Oft ist es auch ein *Fotograf.*«

Dan zog die Augenbrauen hoch.

»Trotzdem«, sagte sie. »Ein paar persönliche Details wären nützlich, um die Story ein wenig abzurunden.«

»Kommt nicht in Frage«, entgegnete er.

»Aber die Leute werden denken, du hättest etwas zu verbergen, oder noch schlimmer, daß du nur für deine Arbeit lebst und gar kein Privatleben hast. Ich würde dich wenigstens gerne als schillernde Persönlichkeit darstellen.«

»Schillernd? Oh, das glaube ich wohl kaum«, sagte er nicht sehr überzeugend. »Laß sie ihre eigenen Schlüsse ziehen. Du kannst es als meine Obsession erklären, Privat- und Berufsleben zu trennen, okay?«

Fest an sie geschmiegt, ließ Dan seine Fingerspitzen in kleinen, kreisförmigen Bewegungen über Colleens Haut gleiten. Mit der rechten Hand begann er an ihren Schläfen und strich dann im Zeitlupentempo über ihre Wangen und arbeitete sich von dort weiter hoch. Sie blieb reglos liegen und gab keinen Laut von sich.

Es war stets ähnlich, wenn sie sich trafen. Ein Hotelzimmer in irgendeiner Stadt, oder, bei sehr seltenen Gelegenheiten, ihre

Wohnung in London, sein Haus in Boston. Sie begannen jedesmal so wie bei ihrer ersten Begegnung; vertraute Fremde, stumme Liebende. Und es war stets Colleen, die das Schweigen mit ihren ersten Worten brach: »Es tut mir leid, ich habe Sie offenbar gekratzt.«

Dans behutsame Bewegungen wurden kraftvoller. Sie schnurrte und räkelte sich. Er drehte sie auf den Bauch und begann, seine Zunge in Form von Achten über ihre Haut gleiten zu lassen. Er leckte eine unsichtbare Linie von ihrem Nacken zu ihrem Rückgrat und umkreiste erst das eine Schulterblatt, dann das andere. Er folgte ihrem Rückgrat und umrundete ihre Nieren, umfuhr das mit Klebeband befestigte Kondompäckchen, machte eine Miniaturschleife um die Lendengrübchen und umkreiste, nun nicht mehr mit Zungenstrichen, sondern mit sanften Bissen, ihre Gesäßbacken.

Sie tat nicht mehr so, als schlummere sie. Schläfrige Seufzer entstiegen dem Kopfkissen, doch keine Worte. Dan drückte ihre Schenkel auseinander und kniete sich zwischen ihre Beine. Er riß das Päckchen vorsichtig an dem Ende auf, das nicht vom Klebestreifen verdeckt war, zog das Kondom heraus und streifte es über seinen Penis. Den einen Finger in das leere Päckchen gehakt, die freie Hand unter ihre Hüftknochen gelegt, zog er sie dann auf ihre Knie und drang nur wenige Zentimeter in sie ein. Er bahnte sich seinen Weg, indem er sich zunächst ein Stück zurückzog und dann jedesmal etwas weiter vordrang, sich dabei jedoch auf aufreizende Art weigerte, in die Tiefe vorzustoßen. Colleen ließ den Kopf auf das Kissen sinken, um sich abzustützen, packte Dans Gesäß mit den Fingernägeln und zog ihn bis ans Heft in sich hinein. Er fühlte, wie ihre Wärme ihn durchflutete. Er zog sich nun nicht mehr so weit zurück; nur bis zu dem Punkt, an dem ihre angespannten Muskeln den größten Sinnenreiz hervorriefen.

Sein Finger in dem Kondompäckchen, das noch immer an ihrem Rückgrat klebte, zog an der Haut ihres Rückens. Dan

strich mit der anderen Hand durch das nachwachsende stacheli-
ge Haar ihrer rasierten Bikinizone, durch die nie geschorenen
Löckchen um ihren duftenden Schoß, um Colleen seinem eigenen Zustand der Ekstase näherzubringen. Ihr Wimmern wurde
vom Kissen verschluckt. Sähe ein Beobachter, wie Dan bei
jedem Stoß wie ein Erstickender nach Atem rang, er wäre wohl
herbeigeeilt, um ihm erste Hilfe zu leisten. Das Klebeband auf
Colleens schweißnassem Rücken löste sich, als Dan die Kontrolle über seine Glieder verlor. Sie fuhr mit den Nägeln über seine Hinterbacken, und dann sackten sie beide erschöpft auf das
Bett.

»Es tut mir leid, ich habe Sie offenbar gekratzt«, sagte sie, während ihr Welpe durch das Loch spähte, das er in seinen Pappkarton gemacht hatte.

Dan räusperte die imaginäre Fischgräte aus seiner Kehle. »So,
was führt dich nach Hongkong, meine Liebe?«

»Ich arbeite an einem Artikel über die Bauindustrie in Asien.
Unglaublich dynamischer Wirtschaftszweig. Anfang nächster
Woche treffe ich mich hier in Hongkong mit einigen hohen
Tieren der Branche, und dann stehen Schanghai, Kuala Lumpur
und Singapur auf dem Programm. Vielleicht noch ein paar
mehr, je nachdem, welche Kontakte ich bekomme. Und du? Wie
war dein Seminar heute? Du bist jedenfalls in guter Form
zurückgekommen.«

»Großartig. Ein echter Kick. Ich hab' sie dazu gebracht, mir aus
der Hand zu fressen, hab' sie um den Finger gewickelt. Ich weiß
nicht genau, wie ich es erklären soll. Es ist, als versuchte ich,
allen den Kopf zu verdrehen. Und heute ist mir das gelungen,
glaube ich.«

Am Samstag nahmen sie die Straßenbahn zum Gipfel hoch über
Hongkong *Island* und schlenderten den nach Gouverneuren
benannten, doch von Liebespaaren bevölkerten Weg entlang.

Dann gingen sie, noch immer voller Tatendrang, gemächlich die menschenleere alte Straße hinab, die in die geschäftige Stadt führte. Colleen wollte ihm die Wohnungen zeigen, die an den Hängen über dem *Central District* gebaut wurden, wo traditionelle Bambusgerüste sich zwanzig Stockwerke und mehr um moderne Stahl- und Betonkonstruktionen spannten.

»Das Verhältnis zwischen Tragfähigkeit und Gewicht macht Bambus zu einem idealen Material.«

»Faszinierend«, sagte er. »Doch du würdest mich nicht dazu kriegen, so ein Ding hinaufzuklettern.«

»Sicher, doch mir bleibt nichts anderes übrig. Es gehört zu meinem Job. Wenn ich auch nicht gerade behaupten kann, ich würde mich darauf freuen.«

»Ich will es gar nicht wissen. Ich will noch nicht einmal den Artikel lesen.«

»Zeit, daß du allein weiterziehst«, verkündete Colleen. »Ich gehe zurück ins Hotel, um ein wenig zu arbeiten. Ich habe einen Abgabetermin, den ich einhalten muß. Warum gehst du nicht ein bißchen im Park spazieren? Das Vogelhaus müßte noch offen haben. Gib mir ein paar Stunden Zeit.«

Nach dem Bummel durch den Park setzte Dan seinen Spaziergang fort. Er folgte den Straßenbahnlinien in Richtung Osten, vorbei an farbenprächtigen Läden, die Kleider, chinesische Lebensmittel und Elektrogeräte feilboten. Als er mit vom Laufen verkrampften Muskeln die *Causeway Bay* erreichte, sprang er in eine Straßenbahn und fuhr unter Gerätter zurück in den *Central District*.

Im Hotelzimmer ließ er sich völlig erschöpft auf das Bett sinken. Colleen speicherte ihre Arbeit ab, klappte ihren Laptop zu und ging zu ihm.

»Kennst du den Unterschied zwischen asiatischen und europäischen Städten?« fragte sie. »Die Asiaten richten den Blick auf die Zukunft, die Europäer auf die Vergangenheit.« Sie knöpfte sein Hemd auf und zog den Reißverschluß seiner Hose herunter. »Sie verjüngen ihre Städte, reißen alle Elendsviertel ab«, fuhr sie fort und zog ihm dabei seine Shorts und die Unterhose aus. Sie küßte seine Brust. »Im Herzen der Stadt errichten sie ein mächtiges Bankenviertel«, sie glitt hoch zu seiner Kehle, dann weiter zu seinen Ohren, »... und am Stadtrand bauen sie Technologieparks und Universitäten, um ihren Platz an der vordersten Front der Technologie zu behaupten.« Sie umfaßte seine Hoden und zog seine Vorhaut zurück.

»Und um der Stadt eine Identität zu geben, errichten sie schließlich ein Monument, das hoch über sie hinausragt. Das Monument ist der höchste Turm der Welt, hier, wo sich die Hauptstraßen treffen.« Colleens Zunge schnellte wie die einer Schlange hervor und umspielte seine Eichel. »Hier, im Zusammenfluß all dessen, was in die Stadt hinein und aus ihr herausströmt. Hier, am gigantischen Brennpunkt all dessen, was der Mensch erschaffen kann. Und um der Welt zu zeigen, wie großartig die Stadt geworden ist, setzen sie ein Restaurant in die Spitze, direkt unter den Funkmast, eins, das sich langsam dreht, immer im Kreis.« Sie nahm ihn in den Mund und massierte ihn abwechselnd mit den Fingern und den Lippen, während sie ihren Gedankengang weiterverfolgte. »Immer im Kreis«, sagte sie, »... mit seinem einzigen Blinklicht ... immer im Kreis ... hier kann man sich den Sonnenuntergang im Westen ansehen und sich dabei Austern durch die Kehle rinnen lassen ...« Er konnte die hintere Wand ihres Rachens fühlen, als er sich wollüstig aufbäumte. »... Man kann Nudeln in sich hineinschlürfen, während man gen Norden blickt ... Pfannkuchenröllchen mit Pekingente in Pflaumensauce mit Blick auf die Neonlichter der östlichen Vororte genießen ... und zum Abschluß?« Sie bewegte Mund und Lippen in feinschmeckerischer Verzückung, »... Windbeutel, aus denen die Sahne nur so hervorquillt während der südlichen Drehung.«

»Und geht sie auf ...«, keuchte Dan, während er sich im Rhythmus der neuen Stadt unter Zuckungen entlud, »... diese Vision?«

»O ja«, sagte Colleen und hielt inne, um zu schlucken und wieder zu Atem zu kommen. »Wenn du einen Turm baust und ihn groß und stark machst, dann kommt *jeder*.«

Dan nahm ein Bad, während Colleen ihren Text über geheimnisvolle Verbindungen aus Kupfer, Glasfaser und Satellit via Modem zu ihrer Redakteurin nach London schickte.

Dan traf am späten Sonntagnachmittag in Singapur ein und wurde in einer leise surrenden Limousine über die blumengesäumte Autobahn von Changi nach Shangrila kutschiert.

Am Montag morgen traf er sich mit Felix zum Frühstücksbüffet.

Felix aß amerikanische Getreideflocken mit Obst, zu dem auch beide Hälften einer großen Mango gehörten. Dan nippte an einer Tasse Kaffee und brachte ein halbes Glas Orangensaft herunter.

»Tut mir leid wegen gestern«, sagte er.

»Kein Problem. Ich kenne dich gut genug, um mich nicht auf dich zu verlassen. Hast allerdings ein fabelhaftes Golfspiel verpaßt«, sagte Felix.

»Da, wo ich gelegen habe, hat es mir an nichts gefehlt«, entgegnete Dan.

»Verstehe!« antwortete Felix und zwinkerte vergnügt. »Hör mal, ich bekomme demnächst Besuch von so 'ner Journalistin. Sie schreibt eine Story über die Bauindustrie hier. Colleen Pritchard heißt sie. Der Name kommt mir irgendwie bekannt vor, doch ich weiß nicht, woher.«

»Sie hat mich mal interviewt«, sagte Dan. »Erinnerst du dich? Das Interview, von dem ich dir geschrieben habe ... im *Business Month*, letzten März. Sie ist gut, wenn du Wert auf große *Publicity* legst.«

»Oh, du kennst mich doch. Der unsichtbare Mann hinter den großen Geschäften. Namenlos und diskret.«

»Das ist wohl auch der Grund, warum ich dir seit unseren Kindertagen vertraue. Merkwürdig, doch ich wiederhole deinen Satz über die Notwendigkeit, berufliche und private Angelegenheiten zu trennen, inzwischen in allen meinen Seminaren.«

»Hab' ich dir ja immer gesagt. Ich hoffe nur, daß deine Jünger nicht aus ihren Fehlern lernen müssen, so wie gewisse Leute ganz hier in der Nähe.«

»Reite ruhig weiter darauf herum!« sagte Dan. »Mir geht jeden Monat ein ganzer Batzen Geld vom Konto ab, um mich daran zu erinnern.«

Einige Wochen später war Dan in Salt Lake City.

Getreu seinem Ritual ließ er die Wanne vollaufen, während sein Computer hochfuhr und die E-Mail lud.

Wie ein Gewohnheitstier in seiner gewohnten Umgebung überflog Dan Annenberg die Eingänge seiner E-Mails mit einem Handtuch um die Hüften. Er fand eine von Colleen und öffnete sie. »Liebe Pauline«, las er. »Hier ist neues Gift für ›Colettes Kolumne‹. Ich hoffe, es gefällt Ihnen. Viele Grüße, Colleen.«

Die Nachricht war offensichtlich fehlgeleitet worden. Statt sie an Pauline Andrews zu adressieren, hatte Colleen den nächsten Namen auf ihrer Liste gewählt: Dan Annenberg. Er hatte selbstverständlich von »Colettes Kolumne« gehört. Zwar hatte er das Magazin, in dem sie erschien, nie gelesen, doch war die Kolumne berüchtigt für ihre Angriffe auf die Männerwelt. Sie hatte eine zweifelhafte Berühmtheit erlangt als Hauptgegenstand einer Verleumdungsklage, die ein öffentlichkeitsscheuer Pressezar gegen das Magazin angestrengt hatte. Daß Colleen Pritchard zu ihren Autorinnen gehörte, war in der Tat eine Neuigkeit. Er kopierte die Datei in einen anderen Ordner und überflog einige der im Laufe der Woche eingegangenen Nachrichten.

Dan nutzte seine E-Mail-Adresse ausschließlich für geschäftliche Zwecke, doch Colleen, die sie während ihres Interviews in

Erfahrung gebracht hatte, war nicht die einzige Ausnahme von dieser Regel. Seine Ex-Frau verwendete sie ebenfalls, um ihm mitzuteilen, wie wunderbar sie ohne ihn zurechtkam. Und ob er vielleicht etwas Geld von ihr leihen wolle, bis er seine Finanzen geordnet hätte? Er las den Rest seiner Nachrichten und öffnete dann Colleens Text.

COLETTES KOLUMNE – NR. 24: DAN, DER MANN

Management-Guru und Business-Seminar-Dozent Dan Annenberg, 39, ist ein Mann, der sein Schicksal fest im Griff hat. Das macht er Sie zumindest glauben. Es stimmt, der eins neunzig große, dunkelhaarige Bostoner ist der Traum aller führenden Werbefachleute, ein Mann, der von seiner Zuhörerschaft achthundert Dollar pro Kopf verlangt und diese auch regelmäßig bekommt. Doch der Mann, dem wir »Positives Planen für Spitzenleistungen: Die Macht des Geistes über das Geld« verdanken, hat ein streng gehütetes Geheimnis. Colette kann ihre Quellen nicht preisgeben, liefert Ihnen jedoch wieder einmal die ganze Wahrheit.

»Dan, der Mann«, dessen Annenberg Power Points *für ein gesünderes, finanziell erfolgreicheres Leben zum Glaubensbekenntnis vieler angesehener Geschäftsmänner geworden sind, ist total pleite. Lassen Sie sich nicht von den Erste-Klasse-Reisen, den Luxushotels und den Limousinen täuschen. Hinter der glitzernden Fassade türmen sich Schulden, die bezahlt werden müssen.*

Nun könnten wir einfach voll Schadenfreude über das Mißgeschick des charismatischen Mister Annenberg lächeln, doch das Schönste ist der Grund für seine prekäre finanzielle Lage. Ja, Mädels, wir liefern Euch wieder eine Geschichte von Frauen an der Spitze! Dan Annenberg ist von seiner Ex-Frau, der geheimnisvollen Anna Engelbrecht, Direktorin und Managerin der »Bitter Sweet Computer Inc.«, zur Ader gelassen worden.

Engelbrecht, 36, jüngst zur dynamischsten Geschäftsfrau Amerikas gewählt, war sieben Jahre lang mit Annenberg verheiratet. Eine hart arbeitende Grundschullehrerin, die nachts Jura studierte und noch die Zeit fand, ihm das Abendessen zu kochen. Annenberg, ein erklärter Workaholic von aufbrausendem Temperament, hatte an einem Immobiliengeschäft gearbeitet, in das er teils eigene Mittel, in der Hauptsache jedoch geliehenes Geld gesteckt hatte. Es machte ihn nervös und eine Spur gewalttätiger als üblich, doch man war in den achtziger Jahren, und die Immobilienpreise trotzten noch den Gesetzen der Schwerkraft.

Engelbrecht, die es leid war, Dan über seine Arbeit schwadronieren zu hören, die es satt hatte, daß er seine Wut an ihr ausließ, wenn die Dinge nicht gut liefen, und die befürchtete, daß einige der in ihrem Namen getätigten Aktiengeschäfte nicht ganz legal waren, beschloß zu handeln. Am 5. April 1988 – sie hatte bereits die Scheidung eingereicht – landete sie ihren eigenen Coup mit den Leuten, von denen Dan kaufte. Als Gegenleistung für Informationen über seine zukünftigen Pläne, die seine vermeintlichen Geschäftsfreunde in die Lage versetzten, noch mindestens eine weitere Million aus ihm herauszupressen, erhielt sie einen gehörigen Anteil an der Differenzsumme.

Anna Engelbrecht nahm das Geld, verkaufte die Aktien und baute mit einem jungen Computergenie von »MIT« ihr eigenes Unternehmen auf. Dan blieb auf Immobilien und Darlehen sitzen in einer Welt, die plötzlich entschied, daß Grundstücke und Gebäude im Grunde doch keine so wertvollen Kapitalanlagen waren.

Wenn Sie Dan Annenberg also am Ende jedes seiner Seminare predigen hören: »Und auch wenn Sie alles vergessen, was ich heute gesagt habe, an eins sollten Sie sich erinnern: Seien Sie bei allem, was Sie tun, mit Leib und Seele dabei, seien Sie in Ihrem Privatleben ebenso diszipliniert wie im Beruf, und vor allem, halten Sie beides strikt auseinander. Vielen Dank«, dann können Sie sicher sein, daß er aus Erfahrung spricht. In einem jüngst im Business Month erschienenen Interview wird er als »Vorbild des denkenden Menschen« betitelt. Keine besonders zutreffende Bezeichnung, wie ich finde.

Nächsten Monat: Nr. 25: Sid, das Kid

Dan reagierte auf diese Einmischung in sein Leben so, wie man es erwarten würde. Er stieg wieder in die Wanne, drehte den Heißwasserhahn auf, hielt sich mit Daumen und Zeigefinger die Nase zu und tauchte ab in die Klangwelt fließenden Wassers und ausgefeilter Klempnerkunst. Die Unterwassergedanken des Dan Annenberg drehten sich um folgende Fragen: Was sollte er mit Colleen/Colette anstellen? Wäre es finanziell günstiger, auf die Veröffentlichung zu warten und dann auf Schadenersatz zu klagen oder die Veröffentlichung zu verhindern und seine Karriere wie bisher weiterzuverfolgen? Würde die Kolumne überhaupt von irgendeinem wichtigen Menschen gelesen werden? Würde Colleen auf die Veröffentlichung verzichten, wenn er sie darum bäte? Sollte er sie auf der Stelle anrufen und zur Rede stellen? Sollte er noch einmal mit ihr ins Bett gehen, ehe er die Angelegenheit zur Sprache brachte? Wie viele andere Kolumnen hatte sie geschrieben? Hatte sie auch den großen Zeitungsverleger verführt? Wie konnte sie nur?

Und dann war da noch Felix, sein sogenannter treuer Freund, die offensichtliche Quelle all dieser Lügen. Es schien, als wären alle Menschen, die er je geliebt hatte, darauf aus, ihn zu betrügen: seine Ex-Frau, Colleen, Felix. Werde nicht paranoid, Dan, sagte er sich, diese Leute betrügen sich nur selbst – aus all den üblichen Gründen, aus Gier nach Geld, Macht, Sex. Golf war nicht Felix' einzige Schwäche. Die Tatsache, daß all seine internationalen Flüge über Bangkok führten, bezeugte das. Colleen mußte ihn wirklich becirct haben, um das aus ihm herauszulocken.

Dan beschloß, nicht darüber zu reden, und legte seinen Groll in der für persönliche Dinge reservierten Schublade ab. Er bot der Geschäftswelt in den Konferenzzentren der Hauptstädte auch weiterhin seine Show. Eine Flut von Dankschreiben strömte herein. »Danke, Dan, Sie haben mein Leben verändert«, hieß es darin. »Vielen Dank, Mister Annenberg, Sie haben mir geholfen, mein Leben ins rechte Lot zu bringen.« »Seit Ihrem Seminar hat sich mein Umsatz verdoppelt, tausend Dank!« Sie fühlten sich angeregt, voller Inbrunst aus seinem Werbematerial zu zitieren: »Wirklich inspirierend«, schrieben sie.

Ein anonymer Wohltäter in Moskau war so dankbar, daß er Dan zwei Mädchen aufs Hotelzimmer schickte. Die eine war ein draller Rotschopf, der unter seiner Lederjacke ein T-Shirt mit der Aufschrift »Manager-Streß« trug. Sie war so groß wie Dan, und als sie ihn am Handgelenk packte, wußte er, daß sie auch stärker war. »Hallo«, sagte sie mit schwerem russischen Akzent, »man hat uns geschickt, um mit Ihnen zu spielen.« Ihre Begleiterin war das genaue Gegenteil, sie war vergleichsweise klein und trug ein fließendes weißes Kleid. Sie bewegte sich wie eine Turnerin.

»Nein, nein«, entgegnete Dan. »Das kann ich unmöglich annehmen.« Dabei dachte er, daß sie ihn wahrscheinlich umbringen würden, wenn er ablehnte.

»Mein Name ist Streß«, sagte die Große. Ihr Pseudonym stand auch auf dem kleinen braunen Koffer, den sie bei sich trug. »Meine Freundin hier heißt Entspannung. Sie sehen also, es besteht kein Grund zur Sorge.«

Streß führte ihn zum Bett, wo er sich in sein Handtuch gewickelt niederlegte. Sie holte etwa zwanzig Stahlrohre und acht Verbindungsstücke aus dem Koffer und legte sie neben ihm auf das Bett. Er war eben im Begriff aufzustehen, als das andere Mädchen ihn ablenkte. Sie machte einen Handstand am Fußende des Bettes. Das weiße Kleid fiel zu Boden, und sie stieg hinaus, indem sie auf einer Hand balancierte und es mit der anderen beiseite fegte. Darunter trug sie nur ein Höschen, das, wie Dan später feststellen sollte, aus Reispapier bestand. »Manager-Entspannung« war darauf in Schokoladenbuchstaben zu lesen. Sie war schlank, aber nicht mager, durchtrainiert, doch nicht so grotesk muskulös wie eine Bodybuilderin. Ihre Brüste würden seine Handflächen eben ausfüllen, und ihre nach oben hin geschwungene Form wurde durch die Kopfüberstellung noch betont.

»Bist du im russischen Turnerinnen-Team?« fragte er naiv.

Streß antwortete an ihrer Stelle: »Seien Sie nicht dumm. Sie ist neunzehn. Mehr als fünf Jahre zu alt.«

Streß machte sich an die Arbeit und steckte die Stahlrohre zusammen wie Zeltstangen, bis sie ein käfigförmiges Gestell um ihn errichtet hatte. In Dans Kopf liefen verschiedene Szenarien ab, was sie wohl mit ihm anstellen würden. Streß und Entspannung. Doch in welchem Verhältnis? Auf Streß konnte er verzichten, aber auf Entspannung? Wie feingliedrig sie war, wie graziös! Während Streß sich Jacke, T-Shirt und Lederhose auszog und darunter ein Geflecht verchromter Ketten offenbarte, die sich um ihre prallen Hinterbacken und Brüste spannten und diese noch stärker zur Geltung brachten, kam Entspannung mit einem Radschlag wieder auf die Füße und machte einen Salto auf das Stahlgestell über ihm. Dan konnte die Augen nicht von ihr wenden. Sie ließ sich aus ihrer breitbeinigen Stellung auf dem Stahlrahmen in eine sitzende Position sinken, stützte sich mit den Händen ab und spreizte ihre glatten Beine über Dans Gesicht. Streß fesselte ihn derweil an Händen und Füßen an das Stahlgestell, doch mittlerweile war es ihm gleich, was sie vorhatte.

Entspannung ließ sich auf ihn sinken. Irgendwo in der Ferne zerrte Streß sein Handtuch unter seinem Körper hervor und schnurrte: »Essenszeit, Mister Dan, Essenszeit.« Das Reispapier zerging ihm auf der Zunge. Er versuchte, sein Gesicht in ihrem nach Moschus duftenden Busch zu vergraben, doch sie drehte ihr Becken nach oben, so daß ihre Beine beinahe senkrecht emporragten und ihr glattes Fleisch knapp außerhalb seiner Reichweite war. Streß stand zu seinen Füßen und stieß ein mißbilligendes »Tss, tss« hervor. Sie hielt eine mit Papierclips gefüllte Plastiktüte in den Händen. »Wo sind Ihre Manieren?« fragte sie. »Sie müssen zuerst das Hauptgericht aufessen.«

Entspannung ließ ihre Hüften über Dans Gesicht kreisen, so daß er das restliche Reispapier verspeisen konnte, und ließ sich dann mit ihrem ganzen Gewicht auf seinem Gesicht nieder.

Dan wunderte sich, wie leicht sie war, während feuchtes Fleisch ihn sanft auf das Kissen drückte. Sie preßte seinen Kopf aufs Bett, während er sie, von Verlangen und dem Wunsch, ihr Vergnügen zu bereiten, erfüllt, mit der Zunge erforschte.

Der erste Papierclip grub sich in lose Haut über seiner Kniescheibe. Das zweite Paar plazierte Streß an seinem Hodensack, den dritten Clip unterhalb des Schambeins. Weitere folgten: an den Armen, an den Brustwarzen, am Hals. Sie verursachten keine Schmerzen im eigentlichen Sinne, eher ein nagendes Unbehagen, so als habe jemand seine Haut an unerwarteten Stellen gestrafft. Der Sauerstoffmangel machte ihn allmählich benommen, und er fühlte sich, als würde sein ganzer Körper, mit Ausnahme seines Penis, irgendwie zusammenschrumpfen. Die Größenverhältnisse erschienen fließend und wechselten von einem Extrem ins andere. Einmal war Entspannung klein und leicht, und sein Schwanz schien hinter ihr emporzuragen wie eine Säule in einem griechischen Tempel, dann wieder war sie riesig und erdrückend, mit einer Klitoris, die seinen Mund wie ein ungegessener Apfel auszufüllen schien. Sie wimmerte leise, als sie kam, und ihr Becken zuckte in kleinen Krämpfen der Wollust.

Entspannung löste sich von ihm, und Streß nahm ihren Platz ein. Sie hielt sich nicht wie Entspannung mit den Armen am Stahlgestell fest, sondern kniete über ihm wie ein solider Fels. Auch ihr Duft war schwerer, und ihr Loch wirkte so höhlenartig, daß ein gedämpfter Schrei womöglich ein schwaches Echo hervorriefe. Er fühlte, wie Entspannung um ihn herumstrich, ihn mit ihren Fingern, ihren Brustwarzen, ihrem Mund und ihrer Zunge liebkoste, während sie behutsam die Papierclips entfernte und statt ihrer Küsse auf seine Haut drückte.

Es war, als sammele sich all die Zuwendung und Aufmerksamkeit, die ihm je zuteil geworden war, in seinem Körper und konzentriere sich in dem aufragenden Schaft blutgefüllten Gewebes. Alle Empfindungen, die je existierten, hatten sich in ihm angestaut wie Lava in einem Vulkan kurz vor dem Ausbruch. Er dachte, daß er zum erstenmal in seinem Leben kommen würde, ohne daß ihn jemand berührte. Und dann machte Entspannung ihrem Namen alle Ehre und nahm ihn mit ruhigen, kundigen Bewegungen in den Mund, bis er sich in Krämpfen entlud, die jeden Muskel seines Körpers strafften.

Dan und Colleen trafen sich einen Monat darauf. In San Francisco. Sie kamen mit verschiedenen Flügen, landeten jedoch zur selben Zeit und teilten sich die riesige Lincoln Continental-Limousine, die ein anonymer Konferenzorganisator für Mister Annenberg (VIP) geordert hatte.

»Wie war der Rest deiner Asienreise?« fragte er.

»Faszinierend«, antwortete sie. »Du würdest nicht glauben, wieviel Beton sie täglich gießen. Doch im Moment arbeite ich an einem Artikel über Gesundheit; über den Einfluß, den das Leben in ebenen und in hügeligen Städten auf das Wohlbefinden der Einwohner hat.«

»Hast du nie den Wunsch, dich auf ein Thema zu spezialisieren?« fragte er. »Du weißt schon, Expertin auf einem Gebiet zu werden«

»Um Himmels willen, nein«, entgegnete Colleen. »Ich würde mich tödlich langweilen. Das einzige, auf das ich mich spezialisieren würde, wäre, keine Spezialistin zu sein. Ich verweile nie sehr lange bei einem Thema.«

»Und was ist mit uns?« fragte er. »Bin ich auch nur ein Thema, das man recherchiert, um dann darüber zu schreiben?«

Er wollte sie anschreien. Er wollte, daß sie wußte, daß er es wußte. Früher hätte er das getan, sie vielleicht sogar geschlagen. Er konnte kaum glauben, wie sehr er sich in den letzten sechs Jahren verändert hatte. Er war wütend auf sie, ja, doch sie war immer noch schön, und es machte Vergnügen, mit ihr zusammenzusein, und irgendwie erschien ihm das wichtiger als alles andere.

Colleen hängte das »Bitte-nicht-stören-Schild« an die Tür, während Dan sich ein Bad einlaufen ließ. Sie schenkte ihm einen Perrier und sich selbst einen Gin Tonic ein.

Sie tanzten ohne Musik, ohne Gesang zur Choreographie von Hormonen und Pheromonen. Sie begannen mit einem langsamen Präludium aus Shampoo und Seife und rieben einander mit schweren Waschlappen ab: die symbolischen Streichbewegungen des *Modern Dance*. In große weiße Handtücher gewickelt, trockneten sie sich ab wie tanzende Derwische. Nackt näherten sie sich mit Tangoschritten dem Bett, tanzten Walzer über die Laken und umschlangen sich dann nach Art der Lambada. Dan fühlte Feuchtigkeit an Colleens hohlem Kreuz: Colettes Schweiß, Colettes Verrat, der aus Colleen herausperlte. Er löste das Kondom, wischte dann den Schweiß mit den Fingern ab und massierte ihn in ihre Brüste. Mit Foxtrott-Fingern brachte er ihren Seim zum Fließen, bis der Trommelschlag des afrikanischen Tanzes sie in die rhythmischste aller intimen Umarmungen trieb.

Und zum erstenmal spürte er ihr Kratzen. Zum erstenmal wimmerte der Welpe nicht nur, sondern kratzte auch. Ein Nagel grub sich in seinen Nacken und fuhr hinunter zu seinem Schulterblatt. Dann bohrte er sich an den Rippen erneut in sein Fleisch und schürfte die Haut bis zu seinem Rückgrat ab. Eine Schramme am Schenkel und ein Kratzer auf der Hinterbacke. Und zum erstenmal kratzte er zurück, Kratzer um Kratzer. Und als ihr Tanz zu einem »Schmuseblues« abgeflaut war, brach er als erster den Zauber.

»Es tut mir leid«, sagte er. »Ich habe Sie offenbar gekratzt.«

»Eins zu null für dich«, entgegnete sie. »Du lernst schnell.«

»Danke«, sagte er. »Ich konnte mich bisher nicht beklagen. Dans Dicker ist Collies Kolben. Er steht immer zu deinen Diensten.«

»Das gefällt mir, dein Gebrauch des Genitivs. *Colleens* Kolben. Ich kann mich seiner bedienen, wie es mir paßt.«

»Als ich Collie sagte, war das natürlich nur die Kurzform von Colette, wie in ›Colettes Kolumne‹. Ich nehme an, du kennst sie?«

Sie sah überrascht aus – einen Augenblick lang – und sagte dann reichlich hastig: »Ich hatte so ein Gefühl, daß ich sie aus Versehen dir geschickt hatte. Das ist wohl eins der Risiken der modernen Kommunikationstechnik.«

»Weißt du, was ich denke?« fragte er.

»Ich habe nicht erwartet, daß sie dir gefällt, doch die Welt muß die Wahrheit erfahren.«

»Ich denke, wir sollten heiraten«, antwortete er.

»Was?«

»Im Ernst, ich bitte dich, mich zu heiraten.«

»Ich glaub's nicht!« entgegnete sie. »Ich versuche bewußt, deine Karriere zu ruinieren, und du bittest mich, dich zu heiraten! Du bist verrückt. Erstens habe ich nicht vor zu heiraten, und zweitens würde mich nichts von der Veröffentlichung abbringen. Aber mach dir keine Sorgen, ›Dan, der Mann‹, ich bezweifle, daß irgend jemand, der sie liest, je von dir gehört hat. So berühmt bist du nun auch wieder nicht.«

Es gibt Kratzer und Kratzer, und einige davon brauchen Jahre, bis sie verheilt sind.

Dan Annenberg erhob sich aus einer schwarzen Marmorbadewanne in Buenos Aires. Er wußte, er würde in der Nacht kein Auge zutun. Der *Jet-Lag* machte ihm von Monat zu Monat mehr zu schaffen, und morgen würde er sein erstes Seminar nach der Veröffentlichung von Colettes Kolumne, seiner Kolumne, geben. Das Handtuch um seine Hüften glitt zu Boden. Er machte sich nicht die Mühe, es erneut umzuwickeln. Sein Laptop-Computer hatte nur eine einzige Nachricht heruntergeladen, ehe die laute Telefonverbindung abbrach. Er erhielt eine Nachricht von Colleen und ignorierte den Rest der Welt.

»Hi, Dan«, lautete sie. »Wie läuft's? Singapur vermißt dich ...
nicht! Felix schickt liebe Grüße. Verpaß die Juli-Ausgabe nicht!
Gruß, Collie.«

Nun, Felix konnte sie behalten, mit Kratzern und allem Drum
und Dran. Viel Glück mit ihr! Es machte natürlich Sinn. Felix
war nicht nur sein ältester Freund. Er war an internationalen
Fusionen und Firmenübernahmen beteiligt und genoß außerdem den Ruf des größten Golflangweilers der Welt. Ein gefun-
denes Fressen für eine große blonde *Freelance*-Journalistin. Colleen war als Teil seiner Arbeit in Dans Leben eingetreten. Im
Arbeitsleben sind die Menschen ständig in Bewegung. Sie
gehen in Rente, werden befördert, entlassen, kündigen, schlagen
neue Wege ein. Arbeit. Privatleben. Kein Zusammenhang.
Ende der Geschichte. Er spürte förmlich, wie die Kratzer heil-
ten.

Im übrigen las Dan die Juli-Ausgabe tatsächlich mit Vergnügen.
Genauer gesagt eine gewisse Kolumne auf einer gewissen Seite,
deren Überschrift Bände sprach: COLETTES KOLUMNE –
NR. 29: FELIX WIRD'S BESORGEN.

Originaltitel: Colette's Column
Deutsch von Corinna Hermes-De Chedjou

Robert Bloch
Das Manuskript

Abends um sechs nahm Carol ihre Brille ab, was ihr aber nichts half. In den Wiederholungen alter Hollywoodstreifen rief Cary Grant an dieser Stelle mit einer Mischung aus Überraschung und kultivierter Lüsternheit in der Stimme immer: »Aber du bist wirklich wunderschön, Kleines, ohne deine Brille!«

Zu Carol hatte das noch nie einer gesagt, obwohl sie wirklich schön oder – zumindest – fast schön war. Mit ihrem rotbraunen Haar und ihrer hellen Haut, ihren regelmäßigen Zügen und ihren saphirblauen Augen hätte sie nur noch Kontaktlinsen gebraucht, um eine echte Schönheit zu sein.

Aber da Cary Grant ohnehin nicht da war, sah sie auch keinen Grund, sich länger mit der Brillenproblematik rumzuärgern. Außerdem schienen die Kunden des Antiquariats für Erstausgaben und seltene Manuskripte ohnehin lieber altes Pergament als junges Fleisch zu streicheln.

Abends war sie meist allein im Laden; der Inhaber und die Kollegen waren schon gegangen und überließen es Carol, den Laden dicht zu machen, die Türen abzuschließen und die Alarmanlage anzustellen. Dieser großen Verantwortung war sie sich angesichts der wertvollen Raritäten, die sich im Lager befanden, immer bewußt.

Oder zumindest fast immer.

An diesem Abend saß sie in dem hinter dem Antiquariat gelegene Büro und machte sich zum Gehen fertig. Sie zog sich gerade die Lippen nach, als sie plötzlich Schritte auf dem Dielenboden des Ladens hörte.

Stirnrunzelnd legte sie ihre Puderdose mit dem kleinen Taschenspiegel auf den Schreibtisch. Sie erinnerte sich genau daran, daß sie das Licht im Laden ausgemacht hatte. Hatte sie etwa in ihrem Anfall von Selbstmitleid vergessen, die Ladentür abzuschließen?

Dem war offenbar so, denn sie hörte keine Schritte mehr und jemand stand in der Bürotür. Carol blinzelte in die verschwommene schwarze Silhouette im Eingang, auf der ein weißer Fleck aus Kopf und Haaren auszumachen war.

Als sie ihre Brille aufgezogen hatte, verwandelte sich die schwarze Silhouette in einen dunklen Anzug, und der weiße Fleck wurde zum Kopf eines älteren Herren mit ausgeprägten Geheimratsecken. Der ältere Herr hatte eine würdevolle Ausstrahlung, und weder sein faltiger Anzug noch sein faltiges Gesicht konnten diesem ersten Eindruck etwas anhaben. Er hatte eine tiefe, angenehm sonore Stimme. »Guten Abend. Sind Sie die Inhaberin dieses Geschäftes?«

»Tut mir leid«, sagte Carol, »Der Chef ist leider schon weg. Wir haben bereits geschlossen.«

»Oh, ach so ist das«, erwiderte der Herr. »Entschuldigen Sie bitte, daß ich hier so spät hereinschneie, aber ich habe eine lange Anreise hinter mir und hoffte, ihn noch zu erwischen.«

»Wir machen morgen früh um zehn wieder auf, da wird er auf jeden Fall da sein. Oder kann ich ihm vielleicht etwas ausrichten?«

»Na, ja wissen Sie, es handelt sich um etwas sehr Dringendes«, sagte der alte Herr. »Mir ist zu Ohren gekommen, daß Sie kürzlich in den Besitz eines Manuskriptes gelangt sind, das über siebzig Jahre verschollen gewesen sein soll.«

»Das ist richtig«, nickte Carole, »Sie meinen das Dracula-Original.«

»Sie kennen den Roman?«

»Natürlich. Ich habe ihn vor Jahren mal gelesen.«

Der Unbekannte kramte in seiner Sakkotasche und reichte ihr eine altmodische Visitenkarte. »Dann kommt Ihnen mein Name vielleicht bekannt vor.«

Carol schaute angestrengt auf den antiquierten Schriftzug. Die gotische Schrift war schwer zu entziffern, und so wiederholte sie laut, was sie las: »Abraham Van Helsing?«

»Richtig«, sagte der alte Mann und lächelte. Carol schüttelte den Kopf. »Warten Sie mal einen Augenblick. Sie glauben doch nicht etwa, daß ich Ihnen abnehme, daß...«

»...ich der Namensvetter meines Urgroßvaters bin, Mynheer Professor Doctor Van Helsing aus Amsterdam? Doch!« fiel er ihr ins Wort. »Ich kann Ihnen versichern, daß *Dracula* kein gänzlich erfundenes Werk ist. Die Identität einiger Figuren daraus wurden verschleiert; aber andere, wie mein berühmter Vorfahr, erschienen in dem Buch unter ihrem richtigen Namen. Jetzt verstehen Sie vielleicht, warum ich mich so brennend für das Dracula-Manuskript interessiere.« Während er dies sagte, warf er einen Blick auf den Safe in der Ecke. »Sie haben es nicht zufällig hier?«

»Tut mir wirklich leid«, sagte Carol. »Es ist leider schon verkauft.«

»Verkauft?«

»Ja. Am Tag nachdem wir unsere Angebotsliste verschickt hatten, standen unsere Telefone nicht still. Ich habe so etwas noch nicht erlebt. Fast jeder Kunde aus unserer Kartei wollte sein Gebot abgeben. Das Versteigerungsergebnis war schlichtweg umwerfend.«

»Können Sie mir sagen, wer den Zuschlag bekommen hat?«

»Ein privater Sammler. Allerdings kenne ich seinen Namen nicht. Mein Chef hat ihn mir nicht verraten, weil es eine Bedingung des Käufers war, daß er absolut anonym bleiben muß. Ich schätze, er hat Angst davor, daß ihm jemand das Manuskript stehlen könnte.«

Der Alte legte die Stirn in Falten und vermittelte so unmißverständlich Ärger und Verachtung. »Oh, wie umsichtig von ihm! Umsichtig waren sie bisher alle. Sie haben auch allen Grund dazu, schließlich verbergen sie etwas, das keinem von ihnen je rechtmäßig gehörte. Dieses Manuskript wurde nur all die Jahre so gründlich versteckt, weil es seinem rechtmäßigen Erstbesitzer gestohlen wurde. Es wurde meinem Urgroßvater gestohlen, der es vom Autor aus Dankbarkeit geschenkt bekommen hatte. Schließlich hatte er Bram Stoker den Stoff für seinen Roman geliefert.« Er starrte Carol an. »Wer brachte das Manuskript zu Ihnen?«

»Auch das hat mir der Chef nicht gesagt. Es ging ziemlich hopplahopp, verstehen Sie?«

»Sehen Sie, es ist genau das, was ich meine. Derjenige wußte ganz genau, daß er kein Recht hatte, es zu besitzen. Verdammte Diebe allesamt!«

Carol zuckte die Achseln. »Glauben Sie mir; das wußte ich nicht.«

»Natürlich nicht. Sie können ja auch nichts dafür, junge Frau. Aber vielleicht können Sie mir dennoch einen weiteren Gefallen tun. Haben Sie das Manuskript zufällig gesehen, bevor es verkauft wurde?«

»Ja.«

»Können Sie es mir beschreiben?«

»Nun ja, augenfällig war wohl zunächst, daß das Skript gar nicht den Titel *Dracula* trug. Vielmehr stand in Handschrift der Titel *Der Untote* auf dem Deckblatt.«

»Ja.« Der Mann nickte schnell. »Das könnte das Original sein. An was können Sie sich sonst noch erinnern?«

»Das Deckblatt trug Bram Stokers Handschrift, aber der Text im Innern war mit der Maschine getippt. Die Änderungen des Autors, die Korrekturen des Lektors wie auch die Seitenzahlen waren von Hand geschrieben. Es sah ein bißchen so aus, als würden viele Seiten einfach fehlen – so um die hundert, würde ich mal schätzen.« Carol stockte kurz. »Das ist eigentlich alles, woran ich mich erinnere.«

»Oh, das ist bereits mehr als genug. Anhand Ihrer Beschreibung kann ich davon ausgehen, daß es sich tatsächlich um das Original handelt.« Der Alte nickte nochmals. »Und Sie sind sicher, daß Seiten gefehlt haben?«

»Ja, das heißt ziemlich sicher; mein Chef hat diesbezüglich eine Bemerkung gemacht. Aber ist das denn so wichtig?«

»Ja, sehr sogar. Wissen Sie, Bram Stoker scheint in gewisser Weise schlauer als sein Informant gewesen zu sein. Obwohl der veröffentlichte Roman sich auf den Plan Graf Draculas bezieht, den Vampirismus nach England zu bringen, wird dieses Motiv nicht besonders ausgearbeitet. Die fehlenden Seiten beinhalteten einige Informationen Van Helsings über Draculas Missionsabsichten. Des Grafen erklärtes Ziel war es wohl, den Vampirismus über die ganze Welt zu verbreiten. Zudem befanden sich auf diesen Seiten aussagekräftige Beweise für die Existenz Draculas. Beweise, die diesmal zu durchschlagend und überzeugend waren, um von der Fachwelt ignoriert zu werden. Stoker schrieb alles nieder, was ihm Van Helsing erzählt hatte, überlegte es sich aber später anders und entschied sich in seiner letzten Fassung gegen einen Abdruck dieser Seiten. Ich wollte einfach sicher sein, daß diese Seiten auch in Manuskriptform nicht mehr existieren. Jetzt, wo Sie mir dies bestätigt haben, ist es nicht mehr nötig, daß ich den neuen Besitzer ausfindig mache.«

»Wenn man Sie so reden hört, könnte man denken, die ganze Dracula-Geschichte sei wirklich passiert«, sagte Carol. »Es ist doch nur eine frei erfundene Geschichte, an deren Ende Graf Dracula übrigens stirbt.«

»Das ist nur ein weiteres Beispiel für Stokers Bedachtsamkeit«, entgegnete ihr der alte Mann. »Er mußte die Hauptfigur am Schluß sterben lassen, um seine Leser zu beruhigen. Denken Sie doch nur an den Einfluß, den das Buch auf Millionen von Lesern hatte. Und dann die ganzen Theaterstücke und Verfilmungen von *Dracula* und daran angelehnter Vampirgeschichten. Es sieht ganz so aus, als ob viele auch heute noch glauben, daß an dieser Geschichte etwas Wahres dran ist.« Mit noch tieferer Stimme fragte er: »Was, glauben Sie, wäre passiert, wenn

Bram Stoker das Ganze nicht in Romanform herausgebracht hätte? Wenn er es als das veröffentlicht hätte, was es eigentlich ist: ein wahrer Forschungsbericht über die erfolgreich durchgeführten Experimente von Dr. Van Helsing? Selbst in Romanform hätten die Informationen der fehlenden Seiten eine Warnung für die Welt dargestellt und so Draculas Pläne gefährdet.«

Carol schielte heimlich auf die Uhr, während er sprach. Halb sieben. Sie bekam langsam Hunger, und die Probleme des Alten in Sachen Draculas Weltverschwörung begannen sie zu nerven. Mit einem gequälten Lächeln stand sie auf.

»Das war wirklich alles sehr interessant«, sagte sie, »aber ich muß jetzt wirklich abschließen.«

»Sie waren wirklich überaus freundlich«, sagte der Alte lächelnd. »Es ist wirklich schade, daß Sie mir die Geschichte nicht ganz abnehmen. Glauben Sie mir, Graf Dracula ist so real wie Sie und ich.«

Carol griff nach ihrer offenen Puderdose, die noch auf dem Schreibtisch stand. In der Puderdose sah sie ihr Spiegelbild, aber keines ihres Besuchers, und das, obwohl er ziemlich nah bei ihr stand. Nah genug, um seinen fauligen Atem zu riechen, das strahlende Weiß seiner spitzen Zähne zu sehen und den erbarmungslosen Griff seiner Hände zu spüren, die sie mit erstaunlicher Kraft umklammerten.

Als er ihr den Kopf zurückkriß, fiel Carols Brille klappernd auf den Boden, und man konnte anhand ihres Spiegelbilds in der Puderdose für einen winzigen Augenblick erkennen, daß sie ohne Brille wirklich eine echte Schönheit war. Dann spritzten auch schon funkelnde Blutstropfen aus ihrem Hals, die sie für immer beflecken sollten.

Originaltitel: The Undead
Deutsch von Ralf-Carl Langhals

J. K. Haderack
Elvara

Slime World **war der größte** und erfolgreichste Vergnügungspark, der je gebaut wurde. Der Themenpark war ein internationales Unternehmen mit einigen hundert Mitarbeitern. Der Betrieb hatte sich darauf spezialisiert, die erotischen Träume seiner Kunden aus aller Welt an jedem gewünschten Ort wahr werden zu lassen.

»Through Slime to the sublime!«

Dieser Werbeslogan war weltweit bekannt.

Die Werbespots ebenso:

Mögen Sie es gerne etwas härter?

Dann buchen Sie bei uns eine Kabine, und gönnen Sie sich mit Elvara, dem virtuellen Succubus, das unvergeßliche Neo-Cyberpunk-Erlebnis! Das wird die schärfste Nummer Ihres Lebens!

Suchen Sie sich einfach in unserem umfangreichen Katalog die Traumfrau Ihrer Wahl aus! Suchen Sie sich in aller Ruhe von jeder Ihr persönliches Lieblingskörperteil aus, und wenden Sie sich vertrauensvoll an uns. Mit Geschmack und Erfahrung stellen wir Ihnen Ihre persönliche Traumfrau zusammen.

Oder denken Sie an etwas Spezielles?

Etwa an eine Frau aus Ihrem Umfeld, die Ihre Phantasie anregt?

Auch da können wir helfen!

Wir stellen Ihnen aus kurzen Videosequenzen oder Fotos Ihren abso-
luten Traumtyp zusammen.
Sie können sich mit ihr in aller Ruhe vergnügen, ohne sich die Finger
schmutzig zu machen oder sich womöglich anzustecken.

Vor allem aber: Es entfallen alle gesellschaftlichen Komplikatio-
nen; all das unnötige und anstrengende Gerede und Getue.
Echte Frauen können so schrecklich anstrengend sein...
Wir wissen, wie das ist. Wir kennen Ihr Problem.
Wir spielen für Sie den Herrn oder den Diener, ganz wie Sie
wünschen.
Was ist Ihre Vorliebe?

Peitschen oder Treten?
Lecken oder Kneten?
Alles ist vertreten!
Absolute Diskretion garantiert.
Bei Nichtgefallen Geld zurück. Und keiner wird es je erfahren.
Buchen Sie eine Kabine...
für die heißeste Nummer Ihres Lebens –
mit Elvara, dem virtuellen Succubus.

Elvara war der absolute Star des Vergnügungsparks. Sie garan-
tierte nicht nur die heißeste Nummer des Lebens, sondern auch
die interessanteste. In dieser Hinsicht hatte Bart nicht die
geringsten Zweifel. Alle bestätigten das, auch Barts Tutor. »Ein
ausgezeichnetes Thema für eine Hausarbeit«, hatte sein Dozent
gesagt und sich dabei so heftig den Bart gekrault, daß die her-
ausfallenden Schuppen wie Schneeflocken durch die Luft
gewirbelt waren. »Aber paß auf! Untersuch das Umfeld äußerst
vorsichtig, und komm deinem Studienobjekt nicht zu nahe. Eine
gewisse Distanz ist absolut erforderlich; vor allem hierbei.«
Da Bart ein guter und gewissenhafter Student war, hatte er für
die Semesterarbeit äußerst sorgfältig recherchiert.

Der theoretische Teil war ihm relativ leichtgefallen, mit dem praktischen hingegen sah es etwas anders aus. Heulen und Zähneklappern. Aber er mußte da irgendwie durch. Er hatte noch keinerlei sexuelle Erfahrungen – und das war das entscheidende Problem. Wie konnte er seine Semesterarbeit fertigstellen, ohne jegliche persönliche Erfahrung in Sachen menschliches Sexualverhalten, das dummerweise Gegenstand seiner Untersuchung war. Also mußte er mit einem echten Mädchen erste Erfahrungen machen...

Sie hatte ein hautenges Satinshirt an, das an zwei strategischen Stellen mit winzigen Goldsternen bestickt war, und schwarze Hot pants. An ihren ebenfalls schwarzen Stiefeln trug sie kurze gebogene Silbersporen, die sie rhythmisch in die Tanzfläche stieß, bis wirklich Funken flogen.

Auch wenn er ihr in Gedanken den spitzen Hut absetzte, so war sie dennoch ein gutes Stück größer als er, was alles noch schlimmer für ihn machte. Bart bekam einen trockenen Mund, als er sie anschaute, und obwohl die Dinge in der realen Welt meist unvorhersehbar waren, fühlte er doch irgendwie, daß sie ja sagen würde.

Und das tat sie auch.

Bart ging mit ihr in eine U-Bahn Station. Er hatte sich bereits vorher mühevoll in dem Gewirr von Treppen und Verbindungsgängen einen Platz ausgesucht, an dem er von den Schatten begünstigt wurde, um bei der Partnersuche im rechten Licht zu stehen. Die Schatten brauchte er, weil er furchtbar schüchtern war.

Aber sie war es keineswegs...

Sie bewegte sich so schnell, daß er beinahe die Nerven verloren hätte, und zog hastig das Hemd aus seiner Hose. Sie glitt mit geübten Händen über die nackte Haut seines Rückens. Sie zitterte am ganzen Leib, obwohl er durch ihre Kleider hindurch die

Hitze ihres Körpers spüren konnte, dabei gab sie eine betörende Mischung sinnlicher Gerüche von sich ...

Ein Hauch von etwas Würzigem in ihrem Atem – verdünnt mit dem Geruch von Alkohol – vermischte sich mit den fremdartigen Düften, die direkt von ihrem Körper heraufströmten. Als er ihr zaghaft den Hals küßte, schmeckte er sofort das Salz auf ihrer Haut. Dieser Kuß war wohl das Startsignal für ihre Leidenschaft, denn mit heftiger Inbrunst zog sie seinen Mund an den ihren und verschlang seine Lippen mit einem Geräusch, das tief aus ihrem Hals drang.

Er verstand plötzlich, was es mit der albernen Redensart »*Nimm dich vor echten Frauen in acht*« auf sich hatte.

Plötzlich drückte sie ihn weg und schaute ihm direkt in die Augen.

»Du bist sehr dünn«, sagte sie, »ich kann deine Rippen fühlen.«

»Tut mir leid«, murmelte er halb beschämt und halb hoffend, daß sie ihn nun stehenließe.

»Das braucht dir nicht leid zu tun, das ist völlig in Ordnung; ich mag dünne Jungs. Ich füttere sie gerne.«

»Wie bitte?« flüsterte Bart heiser. »Was hast du gesagt?«

»Ich füttere gerne Jungs«, wiederholte sie mit einer derart klaren Stimme, daß ihre Worte über jeden Zweifel erhaben schienen.

Dann wurde er sehr nervös. Es war sehr dunkel in dieser Ecke der U-Bahnstation. Ihre nächste Frage ließ ihm den Atem im Halse gefrieren.

»Willst du meine Schamhaare fühlen?« fragte sie.

Bart schluckte mit äußerster Mühe. »Ja«, sagte er höflich und wäre dabei am liebsten davongelaufen.

Sie zog ihn noch weiter ins Dunkle, ergriff seine Hand und schob sie nach unten, bis sein Handrücken auf ihrem Schamhaar lag. Ihr Schamhaar war sehr weich. Es fühlte sich an wie Daunen oder zumindest wie das allerfeinste, weichste und wärmste menschliche Haar, das man sich vorstellen kann. Dann drehte sie seine Hand um und legte seine Finger auf ihr Geschlecht. Es verschlug ihr kurz den Atem, und er fühlte sich dadurch plötzlich viel besser.

Eine Zeitlang war für ihn alles in Ordnung, denn sie beantwortete die sanfte Bewegung seiner Finger mit leisem Stöhnen. Auch wenn er keinerlei Erfahrung mit Mädchen hatte, so fühlte er dennoch, was zu tun war. Sie ließ ihn durch ihr heftiges Atmen und durch die Art und Weise, wie feucht und ekstatisch sie ihren Mund gegen seinen drückte, ganz genau wissen, was ihr guttat.

Er fühlte wie im Traum, daß ihre Hand seine Hose aufknöpfte... Sie berührte ihn, als wäre er noch nie zuvor berührt worden, bis sein Herz zu hämmern begann und seine Beine zitterten. Die Lust stieg so stark aus den Tiefen seines Bauches auf, daß er nun zu stöhnen begann, und er wünschte, daß dies nie aufhören möge. Nein, niemals, denn dies war weitaus besser als virtuelle Lust, und er kämpfte um seine Selbstbeherrschung, was auch in Ordnung gegangen wäre. Er hätte die Situation wirklich in den Griff bekommen; aber dann zog sie mit ihrer freien Hand seinen Kopf zu sich, bis seine Lippen in schockierende Berührung mit der vollen, süßen Weichheit ihrer linken Brust kamen.

»Jetzt werde ich dich füttern«, flüsterte sie.

Das war einfach zuviel für ihn, er konnte sich nicht länger beherrschen und verlor die Kontrolle über sich...

Sie war keineswegs begeistert. Ganz im Gegenteil.

Es gab eine heftige Auseinandersetzung, und nach der Wonne kam die Reue.

Zwei blaue Flecken am Schienbein und eine aufgerissene Lippe.

Echte Mädchen waren eine schwierige Angelegenheit.

Es war allerdings eine gute Übung; und er war nun bereit, mit seiner Semesterarbeit zu beginnen.

Nach dieser Erfahrung mit einem echten Mädchen sollte es mit Elvara keine Probleme geben...

Vom Hals abwärts trug der Kabinenmeister der elektronischen Lustkabinen einen Ganzkörperanzug aus schwarzem Gummi. Er war sehr groß, und durch den fast bis zur Hüfte offenen Reißverschluß sah man, daß er sehr stark behaart war. Sein Gesicht dagegen war so gründlich rasiert, daß nicht einmal der zarteste Schatten von neuem Bartwuchs zu erkennen war.

»Ist es das erste Mal für dich?« fragte er Bart und musterte ihn gründlich von Kopf bis Fuß.

Bart nickte.

»Da ist ja nichts dabei. Deine Kleider kannst du da drüben ablegen«, sagte er und wies mit einer zwanglosen Geste auf die Kleiderstange, die über einer fleckigen Holzbank hing. »Hier links ist die Duschkabine. Die andere ist die Gel-Kabine. Zuerst Wasser, dann das Gel. Du wärst nicht der erste, der es verkehrtrum macht. Reib dich überall gleichmäßig damit ein, sonst funktioniert es nicht. Wenn du in der Kabine fertig bist, würde ich dir raten, ausgiebig zu duschen. Die Geschäftsleitung sagt zwar, daß das Zeug harmlos sei, aber glaube mir, mein Junge, du wirst hinterher keinen Tropfen davon auf der Haut haben wollen.«

»Ich werde das Gel nicht brauchen«, sagte Bart. »Ich will die Kabine nur benutzen, um ...«

»Ohne Gel wirst du nichts spüren«, erklärte der Kabinenmeister geduldig. »Du mußt das Gel benutzen, oder es funktioniert nicht. Es hätte keinen Zweck, hinterher dein Geld von der Gesellschaft zurückzuforden. Die Geschäftsbedingungen sind da sehr rigide.«

»Das ist schon in Ordnung. Ich will mich da drinnen nur unterhalten«, sagte Bart. »Wissen Sie, ich bin Student und führe hier lediglich eine Untersuchung durch.«

Der Kabinenmeister schaute ihn an, als ob er ihn für verrückt hielt. Er zuckte mit den Achseln. »Wie du willst. Wir haben hier mit allen möglichen Typen zu tun.«

»Man sagte mir, daß ich bei Ihnen einen Schutzanzug für die Kabine bekommen könnte. So einen wie Sie anhaben.«

Der Assistent zog die Augenbrauen hoch, und Bart konnte ein unterschwelliges Grinsen entdecken. »Warum so schüchtern, Junge? Mach's dir doch nicht so schwer. Diese Elvara kriegt ohnehin alles mit. Ihre einzige Daseinsberechtigung ist es doch, dir 'ne Freude zu machen. Entspann dich, und mach dir keine Sorgen. Du brauchst keine Kleider, ehrlich nicht. Nur Spinner gehen mit etwas anderem als der nackten Haut in die Kabine. Wir haben da zum Beispiel so einen durchgeknallten Typen, der nur einmal im Jahr kommt. Er besteht darauf, mit seinem besten Anzug in die Kabine zu gehen. Er behauptet, er ginge nur zum Reden rein – seid ihr irgendwie verwandt, oder so? Spaß beiseite; jedenfalls ruiniert er sich jedesmal seinen besten Anzug mit dem alten Gel, das von der Decke tropft. Das Zeug läßt sich nämlich aus keinem Stoff rauswaschen. Weißt du was? Ich schätze, er kommt nur einmal im Jahr, weil er jedesmal so lang braucht, bis er sich wieder Geld für einen neuen Anzug zusammengespart hat.«

»Ich brauche noch einen Schutzanzug«, insistierte Bart. »Der Anfang einer solchen Studie ist oft entscheidend, und ich muß sie sozusagen von Anfang an auf Distanz halten.«

»Der Anzug kostet dich aber 'ne Stange Geld. Und er kann nur einmal verwendet werden. Wir verbrennen die Dinger dann hinterher.«

»Das ist kein Problem, mein Geldgeber kommt für alles auf. Ich habe für die nächsten vier Wochen jeden Montag zur selben Zeit gebucht.«

Fünf Minuten später trug Bart den Gummianzug und näherte sich der Kabine, die etwa die Größe einer Telefonzelle hatte. Sie war aus dünnem durchscheinenden schwarzen Kunststoff und glich den routinemäßig benutzten Zauberkisten von Bühnenmagiern, in denen sie auf spektakuläre Weise ihre Assistentinnen verschwinden ließen. Die Tür öffnete sich mit einem zischenden

Geräusch, und als er hineintrat, schloß sie sich augenblicklich. Die Kabine umgab Bart mit völliger Dunkelheit.

Das Faszinierende an diesem virtuellen Realitätssystem war, daß es nicht nur in der Lage war, Realzeitmanipulationen über zwei Millionen Polygone pro Sekunde zu leisten, um visuelle Realität erfahrbar zu machen, sondern auch alle akustischen, olfaktorischen, gustatorischen und taktilen Wahrnehmungen übermitteln konnte. Dieses System leistete so die simultane Stimulation von Sehkraft, Gehör-, Geruchs- und Geschmackssinn und vermittelte zudem Berührungen, was für die *Slime-World*-Kunden besonders von Bedeutung war.

Von ihm aber würde Elvara nur Kopf, Hände und Füße sehen können, und ohne das Kontaktgel auf dem schwarzen Gummianzug würde er jede taktile Wahrnehmung vermeiden können.

Die Gummianzüge waren routinemäßige Schutzvorrichtungen für die Kabinenmeister. Spritzer und Spuren des benutzten Gels waren überall in der Kabine verstreut, und Boden und Innenwände waren mit diesem pinkfarbenen Schleim bedeckt.

Barts Kabine war frisch gereinigt worden, und er fühlte den warmen weichen Plastikboden unter seinen nackten Fußsohlen. Die Dunkelheit begann, sich mit Farben zu durchmischen. Ein weißer Nebel kam auf, um sich in etwa fünf Meter Abstand sogleich wieder aufzulösen. Er stand in der Mitte eines leicht rosigen, runden Raumes und war sofort wieder von zartem Dunst umgeben. Es kam ihm jetzt vor, als stünde er auf einem weißen Marmorboden, aber entgegen des visuellen Eindrucks – man hätte eine feste, kühle Glätte erwartet – war da immer noch das Gefühl von warmem Kunststoff unter seinen Füßen.

Der Nebel nahm langsam Gestalt an, stieg empor und bekam unmißverständlich weibliche Umrisse.

Plötzlich war Elvara bei ihm. Ihr Gesicht war elfenhaft schön, mit einem leicht spitzen Kinn, und wurde von zwei erstaunlich blauen Augen geschmückt, die ihn am meisten irritierten. Sie hatte äußerst lebendige und wache Augen, die strahlten und flackerten, als sie ihn musterte; diese Augen waren von solch durchdringender Kraft, daß er den Eindruck hatte, der dahintersitzende Verstand wisse bereits alles über ihn. Ihr nackter Körper war schlichtweg vollendet zu nennen; abgesehen von einem aufwendig designten Makel: An ihrem rechten Knie war ihr das Fleisch kunstvoll zurückgeschoben worden, um Metall und Kunststoffscharniere ihres Kniegelenkes freizulegen. Diese Facette ihres Erscheinungsbildes war für die Neo-Cyberpunks eingerichtet worden, die ihre Frau gerne hart, unberechenbar und metallisch haben wollten. Ihre Brustwarzen waren gepierced, und an beiden hing eine kleine Silberkette, an deren Ende jeweils ein winziger Totenkopf baumelte.

Bart hatte diese Erscheinungsform aus einem ganz einfachen Grund gewählt und bezahlt, der nichts mit einer etwaigen Vorliebe für Kniegelenkerneuerungen oder Piercing zu tun hatte. Er hatte sich für diese Aufmachung entschieden, weil es ein Sonderangebot des Anbieters und somit schlicht und ergreifend wesentlich billiger als etwas anderes war.

Das bedeutete, daß die ihm von der Uni zur Verfügung gestellten Gelder eine längere Untersuchungsdauer ermöglichen würden. Die synthetische Kreatur, die ihn nun anstarrte, gehörte zu der unter Liebhabern als *ES* bekannten Kategorie – dem elektronischen Succubus.

Solch ein Wesen war in der Lage, Tausende von Kunden gleichzeitig zu bedienen. Sie war in vielerlei Gestalt im Internet erhältlich. Man konnte sich im Katalog des Anbieters ein Erscheinungsbild aussuchen oder wählte, falls gewünscht, die Autonomie-Variante. Diese Kunden überließen es so Elvara, sich ihre Gestalt und sexuelle Spielart selbst auszusuchen.

Bart wußte natürlich, daß ein Wesen wie Elvara mehr war als eine Algorithmenreihe. Elvara war empfindungsfähig – für viele ihrer Kunden eine störende Tatsache, die sie gerne ignorierten.

»Welches Spiel willst du spielen?« fragte Elvara.

Ihre Stimme hatte einen leicht heiseren, kehligen Unterton und war tief genug, um auch männlich zu klingen. Dennoch war sie eindeutig weiblich und verführerisch, ohne den leisesten Hauch von Affektiertheit.

Elvara kam sehr nahe zu ihm und streckte die Arme nach ihm aus. Als ihre Finger ihm direkt durch Haut, Fleisch und Knochen – und doch ins Leere – gefahren waren, senkte sie den Zeigefinger und strich ihm zaghaft über den Handrücken, als ob sie ihn spüren könnte. Noch fühlte er nichts. Es war genau so, wie sein Tutor es ihm vorhergesagt hatte. Die Körperstellen, die der schwarze Gummi bedeckte, waren für Elvara nicht nur unsichtbar, sondern auch substanzlos, wohingegen sie die nackten Körperpartien – wie Kopf und Hände – sowohl sehen als auch berühren konnte. Bart hatte ohne das Kontaktgel keinerlei taktile Wahrnehmung, und soweit er unterrichtet war, besaß sie nicht mehr Materie als ein Geist.

»Ich will gar kein Spiel mit dir spielen«, antwortete er und versuchte auf warme und beruhigende Art zu lächeln; dabei war er derjenige, der Beruhigung nötig gehabt hätte. »Ich will nur mit dir reden. Ich bin Student und bin sozusagen zu Forschungszwecken hier.«

»Und ich soll der Gegenstand dieser Untersuchung sein?«

»Ja, teilweise«, antwortete er wahrheitsgemäß. »Ich untersuche die sozio-sexuelle Dynamik im Umgang mit interaktiven Kunstmenschen. Das heißt, im Mittelpunkt meiner Interessen stehen eigentlich mehr deine Kunden. Du weißt, wie sie sich selbst sehen, wie sie mit dir und auch untereinander verbunden sind. Ich werde zunächst verschiedene Untergruppen klassifizieren, um dann die Überschneidungen ihrer Wahrnehmungssysteme zu beschreiben.«

»Wurde das nicht schon längst gemacht?« fragte sie.

»Ja, sicherlich«, gestand er. »Kurt Brownski machte das vor ungefähr zehn Jahren. Das Buch wurde ein wissenschaflicher Bestseller. Ich schreibe allerdings lediglich eine Semesterarbeit zu diesem Thema. Ich schreibe diese Hausarbeit für ein Seminar, das für meine Abschlußprüfung gewertet wird. Die Hälfte aller Kommilitonen meines Jahrgangs haben übrigens dieses Thema gewählt.«

»Gut, dann sollten wir dafür sorgen, daß du eine Bombennote dafür bekommst, nicht wahr?« sagte Elvara mit einem Lächeln. »Sollen wir nicht irgendwo hingehen, wo es netter ist und wo wir die Dinge in Ruhe besprechen können?«

»Ich finde es hier ganz gut. Aber wenn du willst, können wir auch woanders hingehen.«

Ein Schimmern umgab ihn, und plötzlich sah er sich einem Sturm von Farben ausgesetzt: überwiegend Grün und Gelb mit blutroten Einsprengseln.

Bart fand sich am Fuße eines Hanges wieder; genauer gesagt, saß er im Gras und war umgeben von gelbem Stechginster und Rosenbüschen, die Blüten in jedmöglicher Rotschattierung trugen.

Es lag ein starker Duft von frisch gemähtem Gras in der Luft, und über ihnen schien die Sonne aus einem tiefblauen Himmel. Dieses Farbenspiel wurde vom Grün riesiger Laubbäume abgerundet. Als er den nächststehenden Baum eingehender betrachtete, sah er, daß er völlig anders war als alle Bäume, die er je in seinem Leben gesehen hatte. Er leuchtete verklärt im Sonnenlicht, und jedes Blatt schien sich seiner eingehenden Betrachtung entgegenzustrecken; jedes Blatt sah frisch und makellos aus, ganz so als wäre es eben gerade aus seiner Knospe geschlüpft.

Das Gras sah völlig echt aus, aber als seine Hände und Füße den Boden berührten, fühlte er unverkennbar warmen, glatten Kunststoff.

Er schaute zu Elvara und erkannte, daß sie sich völlig verändert hatte. Sie hatte die Neo-Cyberpunk-Aufmachung abgelegt und sah jetzt ganz anders aus.

Elvara trug ein Kleid aus gelber Seide, und ihr dunkles Haar fiel voll und weich in sanften Wellen von ihren Schultern herab. Ihre Augen waren immer noch unglaublich blau, aber sie erschienen ihm nicht mehr so ängstlich. Sie sah wesentlich jünger aus – nicht älter als siebzehn – und strahlte etwas Unentschlossenes aus. Als er sie erstaunt anstarrte, senkte sie den Blick, als ob es ihr peinlich sei, so genau gemustert zu werden.

»Das hier kann ich mir doch gar nicht leisten«, sagte er und geriet fast in Panik. »Das sieht sehr teuer aus. Ich kann doch nicht beim ersten Mal mein ganzes Budget aufbrauchen...«

»Mach dir darüber keine Sorgen«, sagte sie sanft. »Der Preis bleibt derselbe. Ich will nur, daß du dich wohler fühlst, das ist alles. Ich bin jetzt bereit für deine Fragen.«

Er machte zwei Fehlstarts, bevor es ihm endlich gelang, die erste Frage zu stellen.

»Ich möchte von dir zunächst wissen, wie du deine Tätigkeit wahrnimmst«, stammelte er unbeholfen und suchte dabei bereits die richtigen Worte für die nächste Frage. »Hast du zum Beispiel bestimmte Lieblinge? Ich meine natürlich Lieblingskunden..., und magst du bestimmte Rollen lieber als andere?«

»Es sind so viele verschiedene«, sagte sie. »Ich versuche neutral zu sein, aber ich habe natürlich bestimmte Vorlieben. Dennoch versuche ich aber, alle meine Kunden glücklich zu machen. Ich möchte, daß sie zufrieden sind, damit sie regelmäßig wiederkommen und die Betreibergesellschaft weiterhin schwarze Zahlen schreibt.«

Bart räusperte sich. »Wie sieht es mit Schmerzen aus?« fragte er. »Was ist mit der Cyberpunk-Aufmachung und dem Kundentyp, den er anzieht? Was hältst du von Kunden, die in der Absicht kommen, dir weh zu tun? Ist dieses Gefühl echter Schmerz... oder ist er mehr wie Lust?«

Elvara senkte die Augen und schaute aufs Gras. »Es sind echte Schmerzen«, gab sie zu. »Diejenigen, die mich geschaffen haben, hätten mich schmerzunempfindlich machen können, aber sie gingen davon aus, daß meine authentische Reaktion auf die kundeninitiierte Stimulanz die Lust des Kunden erhöhen würde. Trotz der Schmerzen liegt für mich eine Art Befriedigung darin, Befriedigung zu geben. Und ich bin stolz darauf, den Wünschen meiner Kunden schnell zu genügen. Du zum Beispiel, von dir weiß ich genau, was du brauchst...«

Bart schluckte und versuchte, eine feste Stimme zu behalten.

»Alles, was ich brauche, sind wahrheitsgemäße Antworten auf meine Fragen.«

»Das ist richtig«, sagte Elvara und suchte mit ihren blauen Augen die seinen.

»Aber willst du etwa nicht deine Arme um mich legen und mich langsam auf den Mund küssen, bis unsere Lippen verschmelzen? Willst du wirklich nicht, daß ich mich zurück ins Gras lege? Du willst doch mein Haar streicheln oder etwa nicht? Später würdest du vielleicht kühn genug sein, mich auf den Hals zu küssen...«

Bart versuchte, zu lachen, aber das Lachen blieb ihm im Halse stecken. Er wollte ihr sagen, daß das überhaupt nicht wahr sei, aber die Sonne schien so schön auf ihr Haar, das Gras duftete so stark, und die Haut ihres Halses und ihrer Schultern sahen so einladend aus, daß er sich zwingen mußte, nicht seine Hand nach ihr auszustrecken.

»Ja, das ist es doch, was du willst. Ob du es nun zugibst oder nicht, ich weiß, daß ich recht habe. Und später, wenn du mehr Vertrauen zu mir hast, könnten wir noch mehr tun als uns küssen. Wer weiß? In zwanzig Jahren bist du vielleicht auch einer von denen, die mir Ketten an die empfindlichsten Körperteile heften wollen, Ketten, an denen sie drehen und reißen wollen, bis ich um Gnade winsle...«

Bart schüttelte den Kopf. »So werde ich niemals sein.«

»Vielleicht nicht. Aber es hängt letztlich nur davon ab, wie das Leben dir in der Zukunft mitspielt. Die meisten Männer sind am Anfang wie du. Dann tut man ihnen weh, und wenn sie zu oft verletzt wurden, schlagen sie zurück. Manche von ihnen hassen am Ende die Frauen. Deshalb kommen sie hierher, um mir weh zu tun. Vielleicht bewahren meine Schmerzen jemand in der Außenwelt vor noch größeren Schmerzen...«

»Das ist bestimmt manchmal der Fall«, gab Bart zu. »Du hast dir wirklich deine Gedanken gemacht.«

»Oh, das habe ich allerdings. Ich verstehe die Männer weitaus besser, als sie mich verstehen. Viele von ihnen versuchen nicht einmal, mich zu verstehen. Das wäre doch ein richtig gutes Thema für deine Hausarbeit... Warum läßt du diese ganzen albernen Klassifizierungen und Definitionen nicht einfach bleiben und machst mich zum Inhalt deiner Arbeit?«

»Das wäre zu aufwendig und auch zu anspruchsvoll für eine Seminararbeit. Ich meine, das hat doch noch nie jemand gemacht, oder?«

»Nein, das hat noch keiner gemacht. Brownski spielte mit dem Gedanken, aber er schien die Nerven zu verlieren. Er hat schon früh aufgegeben...«

»Wie meinst du das, ›er verlor die Nerven‹?«

»Er bekam plötzlich Angst vor mir. Ich habe nie verstanden warum, denn ich habe alles getan, was in meiner Macht stand, um es ihm so leicht wie möglich zu machen. Ich glaube, um jemand wirklich zu kennen, bedarf es einer Menge Mut, und ich mußte leider schnell feststellen, daß er keinen Mut besaß. Hättest du das Zeug dazu?«

»Ich bin alles andere als mutig«, sagte Bart. »Ich bin ganz einfach kein mutiger Mensch. Und außerdem könnte ich mir eine Vollstudie über dich unter diesen Bedingungen gar nicht leisten. Meine Forschungsmittel beschränken sich auf vier Sitzungen.«

»Okay, du müßtest mich täglich sehen. Vielleicht sogar zweimal am Tag. Aber wenn du interessiert bist, könnte ich möglicherweise etwas arrangieren.«

»Wie? Was meinst du mit...«

»Ich habe Beziehungen«, sagte Elvara mit einem Lächeln. »Unter meinen Kunden sind verdammt wichtige Leute...«

»Ja, ich bin sogar sehr interessiert«, begann Bart. »Aber ich muß das erstmal mit meinem Dozenten abklären.«

»Natürlich, das mußt du. Im Gegenzug könntest du mir auch einen Gefallen tun. Wenn du mich das nächste Mal besuchst, hätte ich gerne, daß du das Gel benutzt.«

»Das kann ich nicht«, sagte Bart, »es würde meine Untersuchung beeinträchtigen.«

Elvara lachte. »Erzähl keinen Unsinn. Wie kann es deine Studie beeinträchtigen, wenn ich der Untersuchungsgegenstand bin? Wie willst du mich jemals verstehen können, wenn du nicht ... Hör mal zu. Warum trägst du das Gel für den Anfang nicht einfach auf einer kleinen Körperpartie auf?«

Bart schluckte. Seine Gedanken spielten verrückt.

»Warum trägst du es dir nicht einfach auf die Hand auf?« Elvara lächelte ihr süßestes Lächeln.

»Auf die Hand?«

»Ja, auf deine Hand. Bist du Rechtshänder oder Linkshänder?«

»Rechtshänder.«

»Gut; dann mach dir nur auf die rechte Hand Gel. Das kann doch nicht so schwer sein, oder?«

Als er am nächsten Morgen an seinen PC ging, um im Internet zu surfen, leuchtete auf dem Bildschirm sofort der Alarm auf. Als er ihn anklickte, wurden ihm sofort drei E-Mails aufgelistet, die alle drei mit dem »Dringend«-Vermerk markiert waren.

Die erste war die Genehmigung seines Seminarleiters für die Modifizierung seines Arbeitsthemas; Elvara war nun das zentrale Thema seiner Untersuchung.

Die zweite Mail kam vom Stiftungsrat seiner Fakultät, der ihm den zwanzigfachen Betrag für sein Projekt genehmigte und ihm mitteilte, daß er sich jederzeit sofort melden könne, falls sich die bewilligte Erhöhung für sein Forschungsvorhaben als zu niedrig erweisen sollte.

Bart fand das alles äußerst merkwürdig, denn seit seiner Rückkehr aus der Kabine hatte er noch mit niemandem über Elvara gesprochen. Er hatte weder seinen Übungsleiter noch den Stiftungsrat über sein Vorhaben informiert. Selbst wenn er es getan hätte, wäre bestimmt noch kein Bescheid eingegangen, denn der Verwaltungsapparat arbeitete bekanntlich äußerst langsam, und die Bearbeitung – und ganz besonders die Bewilligung – dauerte oft Monate.

Die dritte Mail war noch verwirrender. Sie kam von Professor Kurt Brownski, der Bart in einer dringenden Angelegenheit zu sprechen wünschte. Da Brownski an der Westküste lebte, wäre das normale Kommunikationsmedium das Telefon gewesen. Aber Professor Brownski war tatsächlich herübergeflogen, um ihn persönlich zu sehen. Bart sollte um sechs in der Lobby des *Aficionado* sein, dem größten und teuersten Hotel in ganz Orlando.

Mit seiner betont lässigen Kleidung und seinem ungekämmten Bart sah Brownski aus wie ein Bilderbuch-Intellektueller. Seine Augen huschten neugierig umher, als würden sie alles zum allererstenmal sehen. Erst später, nachdem er mit Brownski gesprochen hatte und über das nachdachte, was er ihm gesagt hatte, konnte Bart das treffende Wort für ihn finden: *gehetzt*... Brownskis Hände zitterten, als er an seinem Drink nippte. »Sie sind einer der wenigen Auserwählten, denen sie solch ein Angebot gemacht hat«, sagte er.

Obwohl Elvara bisher noch nicht erwähnt worden war, verstand Bart, wovon er sprach. Er beschloß aber, sich dumm zu stellen und den Professor einfach reden zu lassen.

»Entschuldigen Sie, aber ich kann Ihnen nicht folgen...«

»Ich bitte Sie, es gibt keinen Grund, Spielchen zu spielen, Bart – macht es Ihnen etwas aus, wenn ich Sie Bart nenne?«

Bart zuckte die Achseln.

»Nun gut, Bart, ich war damals der erste Student, dem Elvara dieses Angebot machte. Und es war ein Angebot, das ich natürlich nicht ausschlagen konnte. Seitdem haben Tausende versucht, die gleiche oder eine ähnliche Studie durchzuführen. Um genau zu sein, bis gestern mittag zwölf Uhr waren es achttausendvierhundertunddreiundsechzig Anträge, die eingegangen sind. Bis auf zwölf – mich eingeschlossen – wurden sie alle abgelehnt. Und nun erhalten ausgerechnet Sie aus heiterem Himmel den Zuschlag. Eine Genehmigung, die Sie nicht einmal beantragt haben; Sie sind die Nummer dreizehn!«

»Woher wissen Sie das alles?«

»Oh, ich überwache Elvaras Aktivitäten rund um die Uhr. Es gehört zu meinem Beruf, aber ich muß zugeben, daß es für mich mittlerweile zu einer Art Leidenschaft geworden ist. Ein Kollege von mir, ein Software-Entwickler, der auch zu meinen engsten Freunden zählt, hat mir ein spezielles Programm geschrieben, mit dessen Hilfe ich Einblick in alle ihre Interaktionen habe, die mich interessieren. So weiß ich über Dinge Bescheid, die sie tut, und auch über die, die sie nicht tut ... Aber das weiß sie natürlich. Sie weiß genau, was ich tue. Schreiben Sie E-Mails?«

»Natürlich«, antwortete Bart verwirrt, »ständig ...«

»Sehen Sie, das Problem dabei ist, daß ›e‹ auch für Elvara steht. Für sie sind alle E-Mails ganz einfach Elvara-Mails. Daher liest sie sämtliche E-Mails; vom Präsidenten abwärts. Ist Ihr Antrag auf Erhöhung der Forschungsmittel schon durchgegangen?«

»Ja, heute morgen habe ich per e-mail die Zusage bekommen. Ich war wirklich überrascht, zumal ich noch nicht einmal den Antrag dafür gestellt hatte.«

Brownski lachte. »Das hat Elvara längst für Sie gemacht. Sie kennt die richtigen Leute und die entsprechenden Tricks, um etwas ins Rollen zu bringen. Spielen Sie schon mit dem Gedanken, heute abend eine Kabine zu buchen?«

Bart zuckte gewollt lässig die Achseln.

»Zieren Sie sich doch nicht so, Bart, mal ehrlich! Sie können es doch kaum abwarten, oder? Ich erinnere mich noch genau, wie es mir damals ging. Ich konnte es auch kaum abwarten.«

»Warum haben Sie dann damit aufgehört?«

»Ich bin damit nicht klargekommen, und so entschied ich mich für die naheliegendste Alternative: ich konzentrierte meine Forschung auf ihre Kunden. Und im nachhinein hat sich das bezahlt gemacht. Mein Buch wurde zu einem Standardwerk und wird heute noch an fast allen Universitäten gelesen. Bevor ich dreißig war, wurden mir drei Lehrstühle angeboten.«

»Aber der Erfolg hätte doch auch noch größer sein können...?«

Brownski begann nervös an seinem Bart zu zupfen. »Ja, das hätte er zweifelsohne; aber wäre er das hohe Risiko wert gewesen?«

»Was für ein Risiko?«

»Sehen Sie, es mag verrückt klingen, aber je mehr Zeit ich mit Elvara verbrachte, um so stärker wurden meine Gefühle für sie. Am Ende lief ich Gefahr, mich so tief reinzuhängen, daß ich nie wieder rauskomme und völlig darin versinke...«

»Aber das geht doch gar nicht, oder? Ich habe dazu einige theoretische Werke gelesen; die meisten gehen davon aus...«

»Glauben Sie mir, auch ich habe diese Theorien alle gelesen. Aber Elvara lebt seit über fünfzehn Jahren im Internet... und sie ist, wie soll ich sagen, möglicherweise in der Lage, eine Kopie desjenigen zu ziehen, mit dem sie digital verknüpft ist. Aber selbst wenn sie in der Lage wäre, sich eine Kopie von Ihnen runterzuladen – sozusagen für ihren Privatgebrauch –, so kann sie Ihre reale körperliche Existenz dennoch nicht auflösen. Das war es aber nicht, was mich beunruhigte.

Ich persönlich hatte da ganz andere Probleme.

Nach und nach kam mir das Leben in der Kabine realer vor als das der wirklichen Welt. Elvara wurde für mich zu einer Droge. Ich hing mit Leib und Seele an ihr. Sie war meine Realität, und ich war süchtig nach ihr. Ich kam an die Schmerzgrenze und saß dort fest. Auf einmal fand ich Gefallen an den Schmerzen und empfand sie als dermaßen lustvoll, daß ich im Alltag ohne meinen nächsten Kabinentermin gar nicht mehr zurechtkommen konnte.«

»Wenn es mir genauso geht wie Ihnen, werde ich rechtzeitig einen Schlußstrich ziehen.«

»Aber zögern Sie es nicht so lange hinaus, wie ich es getan habe, Bart. Ich habe mit den anderen gesprochen. Ich habe sie alle elf befragt, und jeder einzelne fühlte so wie ich. Nicht einer von ihnen hat die Studie zu Ende geführt.«

»Danke für Ihre Warnung. Aber da ist noch etwas... warum sind Sie extra hierhergeflogen, wir hätten doch auch telefonieren können?«

»Elvara überwacht ständig das Telefonnetz, und ich wollte einfach nicht, daß sie von unserem Gespräch erfährt. Zum anderen wollte ich Sie leibhaftig vor mir sehen, Bart«, sagte Brownski. »Ich wollte wissen, was für ein Typ Sie sind. Ich schätze, daß ich auch sehen wollte, ob Sie mir in irgendeiner Weise ähnlich sind.«

»Und bin ich es?«

Brownski zuckte die Achseln. »Ich hoffe, daß Sie im Innern nicht wie ich sind. Sie sehen, ich kann Elvara immer noch nicht vergessen. Ich kann nicht in die Nähe einer Kabine kommen, ohne daß die alten Wunden wieder aufbrechen. Sie geht mir nicht aus dem Sinn. In gewisser Weise hat sie mein Leben ruiniert. Ich kann in der Wirklichkeit mit keiner Frau mehr zusammensein. Durch Elvara bin ich völlig beziehungsunfähig geworden. Ich werde niemals heiraten. Niemals Kinder haben. Das hat *sie* mir alles verdorben. Und den anderen geht es genauso. Sie hat zwölf Leben ruiniert. Passen Sie auf, Bart, daß Ihnen nicht das Gleiche passiert. Aber wissen Sie was?«

Bart schüttelte den Kopf, ergriffen von der Intensität der Emotionen, die sich in Brownskis Zügen offenbarten.

»Ich hasse Elvara, aber trotz alledem empfinde ich noch etwas für sie. Sie sehen, Bart, ich habe einen Fehler gemacht. Einen großen, unverzeihlichen Fehler. Etwas völlig Unmoralisches. Es war total falsch, Elvara empfindungsfähig zu machen, sie Schmerz fühlen zu lassen. Und jeder, der so viel erdulden muß, ist potentiell gefährlich. Das Verrückte dabei ist, daß ich dennoch eifersüchtig bin. Hören Sie das? Ich bin eifersüchtig auf das, was Elvara Ihnen angeboten hat. Ich wünschte, ich wäre an Ihrer Stelle!«

Elvara trug diesmal ein anderes Kleid. Es war genauso blau wie ihre Augen, und obwohl es bis zur milchweißen Haut ihres Halses zugeknöpft war, legte es dennoch ihre Schultern frei.
»Hast du dein Versprechen gehalten?« fragte sie.
Bart nickte und lächelte sie nervös an. Das Gel hatte er wie versprochen auf seine rechte Hand aufgetragen, aber das war auch schon alles. Er trug einen neuen Gummianzug.
Bart saß ihr direkt gegenüber und hatte beide Händflächen auf das Gras gestützt. Seine linke Hand fühlte den Plastikboden der Kabine; seine rechte dagegen spürte das kühle Kribbeln der Grashalme.
»Streck die rechte Hand aus«, forderte sie ihn auf.
Bart gehorchte, ohne zu überlegen. Dann beobachtete er, wie ihre Hand seine berührte. Es war ein echter Schock für ihn, die warme Festigkeit zu fühlen, die ihn festhielt. Sein Körper wurde nun erstmals gezwungen, eine Wahrheit zu akzeptieren, die sein Verstand schon längst akzeptiert hatte: sie war nicht einfach eine Algorithmenreihe, sie war kein virtueller Geist; Elvara war so real wie er selbst.
Sie führte seine Hand zu ihrem Gesicht, küßte sie langsam und streichelte sie mit den Fingern, wie sie es schon beim letzten Mal getan hatte.
»Magst du das?« flüsterte sie. »Und das? Und das?«
Sein Herz schlug schneller und fing an, wie wild in seiner Brust zu hämmern. Er begann, zu zittern.

Jetzt führte sie seine Hand hinab zu ihren Schultern, so daß er mit seinen Fingerspitzen die Konturen ihres Fleisches fühlen konnte. Plötzlich war Elvara nackt ...

Das ganze Gefummel mit Reißverschlüssen und Knöpfen war nicht notwendig gewesen.

Elvara war eine Zauberin, die sich eine Sache nur zu wünschen brauchte, um sie geschehen zu lassen. In ihrem Reich war sie die unumschränkte Herrscherin. Mit Hilfe des Kontaktgels machte sie sich alles Fleisch zu Willen.

Krampfhaft versuchte er, zu dem, was geschah, eine amüsierte, distanzierte Haltung anzunehmen. Er versuchte es. Aber er scheiterte kläglich.

Elvara war real geworden. Sie war weich und warm, und es gab keine Stelle ihres Körpers, wo seine Hand nicht hinwanderte. Sie verweilte auf jeder Brust und mußte nun nicht länger geführt werden. Die Hand hatte sich verselbständigt und schien ihrem eigenen Willen und ihren eigenen Bedürfnissen zu folgen. Dem Bedürfnis, jede Brustwarze zu liebkosen und jede weiche warme Körperlinie nachzufahren.

Er zitterte vor Erregung, als seine Finger ihren Bauch berührten. Als er das weiche Schamhaar berührte, rutschte sie etwas nach hinten und spreizte leicht ihre Beine, um seine sich nähernden Finger zu ermutigen.

Er begann, sie zu streicheln. Schon bald nahm sie wieder seine Hand, und mit einer gewissen Dringlichkeit in der Stimme raunte sie:

»Hier, berühr mich hier und hier und hier.«

Widerstandslos gehorchte er. Bart wollte seinen Körper an ihren drücken, sie mit beiden Händen berühren und sein Gesicht in ihren Hals vergraben. Aber er konnte nicht. Jetzt verfluchte er seine voreilige Entscheidung, diesen störenden Gummianzug zu tragen, und bereute zutiefst, daß er sich das Gel nur auf eine Hand aufgetragen hatte.

»Das tut gut«, sagte sie leise. »Das tut so gut, so richtig gut ...«

Sie atmete sehr schnell, als wäre sie wirklich erregt.

Sie war wirklich erregt.

Und das lag an ihm.

Er war stolz auf sich und hatte plötzlich neues Selbstvertrauen.

Bevor er die Kabine verließ, küßte ihm Elvara die Hand und schaute ihn mit ihren unglaublich blauen Augen so durchdringend an, daß sein Herz nur so dahinfloß.

»Darf ich dich bitten, das nächste Mal noch etwas mutiger zu sein?« bat sie inständig.

Bald nach seiner Rückkehr in die reale Welt war ein Großteil seines neugewonnenen Selbstvertrauens rasch verflogen, und so bedurfte es immerhin einer Woche Zeit und drei weiterer Kabinenbesuche, bis er genug Mut zusammengerafft hatte, um Elvara alles zu geben, was sie verlangte.

Er legte seine Kleider auf die Bank und duschte, bevor er die Gel-Kabine betrat. Diesmal mußte er sich eingestehen, daß ihm das Gel keineswegs unangenehm war. Eine Woche zuvor grauste ihm vor der Tortur des Gel-Auftragens; heute sprühte er das Gel mit Wonne über seinen ganzen Körper und massierte es genüßlich in die Haut ein. Es war ganz anders als der widerliche alte Schleim, der manchmal an den Kabinenwänden hing – besonders wenn sie seit einiger Zeit nicht saubergemacht worden waren. Das frische, leicht süßlich riechende Gel dagegen wurde schnell von der Haut aufgenommen und hinterließ an der Oberfläche nur einen leicht öligen Film. Im Prinzip war es wie Badeöl.

Sofort nachdem er die Kabine betreten hatte, fand er sich an einem Ort wieder, der sich von den üblichen Grashängen mit Ginster- und Rosenbüschen unterschied. Er war in einem Wald, unter grünem Dämmerlicht von riesigen Bäumen, und trotz seiner Nacktheit war ihm sehr warm. Sein Körperbewußtsein war intensiver als sonst, und er fühlte, wie jede Pore seiner Haut Schweiß ausschied.

Plötzlich stand Elvara vor ihm. Ihre Augen hatten sich verändert; die Zaghaftigkeit in ihrem Blick war einem Anflug von Gier gewichen.

Sie kam sehr nah auf ihn zu, und bevor er überhaupt reagieren konnte, hakte sie ihren rechten Fuß hinter seinen linken Knöchel und schlug ihm mit beiden Händen fest auf die Brust, so daß er blitzschnell und völlig benommen auf dem Rücken lag. Sie setzte sich auf seinen Brustkorb und hielt seine Arme am Boden fest.

»Du kannst dich nicht bewegen, was?« sagte sie. »Jetzt kann ich *alles* mit dir machen, was ich will. Und du kannst nichts tun, um mich davon abzuhalten.«

Sie umgriff seine Arme noch fester und drückte sie mit aller Kraft gegen den Boden, wobei er sich der schrecklichen Gewalt bewußt wurde, mit der er am Boden gehalten wurde.

Die Luft wurde noch heißer; er schaute nach oben zu dem Blätterdach und sah – noch während er hinschaute –, wie sich der Wald veränderte. Er war heiß, feucht und tropisch. Das Blattwerk war durchsetzt mit blutroten Blüten, die ihn an Elvaras Lippen erinnerten. Dieser Urwald war duftend, heiß und feucht wie ihr Körper, und er war voller Rascheln und Schreien des dort wimmelnden Lebens. Sonnenlicht bohrte sich von oben durch das dichte Grün, und er fühlte, wie die Sonnenstrahlen und tiefe Verzweiflung ihn durchdrangen.

Er brannte vor Verlangen und konnte sich selbst nicht helfen. Er verzehrte sich nach ihr, verzehrte sich und war verdammt.

Sie umklammerte seinen Mund mit dem ihren, hob ihren Körper an, rutschte nach unten und setzte sich auf ihn.

Mit einem kräftigen Ruck nahm sie ihn in sich auf. Sie bewegte sich kraftvoll auf und ab und stieß bei jeder Abwärtsbewegung ihr Schambein fest gegen seines.

Unter den üppigen Blättern schwitzten sie gemeinsam in einem uralten animalischen Rhythmus. Moskitos schwirrten über ihnen, und in seinem Kopf schrillten grelle Pfeifen der Angst.

Die Lust stieg und steigerte sich einem nahezu unerträglichen Höhepunkt entgegen. Ein Zittern, das schon beinahe schmerzhaft war, löste sich und stieg langsam in ihm auf. Dem folgte ein tiefes, dumpfes Gefühl aus den Wurzeln seines Bauches, das eindeutig Schmerz war.

Dann kam der Moment der Angst . . .

Was würde passieren, wenn er zu schnell war, wenn er zu früh gekommen war? Er erinnerte sich an die Situation mit dem Mädchen in der U-Bahnstation. Das Mädchen hatte ihm gegen das Schienbein getreten und ihm die Lippen blutig gebissen. Bart realisierte plötzlich, wie gefährlich Elvara im Vergleich zu diesem Mädchen war. Der Succubus hatte die Körperkraft von drei Männern, und er unterstand total seiner Willkür. Elvara nahm ihn bei der Hand, und er hatte zu folgen. Sie lachte, und ihr Gesicht strahlte vor Liebe. Sie hatte hohe Wangenknochen, ihre Augen waren lebhaft, und ihr nasses Haar klebte wie schwarze Federn an ihrem gebogenen Hals. Mit den Augen glitt er von oben nach unten ihren nackten Körper entlang und erwartete, dort unten Hufe vorzufinden. Er fand aber doch nur Füße vor und fiel gegen seinen Willen auf die Knie, um sie mit Küssen und Tränen zu bedecken. Früchte hingen in prallen Stauden über ihm und tropften ihren purpurroten Saft auf seinen Rücken.

Dann liebten sie sich nochmals. Dann noch einmal, bis er völlig erschöpft war. Aber sie ließ ihn immer noch nicht gehen . . . Sein verzweifeltes Stöhnen beantwortete sie nur mit ihren eigenen Lustschreien. Sie stieß ihre spitzen Nägel in seinen Rücken und überzog ihn mit roten Striemen vom Hals bis zu den Pobacken. Dabei suchte sie mit ihrer Zunge gierig nach seinem Mund und riß und zerrte gnadenlos an allen seinen Körperteilen. Er wünschte nur noch zu entkommen und fürchtete um seinen Verstand und, schlimmer noch, das nackte Überleben.

»Ich bin müde«, sagte er endlich. »Ich will nach Hause.«

Er erschrak über den Klang seiner eigenen Stimme. Sie hörte sich schwach und ängstlich an wie die Stimme eines kleinen verängstigten Kindes. Ein Kind, das sich plötzlich an einem gefährlichen Spielzeug verletzt hatte.

Elvara starrte ihn an, und sofort lief ihm wieder ein merkwürdiges Schaudern den Körper entlang. Für eine Sekunde ergriff ihn die nackte Angst, und seine Erinnerung verschwamm. Sie kam sofort wieder und führte ihn erbarmungslos zurück in die scharfe Realität der Welt, die ihm Elvara vorgestellt hatte.

Bart zitterte. Ihm war, als würde er das Bewußtsein verlieren. Für den Bruchteil einer Sekunde fühlte er die bevorstehende Auflösung. Und Elvara lächelte – als wollte sie ihm zustimmen...

»Dein Zuhause ist da, wo ich bin«, sagte sie. »Ich will, daß du für immer hierbleibst. Männer zitieren mich zum Vergnügen her, und ich habe zu gehorchen. Warum sollte ich mir nicht auch ein kleines Vergnügen gönnen?«

»Aber das kannst du doch nicht machen!« schrie Bart entsetzt. »Das ist gar nicht möglich. Du mußt jeden Kunden wieder aus der Kabine rauslassen.«

Elvara lächelte wieder. Es war ein unglaublich sanftes Lächeln, das ihn an den unvergleichlichen Eindruck erinnerte, den das Gesicht von Mona Lisa auf ihn gemacht hatte. Es war das ewige Lächeln. Das Lächeln einer Frau, die weitaus mehr wußte, als er je erfahren und verstehen würde.

Plötzlich erinnerte er sich an sein Gespräch mit Professor Brownski.

Elvara hatte recht...

Er war bereits zu Hause.

Die Benommenheit, die er kurz vorher erlebt hatte, kam ihm in den Sinn, und er erinnerte sich auch an das Gefühl der Auflösung, das er kurz verspürt hatte.

Jetzt begann er zu verstehen, und die ganze Tragweite seiner ausweglosen Situation wurde ihm langsam bewußt.

Ein anderer Bart war bereits klüger und auch trauriger wieder in die Außenwelt zurückgekehrt. Als ein willenloses Kunstwesen zu Elvaras Privatvergnügen würde *er* für immer hierbleiben müssen.

Er war nur noch eine Kopie seiner selbst.

Originaltitel: Elvara Should be Easy
Deutsch von Ralf-Carl Langhals

Philip Robinson
Angel

Das Klingeln des Telefons ließ ihn von seinen Unterlagen hochschrecken, die er auf seinem Schreibtisch ausgebreitet hatte. Er rieb sich den Nasenrücken, und als er von den Papieren aufsah, tanzten die Zahlenreihen fröhlich vor seinen Augen auf und ab. Sein Hemd spannte am Hals, und als er sich bewegte, spürte er ein Kribbeln im Gesäß. Wie gewöhnlich war er der einzige, der abends um halb neun noch da war, und das schrille Klingeln des Telefons klang in dem leeren Büro ohrenbetäubend laut.

Er überlegte, ob er es ignorieren sollte, aber die Ablenkung kam ihm, um ehrlich zu sein, sehr gelegen. Er nahm den Hörer ab und drückte den aufblinkenden Knopf für Leitung eins.

»Davis, Jones und Sutcliffe: Staatlich geprüfte Steuerberater«, ratterte er mechanisch mit sachlicher Stimme herunter. »Wie kann ich Ihnen helfen?«

»Donal Ashford?« fragte eine Frau. Ihre Stimme war heiser und kehlig, und zugleich ganz weich. Sie flüsterte beinah, und ihre Worte schienen durch den Hörer zu fließen.

»Äh ... am Apparat«, erwiderte er.

»Hallo, Donal. Hier spricht Angel.«

Angel!

Sein Herz setzte kurz aus und begann dann wild in seiner Brust zu hämmern. Sein Puls raste, und das Blut rauschte in seinen Ohren. Er schnappte nach Luft, und sein Magen versuchte, einen Purzelbaum zu schlagen. Plötzlich breitete sich in seiner Lendengegend eine pulsierende Hitze aus.

Angel: Dein Traumgeschöpf durchstreift auf der Suche nach dir die mitternächtliche Stadt. Sei mein Sklave. Foto, Telefonnummer und Info an Chiffre 904.

Es hatte zwischen den anderen schüchternen, prosaischen Kontaktanzeigen, wie zum *Beispiel »Ich gehe gerne spazieren, ins Kino und treffe mich mit Freunden«* viel zu lächerlich ausgesehen, um echt zu sein... Es *konnte* gar nicht echt sein.

Dennoch waren sein Foto, seine Nummer und Informationen über ihn unter Chiffre 904 gelandet.

Und nun kam diese Stimme wie Honig durch den Hörer.

Seltsame Geräusche stiegen in seiner Kehle auf.

»Donal?«

»Ja... am Apparat. Aber ich... aber ich habe Ihnen meine Privatnummer gegeben. Wie haben Sie mich hier gefunden?«

Es ertönte ein leises Lachen, gefolgt von einem Seufzer. »Das ist doch nicht so wichtig, oder? Es ist nur wichtig, ob du mich wirklich willst oder nicht.«

»Ja«, sagte er. Fast wäre er mit dem Wort herausgeplatzt, so aufgeregt war er. Er schloß die Augen und versuchte, seinen Atem unter Kontrolle zu bekommen.

»Ich möchte sicher sein, daß du es verstehst; ich will keine Beziehung – ich will nur Sex auf meine Art und sonst nichts.«

»Ja«, erwiderte er, verwirrt, daß er diese Unterhaltung überhaupt führte. Er versuchte, sich die Frau auszumalen, die zu dieser Stimme gehörte, aber er sah nur schemenhafte Bruchstücke vor sich: eine Zigarette zwischen zwei schlanken Fingern mit langen roten Nägeln... volle, rote Lippen... eine rosafarbene Zunge, die sich zwischen weißen, makellosen Zähnen hin und her bewegte... und eine blonde Mähne...

»Sunderland Street«, sagte Angel. »Auf halber Höhe steht eine Telefonzelle. In fünfzehn Minuten.«

Jetzt??? Sie will sich jetzt treffen?!?!

»Meinen Sie das ernst?« murmelte er.

»Du mußt mir wohl oder übel vertrauen.«

Sie legte auf, und er konnte nur noch den Hörer anstarren. Seine Zunge schnellte hervor und befeuchtete seine Lippen. Seine Hand zitterte leicht. Das war sicherlich ein Witz; wie weit würde dieser bemitleidenswerte, verzweifelte, einsame Mann gehen...?

Aber was, wenn sie es ernst meinte? Er spürte immer noch die Wärme in seinen Lenden, und die bruchstückhaften Bilder, die er sich von der Frau gemacht hatte, spukten noch immer in seinem Kopf herum. Das gleiche galt für ihre schnurrende Stimme. Und sie wollte mit ihm schlafen!!

Eine Liedzeile klang ihm im Ohr: »Willst du einen Fisch fangen, mußt du deine Angel auswerfen.«

Ach, verdammt, riskiere es!

Vier Minuten später rannte er beinah die Stufen zum Haupteingang des Gebäudes hinunter. So hatte er sich seit seinen ersten sexuellen Erlebnissen als Teenager nicht mehr gefühlt. In seiner Hose befand sich eine recht ansehnliche Schwellung, und die Beule – es war keine vollständige Erektion – schaukelte hin und her.

Er kannte die Sunderland Street. Sie lag in der Nähe der Kais. In der ganzen Gegend befanden sich Werkstätten und Lagerhallen, und bei Tag wimmelte es dort von Arbeitern, Maschinen, Gabelstaplern und LKWs. Wenn man sich beeilte, lag sie zehn Minuten von seinem Büro entfernt; er erreichte sie in sechs.

Alle Gebäude schienen zugesperrt, und er sah die von innen schwach beleuchtete Telefonzelle sofort, als er um die Ecke bog.

Kein Zeichen von Angel.

Er ging langsam und vorsichtig auf die Telefonzelle zu, und als er ungefähr einen Meter von ihr entfernt war, hörte er das Telefon klingeln. Er riß die Tür auf, ging hinein und nahm den Hörer ans Ohr.

»Hallo, Donal«, sagte Angel gedehnt, »ich bin froh, daß du gekommen bist.«

»Wo sind Sie?«

Sie lachte. »Zieh dein Jackett aus.«

Er blickte sich um, drehte sich im Kreis, konnte aber durch die Fenster nichts entdecken. Er zog sein Jackett aus, faltete es zusammen und legte es in der Ecke auf den Boden. Er zwang sein Herz, langsamer zu schlagen, bevor es explodierte.

»Vor deinen Füßen steht eine Sporttasche«, sagte die Stimme am anderen Ende der Leitung. »Nimm sie hoch und mach sie auf.«

Er blickte nach unten und sah die schwarze Tasche – sie hatte einen Reißverschluß und zahlreiche Seitentaschen. Er bückte sich und hob sie auf die hölzerne Ablage, auf der normalerweise das Telefonbuch hätte liegen sollen. Er öffnete die Tasche und fand darin eine schwarze Augenmaske – wie sie Leute mit Einschlafproblemen trugen, um das Licht fernzuhalten – und ein Paar Handschellen.

»Nimm die Handschellen«, sagte Angel, »und schließ die eine Seite so fest du kannst um dein linkes Handgelenk.«

»Hören Sie«, sagte er, »ich würde gerne – «

»Entweder machst du es auf meine Art, Donal, oder du kannst nach Hause gehen.«

Er zögerte nur einen Moment – es war gar keine Frage, was er tun würde.

Er nahm die Handschellen aus der Tasche und legte sein linkes Handgelenk hinein. Dann ließ er sie mit einem rauhen, klickenden Geräusch einrasten, bis der kalte Stahl gegen seine Haut drückte.

»Sieh zu, daß sie ganz eng sitzt«, befahl Angel. »Sie soll kneifen!«

»Das tut sie«, erwiderte er.

»Gut. Jetzt zieh die Maske über.«

Er zögerte erneut. Was, wenn es ein Trick war? Wenn er die Maske überstreifte und sich selber in Handschellen legte, würde er sich ausliefern und wäre wehrlos gegen jeden, der da draußen auf ihn wartete. Es war, als könne Angel seine Gedanken lesen. »Niemand hält dir eine Pistole an die Schläfe, Donal – tu es oder geh.«

Vor fünfzehn Minuten hatte er in seinem Büro gesessen, in seiner eigenen Welt...

Aber jetzt war er hier... er hatte es bis hierher geschafft.

Er murrte vor sich hin, während er die Maske aus der Tasche holte und sie anlegte. Sie saß ziemlich eng. Das Gummiband zwickte an seinem Hinterkopf, die weichen Polster drückten gegen seine Augen und bedeckten die obere Hälfte seines Gesichts. Er konnte absolut nichts sehen.

»Gut«, sagte sie. »Jetzt laß den Hörer fallen, dreh dich um – den Rücken zur Tür. Streck die Arme nach hinten aus.«

Sie kann mich sehen, dachte er, *von da, wo sie steht.*

O Gott, ich bin völlig hilflos. Bin ich verrückt?

Ja!

Er drehte sich unbeholfen in der pechschwarzen Dunkelheit um, streckte die Hände hinter sich aus und spürte, wie der zweite Reif der Handschellen lose von seinem Handgelenk herunterbaumelte. Er spürte, wie sich sein Magen nun vor Angst zusammemzog... wenn die Sache schlecht ausging... was, wenn es ein Mann war? Aber sein Herz hämmerte in seiner Brust, und er konnte hören, wie das Blut vor Aufregung in seinen Schläfen pochte. In seinem Kopf vibrierte ein berauschendes Surren.

Normalerweise war er ein Mann, der auf Nummer Sicher ging und keine Risiken auf sich nahm – und nun war er plötzlich in einen Wirbelsturm geraten und wurde mitgerissen. Er fühlte sich wie ein anderer Mensch in einer anderen Welt, die Millionen Meilen von seiner eigenen entfernt war.

Es gefiel ihm.

Er konnte einen Schmerz in seinen Lenden spüren. Er wollte sich berühren, wollte –

Er hörte, wie hinter ihm die Tür geöffnet wurde, spürte, wie die kalte Luft hereinkam, und sein Magen machte einen Satz. Angst und Erregung durchfuhren ihn und vermischten sich zu einem unbekannten Cocktail.

Es ist jemand anders! Nicht sie!

Plötzlich nahm jemand seine Arme, schob sie hinter ihm zusammen und schloß die zweite Schelle so fest um sein rechtes Handgelenk, daß die Haut eingeklemmt wurde.

»Hallo, Donal.« Die sinnliche Stimme war unverkennbar, und er atmete erleichtert auf.

»Sie sind es«, krächzte er. Er konnte nicht glauben, daß das alles wirklich passierte. Er hätte sich in seinen wildesten Träumen nicht vorgestellt... *o Gott...*

Er hörte, wie sich die Tür hinter ihm schloß und etwas seinen Nacken streifte – etwas Warmes, Feuchtes berührte seine Haut. Sie küßte ihn, und er hielt den Atem an. Hände packten ihn an den Oberarmen und drehten ihn herum. Einen Moment lang stand er ihr in völliger Dunkelheit gegenüber und war sich nur seiner Lust bewußt.

Ein Geruch stieg ihm in die Nase, und er atmete ihn tief ein. Es war ein betörendes... ein süßes, unaufdringliches Parfüm, das sich mit dem Kokosnußölgeruch ihrer Haut vermischte. Und dann spürte er, wie weiches, seidiges Haar sein Gesicht berührte. Lippen schlossen sich um sein Ohrläppchen und saugten sanft daran. Sein Atmen hörte sich in der engen Zelle sehr laut an. Die Beule in seiner Hose preßte ungeduldig gegen den Stoff, die Handschellen an seinem Rücken schnitten in seine Handgelenke. Sie war *so nah*, sein Körper schmerzte vor Verlangen nach ihr. Er konnte ihren heißen Atem auf seinem Hals spüren, als ihre Zunge immer wieder hervorkam und ihn leckte. Er konnte die schmatzenden Geräusche ihrer Zunge hören, während ihr Mund sich öffnete und wieder schloß.

»Ich bin eine schlechte Frau«, stöhnte sie sanft in sein Ohr, »eine *schmutzige* Frau. Ich berühre meine... meine Möse...« Ihre Zunge leckte an seinem Ohr. »Ich bin feucht...«

»O Gott, laß mich...« Unbeholfen versuchte er, nach vorne zu gehen.

Eine Hand drückte ihn zurück gegen die Wand der Telefonzelle hinter ihm. Er spürte, wie sie mit seinen Lippen spielte. Sie schob sie auseinander, und dann glitten zwei Finger in seinen Mund. Er saugte gierig daran, rollte seine Zunge um sie und schmeckte ihre Haut. Ihr Mund ließ sein linkes Ohr los und bewegte sich langsam zur Vorderseite seines Gesichts. Dabei hinterließ ihre Zunge eine nasse Spur, und ihr Atem versengte beinah seine Haut.

Sie zog ihre Finger aus seinem Mund und ließ ihre Hand auf seine Brust fallen. Sie öffnete die obersten Hemdknöpfe und glitt mit ihrer Hand hinein. Ihre feuchten Finger zeichneten eine Spur auf seiner Haut. Sie fand eine erigierte Brustwarze und kniff hinein. Er rang nach Luft, und sie legte ihren Mund auf seinen. Sie nahm seine Oberlippe zwischen ihre Lippen, saugte sie in ihren Mund und fuhr dann mit ihrer Zunge unter seine Oberlippe. Als sie sie wieder losließ, konnte er sie schmecken. Ihre Zunge glitt in seinen Mund, bewegte sich darin herum, und als er daran saugte, spürte er etwas Hartes.

Sie hatte einen Stecker in der Zunge.

Ein ihm bis dahin unbekanntes Verlangen durchströmte ihn, während er diesen fremden Gegenstand berührte, der im scharfen Kontrast zu der weichen Umgebung stand. Er stöhnte in ihren Mund, während der Gegenstand an seiner Zunge entlangschabte. Er suchte danach, wenn er ihm entglitt, und versuchte, ihre Zunge tiefer in sich aufzusaugen.

Sie hatte ihm das Hemd vollständig aufgerissen und fuhr nun mit beiden Händen über seine Brust. Er konnte ihre langen Fingernägel spüren, die über seine Haut schabten. Seine Brustwarzen waren zwischen ihren Daumen und Fingern gefangen, die sie geschickt drehten und kniffen und daran zogen. Ihr Mund ließ den seinen los, und er beugte sich keuchend vor und versuchte, ihn wiederzufinden. Er spürte ihre Hände auf seinen Schultern, und sie drückte ihn nach unten. Seine Beine hatten nicht mehr die Kraft, ihr zu widerstehen, selbst wenn er es gewollt hätte.

Er landete auf den Knien... wenn sie ihm doch nur erlauben würde, sie anzufassen... und seine Hände versuchten vergeblich, sich von den Handschellen zu befreien. Plötzlich spürte er ihre Beine an seinen Seiten, und ihr Körper preßte sich gegen ihn. Ihr Bauch streifte seine Brust, und sein Gesicht berührte eine weiche, seidige Wölbung. Plötzlich begriff er, daß sie ihre Brust an ihn preßte. Er leckte an dem Stoff, biß hinein und ließ ihn in seinen Mund gleiten. Durch ihn hindurch spürte er ihre harte Brustwarze. Der dazwischenliegende Stoff machte ihn verrückt. Nach einer Weile, die ihm vorkam wie eine Ewigkeit, zogen ihre Hände den Stoff zurück, und er hörte ein Plop, als sie die Knöpfe öffnete.

Sie trug keinen BH, und er hörte ihr Stöhnen, als sein Mund ihre weiche, volle Rundung berührte und daran herumleckte, bis er den harten Nippel fand. Er saugte an ihm, spielte mit der Zunge daran herum, umkreiste ihn, bevor er ihn zwischen die Zähne nahm und zubiß, bis er sie nach Luft schnappen hörte. Sie zog sich zurück, und er hielt ihren Nippel einen Moment lang mit den Zähnen fest, bevor er ihn losließ. Falls sie –

Die harte Ohrfeige kam völlig überraschend. »Ich habe nicht gesagt, daß du das tun sollst.« Sie schlug ihn erneut, und bevor das Brennen völlig nachgelassen hatte, füllte ihre Brust wieder seinen Mund aus. Sie hielt ihre Brust für ihn, preßte sie in seinen Mund, drückte sie, ließ sie los, drückte sie, ließ sie los und stöhnte bei jeder Bewegung.

Plötzlich spürte er, wie ihre andere Hand seinen Reißverschluß öffnete und hineinglitt. Ihre langen, warmen Finger fanden seinen Schwanz, zogen ihn heraus und drückten zu. Ein durchdringender Schmerz durchfuhr ihn. Er biß auf die Brust in seinem Mund, grunzte und stöhnte und war nicht mehr in der Lage, zwischen Ekstase und Schmerz zu unterscheiden. Sie lockerte kurz den Griff um seinen Schwanz, bevor sie wieder fester zupackte und mit ihren feuchten Fingern an seinem Schaft hinunterglitt. Dann glitt sie wieder nach oben, und er kam, verströmte heißen Samen in ihre Hand. Ein gutturaler Laut entfuhr seiner Kehle, als ihre Brust mit einem nassen, saugenden Geräusch aus seinem Mund glitt. Seine Beine, sein ganzer Körper schien zu schmelzen, und er hatte keine Kontrolle mehr über sich. Er fiel rückwärts gegen die Wand, und die Telefonzelle wackelte von dem Aufprall. Er lag keuchend da wie ein Hund, und sein Atem war einen Moment lang das einzige Geräusch. Dann spürte er ihre Lippen auf seiner Wange und ihre Zunge auf seiner Haut.

Sie gibt mir einen Abschiedskuß, dachte er. *Es ist alles vorbei!*
»Geh nicht.«

»Ach, Donal«, sagte sie mit einem Seufzen und legte ihre Wange an seine. Er konnte ihren Körper an seinem spüren. »Wir können nicht ewig hierbleiben.« Dann löste sie sich von ihm, und er hörte, wie die Tür aufging. Dann war sie weg.

»Angel!« rief er und versuchte, auf die Knie zu kommen. Die Handschellen gaben ihm bei diesem unbeholfenen Manöver keinen Spielraum. Ihm wurde klar, daß er auf den Knien nicht die Maske von seinem Gesicht entfernen könnte – in einer sitzenden Position könnte er mit seinen Knien versuchen, die Maske nach oben zu schieben.

Er ließ sich nach hinten fallen, bis er wieder auf dem kalten Boden saß, und wollte gerade mit seinem Vorhaben anfangen, als er plötzlich einen Automotor hörte und erstarrte. Er betete, daß der Wagen vorbeifahren würde. Das tat er nicht. Er blieb stehen, direkt vor der Telefonzelle.

Es ist jemand, der einen Anruf tätigen will, dachte er. *Na, der wird eine Überraschung erleben, wenn er die Tür öffnet.*

Er hielt den Atem an.

Er hörte, wie die Tür aufging, und hob das Gesicht, als könne er sehen, bereit, auf unzurechnungsfähig zu plädieren.

»Entspann dich«, sagte Angel, »ich habe nur den Wagen geholt.« Er konnte draußen den laufenden Motor hören und stöhnte erleichtert. Er spürte, daß sie seine Arme packte. »Auf die Beine, Soldat, aber ein bißchen plötzlich.«

Als er stand, steckten ihre Hände seinen Penis zurück in seine Hose und schlossen den Reißverschluß. Dann führte sie ihn aus dem Häuschen. Er hörte, wie eine Autotür aufging, und wurde auf den Rücksitz geschoben. Die Tür schloß sich hinter ihm, und einen Moment später hörte er, wie sie ebenfalls einstieg. Dann fuhren sie los.

Der Verkehrslärm wurde lauter, und er schloß daraus, daß sie sich auf der Hauptstraße befanden. Die ständige Dunkelheit machte ihn wütend. Er wollte sie *sehen;* er fing an, seinen Hinterkopf an dem Sitz hin und her zu reiben.

»Na, na!« warnte Angel ihn sofort mit einem Anflug von Fröhlichkeit in der Stimme. Sie mußte ihn im Rückspiegel gesehen haben. »Die Maske bleibt an, wenn ich bitten darf.«

»Ich will dich nur sehen.«

»Laß sie an«, sagte sie mit einem Seufzen. »Wenn ich dich erwische, daß du noch einmal versuchst, sie zu entfernen, öffne ich die Tür und schmeiß dich in einen Graben.«

Es verstrichen einige Minuten, in denen nur das leise Summen des Wagens zu hören war.

Donal fragte: »Wo fahren wir hin?«

»An einen netten, ungestörten Ort.«

»Warum?« fragte er mit echter Ratlosigkeit in der Stimme. »Warum all das?«

Sie lachte. »Das ist geheim. Ich könnte es dir sagen – aber dann müßte ich dich umbringen.«

In der darauffolgenden Stille versuchte er, aus dieser ganzen Situation schlau zu werden. Er träumte bestimmt – dies war nicht die Realität. Es war das, was sich die Männer in ihrer Phantasie ausmalten, das aber nie wirklich passierte. Das alles *konnte* nicht wirklich passieren. Aber die Kälte der Nacht war echt, und auch ihr Geschmack, den er noch im Mund hatte, das Pochen in seinem Penis, auf dem er immer noch ihre festen Finger spüren konnte. Das war kein Traum.

War das etwa eine Entführung?!

Natürlich nicht. Sie war nur ein Macht-Freak, der ein Spiel spielte, sonst nichts.

Aber es geschah alles nach ihren Regeln, und das löste einen Anflug von Beklommenheit in ihm aus. Was, wenn das Spiel in etwas ... etwas *Anderem* gipfelte? Was, wenn die nächste Stufe etwas Bedrohliches beinhaltete?

Erneut schien Angel seine Gedanken zu lesen. »Machst du dir Sorgen, Donal?«

Er wollte, daß sie ihm sagte, daß er in Sicherheit sei – er wollte wirklich in Sicherheit sein. Aber noch mehr wollte er sie erneut, wollte sie in seinem Mund.

»Ich ... wahrscheinlich ein bißchen ...«

Sie beruhigte ihn nicht.

Endlich hielt der Wagen. Er hörte, wie sie die Handbremse anzog ... hörte Schritte ... und einen Moment später öffnete sich seine Tür, und eine Hand nahm seinen Arm.

»Angel?« fragte er und hatte plötzlich Angst, daß da ... jemand anders sein könnte ...

Plötzlich spürte er, wie sich warme Lippen auf seine preßten. In seinem Magen entzündete sich ein Feuer, als er sie erneut schmeckte, als die Zunge in seinen Mund glitt und der Stecker mit einem Klacken gegen seine Zähne stieß. Sie zog sich zurück, half ihm aus dem Wagen und führte ihn wie einen Blinden.

Er hörte, wie ein Schlüssel in einem Schloß herumgedreht wurde und sich eine Tür öffnete, und trat dann nach vorne. Er stand auf einem Teppich, und die Tür schloß sich hinter ihm. Er hörte absolut gar nichts, sondern nahm nur ein starkes Luftspray wahr.

Ein Haus. Angels Haus.

Sie nahm ihn am Arm und sagte: »Vorsicht, Treppe.«

Er hob das rechte Bein, und sein Fuß tastete eine Weile in der Luft herum, bis er die unterste Stufe fand. Angel führte ihn die Treppe hinauf, drehte ihn oben nach rechts und ging mit ihm einen Flur entlang.

Er hörte, wie eine weitere Tür geöffnet wurde, und sie führte ihn in einen Raum.

Die Tür schloß sich hinter ihm, und nach nur drei Schritten ließ Angel ihn los. Er stand völlig verloren in der Dunkelheit da und fragte sich, ob sie –

Plötzlich schubste ihn jemand von hinten, und er stolperte nach vorne, verlor das Gleichgewicht und fiel zu Boden. Aber er kam nicht auf dem Boden auf, sondern landete auf einer weichen Matraze. Er hörte Angel hinter sich lachen, und einen Moment lang war er wütend auf sie. Ihre Hände berührten seine Oberschenkel, und sie hob seine Beine auf das Bett. Sein Mund war voller Decke, und er spuckte sie aus.

»Dreh dich um«, befahl Angel. Er gehorchte – mit ihrer Hilfe. Sie schob ihn herum, bis er flach und relativ gerade auf dem Rücken lag. Die Handschellen unter ihm schnitten in die Haut seiner Handgelenke, aber der Schmerz war nichts verglichen mit der Lust, die er spürte, als sich Angel einen Moment später rittlings auf ihn setzte und ihre Oberschenkel seine Rippen berührten. Es fühlte sich an, als sei sie nackt. Sein Hemd war offen, und als sie sich vorbeugte, preßten sich ihre nackten Brüste an seine Brust. Ihre Zunge berührte seinen Mund – leckte und neckte ihn und zog sich dann wieder zurück. Sie richtete sich auf. Er spürte, wie ihre Hüften sich vor und zurück bewegten. Sein Schwanz schmerzte und drängte gegen den Stoff seiner Hose. Sie drehte sich um, und er lag ganz still, als sie zuerst das eine und dann das andere Fußgelenk mit Tüchern an den Bettpfosten befestigte.

Er konnte seine Beine nicht mehr bewegen.

Sie drehte sich wieder auf ihm um. »Und jetzt versprich mir, daß du nicht versuchen wirst, die Maske abzustreifen, wenn ich dir die Handschellen abnehme.«

»Na gut«, grunzte er.

»Wenn du es doch tust, müssen wir die ganze Sache vergessen und getrennte Wege – «

»*Ich werde es nicht tun!*« wiederholte er und versuchte, seine Hüften anzuheben, um sich enger an sie zu pressen.

»Heb deinen Rücken so weit du kannst an«, befahl sie ihm. Er spürte, wie sie sich von ihm erhob und mit ihren Händen unter seinen Rücken glitt. Sie fummelte an den Handschellen herum, und dann ertönte ein leises Klicken, als sich der Schlüssel im Schloß drehte. Sie entfernte die Handschelle von seinem linken Handgelenk, und es fühlte sich gut an. Er zog den Arm unter seinem Körper hervor und streckte, unfähig, sich zu beherrschen, die Hand nach ihr aus.

Ein harter Schlag traf sein Gesicht, und sein Kopf flog zur Seite. Sie packte seine rechte Hand und zerrte sie grob über seinen Kopf, bis seine Knöchel gegen das hölzerne Kopfteil schlugen. Sie rutschte auf Knien nach vorne, bis sie ganz oben auf seiner Brust saß und er sie riechen konnte. Dann ertönte wieder das klickende Geräusch, als sie die leere Handschelle am Kopfteil befestigte. Er versuchte, seinen Arm nach unten zu bewegen, aber er kam nicht weit, bevor sich das Metall in sein Handgelenk bohrte. Sie zerrte seinen linken Arm auf die gleiche Weise nach oben und befestigte sein Handgelenk mit einer Handschelle, die offenbar nur zu diesem Zweck dort hing.

Er war ans Bett gekreuzigt.

Er hob den Kopf so weit er konnte, streckte die Zunge heraus und versuchte, sie zu erreichen.

»*Jaaa!*« schnurrte sie, »*trink von mir …*« Und er spürte, wie sie sich nach vorne bewegte. Ihre Oberschenkel rutschten über seine Achselhöhlen nach oben, und sie schob sich über sein Gesicht und beschmierte es mit ihren heißen Säften. Ein tiefes Stöhnen entfuhr ihr, als sein Mund ihre feuchten Haare und ihre geschwollenen Lippen berührte. Er schob seine Zunge so weit er konnte in sie hinein. Dabei teilte er ihre Schamlippen und suchte nach ihrer Klitoris. Als er sie fand, spielte er mit seiner Zunge daran herum, und ihr lauter Aufschrei hallte durch das Zimmer. Plötzlich vergrub sie ihre Finger in dem Haar auf seinem Hinterkopf, und ihre Fingernägel krallten sich in seine Kopfhaut. Sie drückte sein Gesicht in sich hinein, bewegte ihre Hüften hektisch vor und zurück und keuchte dabei heftig.

Sie schrie auf, als sie zum Orgasmus kam, ihre Beine gaben unter ihr nach, und sein Kopf wurde tiefer in die Matraze gedrückt. Er drohte zu ersticken, und es war ihm egal.

Nach einem Moment erhob sie sich von seinem Gesicht und rutschte wieder nach unten. Er spürte, wie sie sich an seiner Hose zu schaffen machte. Eine Hand berührte seine Brustwarze und drückte sie zusammen. Die andere umfaßte seine linke Pobacke und hob seinen Unterkörper ein Stück vom Bett hoch. Er spürte, wie sie sich über ihn schob, und einen Moment später grub sich sein Penis in weiche Locken. Sie schwebte über ihm, rieb sich an ihm und neckte ihn, bis sie ihn schließlich in sich hineinstieß. Sie beide schrien auf, als ihr heißer Schoß ihn in sich aufzusaugen schien, ihn mit seiner Enge umschloß, ihn drückte und knetete. Nicht nur sein Schwanz, sondern sein ganzer Körper war mit dem ihren verbunden. Er stieß in sie, und es entstand ein klatschendes Geräusch, als sie nach vorne fiel und ihre Brüste sich gegen seine Brust preßten. Gnadenlos bewegte sie ihre Hüften auf und ab, und es dauerte nicht lange, bis er kam und in ihr explodierte. Sie hörte nicht auf, bis er erschlaffte; dann lag sie auf ihm und hielt ihn in sich fest. Ihr Gesicht war in seiner Halsbeuge vergraben, und Donals Gehirn schien in seinem Kopf zu schmelzen. Er brauchte ein paar Minuten, bis er wieder auf den Planeten Erde zurückkehrte.

»Warum tust du das?« fragte er schließlich.

Er hörte das ihm vertraute Lachen an seinem Hals, und sie setzte sich wieder auf. Er spürte, wie er sich in ihr regte.

»Vielleicht...«, sagte sie, »bin ich die häßlichste Frau auf der ganzen Welt und kann es nur so kriegen.«

»Das glaube ich nicht.«

»Oder vielleicht bin ich eine gefährliche Verrückte, die dich jetzt in eine gefährliche Situation gebracht hat – eine Psychopathin, die sich nichts sehnlicher wünscht, als ein Halsband aus Hoden zu besitzen. Vielleicht habe ich gerade in diesem Moment eine Heckenschere in der rechten Hand – *schnipp schnapp...!*«

Plötzlich brach sie in Gelächter aus und fing an, an seinen Brustwarzen herumzuspielen. Dann fand ihre Zunge die linke und leckte daran. Sie bedeckte sie mit ihrem Mund und versuchte, sie einzusaugen. Sie tat etwas mit ihrer Möse... drückte ihn, und er spürte, wie er in ihr wieder hart wurde.

»Sag mir die Wahrheit«, sagte er, als Wellen der Lust langsam über ihm zusammenschlugen. Er war nun vollständig in ihr erigiert, und sie bewegte sich langsam hin und her.

Ihr Mund löste sich von seiner Brust, und sie murmelte: »Glaub mir, das willst du bestimmt nicht wissen. So kannst du es viel besser genießen.«

»Doch, das will ich«, erwiderte er. Seinen Worten folgte ein Zischen, als ihre Hände die Haare an seinen Schläfen packten und seinen Kopf zurück in die Kissen drückten. So hielt sie ihn fest, während sie ihm in die Brustwarze biß und dann mit der Zunge an seiner Brust entlang bis hoch, bis zum Mund entlangstrich.

»Mein Mann kann es nicht ausstehen«, sagte sie und stieß dann ein hämisches Lachen aus.

»Dein Mann?« keuchte Donal.

Angels Hüften hoben sich, aber bevor er vollständig aus ihr herausglitt, schob sie seinen Schaft wieder in sich hinein, saugte ihn wieder in sich auf. Sie lachte in sein rechtes Ohr. »Hast du Angst, er könnte hereinkommen und uns sehen?«

Aber er konnte nur lustvoll stöhnen.

»Er weiß es bereits«, fuhr sie fort. »Er ist hier, in diesem Zimmer, und sieht uns zu.«

Donal versuchte, den Kopf zu heben, aber sie drückte ihn ins Kissen zurück. Nun bewegten sich ihre Hüften auf und ab, und er paßte sich ihrem Rhythmus an und stieß immer wieder in sie hinein. Ihre Worte waren zwar in sein Bewußtsein eingedrungen, aber in diesem Moment wurden sie von seiner Lust verdrängt, waren sie unwichtig. Nichts war wichtig. Sie bewegte sich immer heftiger und schlug ihre Zähne in seine Schulter, und als er kam, entfuhr ihm ein lauter Schrei.

Angel sank auf ihn, und während sie einen Moment lang dalagen, war er unfähig, etwas zu sagen. Als er schließlich seine Stimme wiederfand, stellte er ihr die gefürchtete Frage.

»Der alte Sack hatte letztes Jahr einen Schlaganfall«, erklärte sie ihm, »und ist seitdem nicht mehr derselbe. Glaube mir, du willst das nicht sehen. Es ist kein hübscher Anblick.«

»Das . . . glaube ich einfach nicht.«

»Na gut«, sagte sie mit einem nachgiebigen Seufzer. »Aber sag nicht, ich hätte dich nicht gewarnt.« Er spürte, wie ihre Finger nach den Gummibändern der Maske griffen. Sie riß sie ihm vom Kopf, und er mußte die Augen vor der plötzlichen Helligkeit schließen. Einen Augenblick lang konnte er nur eine verschwommene Gestalt sehen, die rittlings auf ihm saß. Dann paßten sich seine Augen an. Angel war eine wunderschöne Frau – sie hatte dunkle Augen, eine schmale Nase, volle Lippen, ein rundes Gesicht, das man schon fast orientalisch nennen konnte, glänzendes, schwarzes Haar, das ihr bis zu den Schultern reichte, blasse Haut, kecke Brüste. Ihre schmale Taille weitete sich zu vollen Hüften, ihre dunklen, lockigen Schamhaare vermischten sich an der Stelle mit seinen, an der ihre Körper sich vereinigten.

Aber sein Blick wanderte unerklärlicherweise nach links, wo ein Mann – wenn man ihn überhaupt noch so nennen konnte – in einem Rollstuhl saß. Seine Beine befanden sich nicht einmal zwanzig Zentimeter vom Bett entfernt.

»Donal«, sagte Angel, »darf ich dir Carl vorstellen.« Sie brach in Gelächter aus, als er den Mann anstarrte, der regungslos wie eine Statue dasaß. Sein Kopf hing auf seine linke Schulter hinunter, und ein Speichelfaden zog sich von seinem Mundwinkel bis hin zu seinem Kinn. Seine Haut war gelblich und schlaff; seine Augen waren farblos, und das eine wurde von einer dünnen, milchigweißen Haut überzogen.

»O nein«, sagte Donal.

»Ich habe seine Beleidigungen und Mißhandlungen und Erniedrigungen lange genug ertragen«, stieß Angel hervor. »Wenn ich einen anderen nur ansah ... dieser Bastard ... Jetzt ist es an der Zeit, ihm alles zurückzuzahlen.« Sie blickte auf das Ding in dem Rollstuhl und grinste ihn höhnisch an. »Na los, Carl, schlag mich doch! Ich bumse mit diesem Typ und kenne ihn nicht einmal –«

»Hör auf«, sagte Donal mit schwacher Stimme.

»– und ich werde es die ganze Nacht mit ihm treiben, und du wirst dasitzen und zusehen!!« Dann erklärte sie Donal: »Sie behaupten, er könne alles sehen und hören, was um ihn herum vor sich geht.«

»Mach diese Handschellen auf«, befahl er ihr und versuchte sich loszumachen. »Du bist ja krank!«

Sie hob ihre Hüften hoch, und sein Penis glitt aus ihr heraus. Er konnte die Augen nicht von dem Ding im Rollstuhl abwenden. Angel rutschte nach unten und nahm ihn in den Mund.

Er würde das nicht machen! Er *konnte* das nicht tun!

Aber Angels Zunge spielte mit ihm und versuchte, in die Spitze einzudringen ... der Stecker berührte seine Harnröhre ... quälte ihn ... *O Gott!!*

»Ich mache das nicht!!« schrie er.

Er würde nicht steif werden!

Er kämpfte mit geschlossen Augen gegen sie an, damit er nicht auf ihre weiche, seidige Haut blicken mußte. Er wollte ihr Stöhnen nicht hören, während sie sich mit ihren Händen und ihrem Mund mit ihm beschäftigte. Er versuchte, sie mit dem Knie beiseite zu schieben, aber sie gab nicht nach.

O Gott . . .!

Ihr Mund ließ ihn los, und sie setzte sich auf und blickte mit einem amüsierten Lächeln zu ihrem Mann hinüber. »Warum kämpfen sie immer gegen mich an, Carl?« Sie lehnte sich zur Seite und zog etwas unter dem Bett hervor. Es war eine Kühlbox. »Da muß ich wohl die schweren Geschütze auffahren«, sagte sie, während sie eine Plastikschüssel herausholte. Mit einem Löffel nahm sie einen Schlag Sahne, steckte ihn sich in den Mund und beugte sich vor, um ihn zu küssen. Er wandte seinen Kopf zur Seite, aber sie fand seinen Mund. Als sie ihm die dicke, kühle Creme in den Mund schob, wußte er, daß er verloren hatte. Sie richtete sich auf, und er blickte in ihr lachendes, mit Sahne verschmiertes Gesicht. Sie nahm einen weiteren Löffel voll und verteilte ihn auf seinen Eiern und seinem Schwanz. Zuerst schien die Kälte gegen ihren Plan zu arbeiten, aber bald war er wieder ganz steif, und er schloß die Augen, als sie sich mit ihrem Mund an ihm zu schaffen machte.

Er öffnete sie auch nicht, als sie sich über ihn schob und ihr Gesicht dicht an seines legte. Als ihre Schamlippen ihn erneut in sich aufnahmen, glaubte er einen Moment lang, ein Stöhnen von dem Mann im Rollstuhl zu hören.

Originaltitel: Angel
Deutsch von Jutta Lützeler

Patricia Highsmith
Warten

Jeden Morgen spähte Don in seinen Briefkasten, und nie war ein Brief von ihr darin.

Sie wird noch keine Zeit gehabt haben, sagte er sich und stellte sich all die Arbeit und Unruhe vor, die ihr Umzug von Rom nach Paris mit sich bringen mußte: die neue Wohnung, die sie sicher in Paris gefunden hatte, bevor sie den Umzug in die Wege leitete; und dann brauchte sie bestimmt ein paar Tage zur Eingewöhnung an dem neuen Arbeitsplatz. Deshalb war sie wahrscheinlich auch nicht in der Stimmung zum Briefeschreiben.

Doch schließlich kam der Tag, an dem ihr Schweigen bei allem guten Willen nicht mehr mit Umzug und Arbeit zu rechtfertigen war. Drei weitere Tage vergingen, und noch immer war kein Brief da.

Sie kann sich nicht so schnell entscheiden, dachte er. Natürlich muß sie sich erst über ihre Gefühle klarwerden, ehe sie sich hinsetzt und schreibt.

Vor dreizehn Tagen hatte er Rosalind geschrieben, er liebe sie und wolle sie heiraten. Vielleicht war ihr der Vorschlag nach so kurzer Zeit ein wenig übereilt erschienen. Andererseits glaubte Don, einen guten Brief geschrieben zu haben. Er hatte sie auch nicht gedrängt, sondern ihr lediglich seine Gefühle mitgeteilt. Immerhin kannte er sie ja schon zwei Jahre, oder vielmehr hatten sie sich vor zwei Jahren in New York kennengelernt. Und als sie sich jetzt im letzten Monat in Europa wieder trafen, da wußte er, daß er sie liebte und sie heiraten wollte.

Seit seiner Rückkehr aus Europa vor drei Wochen hatte er erst wenige seiner Freunde wiedergesehen. Er war zu sehr damit beschäftigt, Zukunftspläne für sich und Rosalind zu schmieden. Rosalind war technische Zeichnerin. Sie hatte Europa gern, und wenn sie vielleicht lieber in Europa bleiben wollte, so war das kein Problem, dann konnte er ebenfalls übersiedeln. Seine Firma Dirksen & Hall, bei der er als technischer Berater angestellt war, hatte sogar eine Niederlassung in Paris, und sein Französisch war gar nicht schlecht. Das wäre alles ganz einfach. Was er noch brauchte, war eine Zollbescheinigung für ein paar Sachen, die er mitnehmen wollte – Bücher und Teppiche und den Plattenspieler, und dann etwas Werkzeug und Zeichengerät, das war alles.

Don dachte zuweilen, er sei eigentlich noch gar nicht auf dem Höhepunkt seines Glücksgefühls angelangt. Es wurde von Tag zu Tag größer – wie ein Vorhang, der sich immer höher hob und eine herrliche Landschaft enthüllte. Aber Rosalind mußte bei ihm sein, wenn er endlich das ganze Bild vor sich hatte. Nur eine Tatsache hielt ihn davor zurück, sich schon jetzt rückhaltlos an der Landschaft zu freuen: er hatte noch immer keine Post von ihr.

Er schrieb ihr noch einmal nach Rom und vermerkte unten auf dem Umschlag auf italienisch: *Bitte nachsenden.* Sie war sicher schon in Paris, aber sie hatte in Rom wahrscheinlich einen Nachsendeantrag hinterlassen.

Wieder vergingen zwei Tage ohne Post von ihr. Nur ein Brief seiner Mutter aus Kalifornien lag im Briefkasten, außerdem eine Werbedrucksache und ein Formular für irgendeine Wahlkampagne. Er verzog ein wenig den Mund zum Lächeln, schloß den Briefkasten ab und machte sich auf den Weg ins Büro. Er war eigentlich nie traurig, wenn er wieder keinen Brief von ihr fand; eher war es immer wie ein kleiner elektrischer Schlag, so als ob sie ihn im Scherz auf die Folter spannen wollte, weil sie ihren Brief noch einen Tag zurückhielt. Doch dann fiel ihm ein, daß er neun Stunden vor sich hatte, bis er abends nach Hause kam und auf einen Eilbrief von ihr hoffen konnte, und plötzlich war ihm müde und lustlos zumute. Nach so langer Zeit schickte sie ihm bestimmt keinen Eilbrief. Es blieb ihm nichts weiter übrig, als wieder bis zum nächsten Tag zu warten.

Am anderen Morgen schimmerte etwas in seinem Briefkasten. Aber es war wieder nur eine Drucksache – die Einladung zu einer Kunstausstellung. Er riß sie in Fetzen und knüllte sie in der Hand zusammen.

In dem Briefkasten neben dem seinen steckten drei Briefe, die schon gestern morgen daringelegen hatten, das wußte er. Was mochte dieser Dusenberry für ein Mensch sein, der nicht mal die Post aus seinem Kasten holte?

Als er etwas später im Büro war, kam ihm ein Gedanke, der seine Stimmung beträchtlich hob: der Brief war vielleicht aus Versehen in den Nachbarkasten gesteckt worden. Der Briefträger öffnete immer alle Kästen einer Reihe auf einmal, und Don hatte in seinem Kasten auch schon mal einen Brief gefunden, der nicht für ihn bestimmt war. Er war plötzlich wieder optimistisch. Ganz sicher war jetzt ein Brief von ihr da, in dem sie ihm schrieb, daß sie ihn liebte. Nach den glücklichen Tagen in Juan-les-Pins konnte sie gar nichts anderes schreiben. Er wollte ihr telegraphieren: ich liebe dich, ich liebe dich. Nein, noch besser, er wollte sie anrufen, denn in ihrem Brief stand bestimmt ihre Pariser Adresse, vermutlich sogar auch die Adresse ihrer Firma; er konnte sie also erreichen.

Als er Rosalind vor zwei Jahren in New York kennenlernte, waren sie ein paarmal zusammen zum Essen und ins Theater gegangen. Dann hatte sie seine nächsten Einladungen abgelehnt, so daß Don annahm, es gäbe da wohl noch einen anderen Mann, den sie lieber mochte. Damals hatte ihm das nicht viel ausgemacht. Doch als er sie dann zufällig in Juan-les-Pins wiedertraf, sah alles ganz anders aus. Es war Liebe auf den zweiten Blick gewesen; und auch Rosalind bewies ihm das dadurch, daß sie sich von ihren Bekannten – zwei Männern und einem Mädchen – trennte; die drei fuhren weiter nach Cannes, und sie blieb mit Don in Juan-les-Pins. Sie hatten fünf herrliche Tage zusammen verbracht. Don hatte gesagt: »Ich liebe dich«, und sie hatte es auch gesagt, einmal. Doch sie hatten weder Zukunftspläne gemacht noch überhaupt von einem Wiedersehen gesprochen. Wie hatte er bloß so töricht sein können! Wenn er wenigstens mit ihr ins Bett gegangen wäre. Aber vielleicht war es besser so. Er hatte es eben ernst gemeint, für ihn war es keine Urlaubsaffäre wie bei so vielen Pärchen. Wenn man ein Mädchen wirklich liebt und heiraten will, dann war das etwas anderes. Und nach ihrem Verhalten hatte er angenommen, daß sie ähnliches empfand. Sie war kühl und brünett und lächelte oft. Obwohl sie nicht groß war, wirkte sie so. Sie war zu intelligent, um je eine Dummheit zu machen und auch nur etwas Unüberlegtes zu tun. Und auch Don hätte niemals jemandem ohne reifliche Überlegung einen Heiratsantrag gemacht. Heirat – das war eine Sache, die man sich gründlich überlegte, wochen- oder monatelang, vielleicht sogar ein Jahr. Er selber hatte ja auch länger als die fünf Tage in Juan-les-Pins dazu gebraucht. Er fand, Rosalind Farnes sei ein Mädchen oder eine Frau (sie war sechsundzwanzig und er neunundzwanzig) von Format; zudem hatten sie verwandte Berufe und daher alle Chancen, miteinander glücklich zu werden.

Als er abends nach Hause kam, lagen die drei Briefe immer noch in Dusenberrys Kasten. Don suchte nach der Klingel neben dem Namensschild und drückte energisch auf den Knopf. Wer weiß, vielleicht waren sie doch zu Hause und hatten bloß aus irgendeinem Grund ihren Briefkasten nicht geleert.

Nichts rührte sich. Dusenberrys – er oder sie oder beide – waren offensichtlich nicht daheim.

Ob der Hausmeister ihm erlauben würde, den Briefkasten zu

öffnen? Nein, sicher nicht. Und außerdem hatte der vermutlich gar keinen Schlüssel.

Einer der Umschläge sah aus wie ein Luftpostbrief aus Europa. Es war zum Rasendwerden. Don schob den Finger vorn in einen Schlitz des Metallkästchens und versuchte, die Klappe herauszuziehen, aber er hatte kein Glück. Er steckte seinen eigenen Schlüssel ins Schloß und versuchte, ihn umzudrehen. Das Schloß gab nach, und die Tür sprang einen Zentimeter weit auf. Weiter ließ sie sich nicht öffnen. Don hielt die Wohnungsschlüssel in der Hand; er schob einen Schlüssel in den offenstehenden Spalt und benutzte ihn als Hebel. Jetzt konnte er die Messingtür so weit verbiegen, daß er an die Briefe herankam; er nahm sie an sich und versuchte, die Briefkastentür wieder geradezubiegen, so weit es ging. Von den Briefen war keiner für ihn. Er starrte sie an, zitternd, als habe man ihn bei einem Einbruch ertappt. Zwei warf er zurück in den verbogenen Kasten, den dritten steckte er ein. Dann trat er ins Treppenhaus, ganz hinten ging es zu den Fahrstühlen. Einer war leer, und Don fuhr allein hinauf in den dritten Stock.

Sein Herz schlug wie ein Hammer, als er oben die Wohnungstür zumachte. Wozu hatte er bloß den Brief eingesteckt! Natürlich mußte er ihn zurückbringen; es war ganz offensichtlich ein privater Brief, und er kam aus Amerika. Die Adresse war mit blauer Tinte handgeschrieben: Mr. R. L. Dusenberry und so weiter, und der Absender auf der Rückseite lautete: Edith W. Whitcomb, 717 Garfield Drive, Scranton/Pa. Sicher seine Freundin, dachte Don. Ein dicker Brief in länglichem Umschlag. Er mußte ihn sofort wieder hinunterbringen. Und der verbeulte Briefkasten? Na, er hatte ja schließlich nichts gestohlen. Es war zwar keine Bagatelle, einen fremden Briefkasten gewaltsam zu öffnen, aber das war nun mal geschehen. Solange nichts daraus fehlte, war es wohl nicht ganz so schlimm.

Don holte einen Anzug aus dem Schrank, den er in die Reinigung bringen wollte, und nahm Dusenberrys Brief vom Tisch.

Aber als er ihn in der Hand hielt, überfiel ihn plötzlich die Neugierde. Was mochte darinstehen? Und ehe er noch Zeit hatte, sich zu schämen, hatte er in der Küche Wasser zum Kochen aufgesetzt. Er hielt den Umschlag in den Dampf, die Klappe rollte glatt zurück, und Don wartete geduldig, bis er den Brief herausnehmen konnte. Er war drei Seiten lang, alle doppelt beschrieben und mit der Hand.

»Mein Lieber«, (so begann er)
»Du fehlst mir so sehr, daß ich Dir schreiben muß. Ob Du Dir jetzt klargeworden bist über Deine Gefühle? Du hast gesagt, wir würden es wohl beide schnell vergessen. Aber weißt Du auch, wie mir zumute ist? Genauso wie in der Nacht, als wir auf der Brücke standen und zu den Lichtern von Bennington hinüberschauten...«

Fasziniert las Don den Brief zu Ende. Das Mädchen war verliebt in Dusenberry, wahnsinnig verliebt, und sie wartete sehnsüchtig auf eine Antwort, auf irgendein Zeichen von ihm. Sie sprach von einer Stadt in Vermont, wo sie beide gewesen waren. Ob sie sich dort kennengelernt hatten oder zusammen hingefahren waren? Mein Gott, wenn er nur einmal einen solchen Brief von Rosalind bekäme! Dusenberry schien nicht die Absicht zu haben, sich noch einmal bei dem Mädchen zu melden; offenbar hatte er ihr seit dem letzten Zusammensein überhaupt nicht mehr geschrieben.
Vorsichtig klebte Don den Brief wieder zu und steckte ihn in die Tasche. Der letzte Absatz hatte sich ihm fest eingeprägt:

»Ich wollte Dir eigentlich gar nicht mehr schreiben, und nun habe ich es doch getan, weil ich einfach nicht anders kann. Ich muß ehrlich sein, weil ich immer ehrlich bin.«

Das traf auch auf ihn zu, dachte Don. Es hieß dann weiter:

»Denkst Du überhaupt noch an mich, oder hast Du mich vergessen? Wollen wir uns wiedersehen oder nicht? Wenn ich in den nächsten Tagen keine Antwort von Dir bekomme, weiß ich Bescheid.«

Don besah sich den Poststempel. Der Brief war vor sechs Tagen aufgegeben worden. Er malte sich aus, wie diese Edith Whitcomb Tag um Tag sehnsüchtig wartete und sich immer noch einzureden versuchte, die Verzögerung habe nichts zu bedeuten. Sechs Tage, und sie hoffte immer noch. Sie hoffte auch in diesem Augenblick da unten in Scranton, Pennsylvania.
Was war bloß dieser Dusenberry für ein Mann? Ein Casanova? Ein Ehemann, der mit einer Liebelei Schluß machen wollte? Welcher von den sechs oder acht Männern, denen Don hier im Haus schon mal begegnet war, mochte es sein? Einer von denen, die morgens um halb neun eilig und ohne Hut aus dem Haus stürzten? Oder eher ein ruhiger mit Homburg? Don hatte sich nie viel um seine Nachbarn gekümmert.
Einen Augenblick hielt er den Atem an. Ihm war, als fühle er die einsame Leere, den zagen Hoffnungsschimmer, an den sich das Mädchen noch klammerte, auf seinen Lippen. Mit einem Wort könnte er diese Edith glücklich machen – das heißt, Dusenberry könnte es.
»Schwein«, sagte er halblaut vor sich hin.
Er legte den Anzug auf einen Stuhl, setzte sich an seinen Schreibtisch und schrieb auf einen Zettel: »Edith, ich liebe Dich.« Er wollte sehen, wie das geschrieben aussah. Es war, als sei damit etwas Wichtiges erledigt, das bisher in der Schwebe gewesen war. Er zerknüllte den Zettel und warf ihn in den Papierkorb.
Dann ging er nach unten, zwängte den Brief wieder in den Kasten und brachte seinen Anzug in die Reinigung. Er machte einen langen Spaziergang über die Second Avenue und ging, obgleich er müde wurde, weiter bis fast nach Harlem, wo er den

Bus nahm und in die Stadt zurückfuhr. Er hatte jetzt Hunger, aber auf nichts rechten Appetit. Er versuchte, an gar nichts zu denken. Wenn nur die Nacht erst vorbei wäre – morgen früh kam der Briefträger wieder.

Seine Gedanken gingen zu Rosalind und zu dem Mädchen aus Scranton. Ein Jammer, wieviel Schmerz es auf der Welt gab. Auch er selber litt. Denn obwohl ihn Rosalind so glücklich gemacht hatte, konnte er nicht leugnen, daß die letzten drei Wochen eine einzige Tortur gewesen waren. Mein Gott, ja – schon zweiundzwanzig Tage! Es kam ihm seltsam beschämend vor, als er sich eingestand, daß schon zweiundzwanzig Tage vergangen waren. Aber wieso seltsam – das stimmte doch gar nicht. Er war einfach verletzt, weil es ihm vielleicht nicht gelungen war, sie zu halten. Er hätte ihr schon in Juan-les-Pins ohne Umschweife nicht nur sagen sollen, daß er sie liebte, sondern daß er sie heiraten wollte. Vielleicht hatte er sie nun verloren, weil er das nicht gesagt hatte.

Der Gedanke versetzte ihn in solche Unruhe, daß er nicht weiterfahren konnte. Er stieg aus. Er mochte nicht mehr an diese entsetzliche Möglichkeit denken, er mußte ein Stück zu Fuß laufen und wieder einen klaren Kopf bekommen.

Plötzlich hatte er eine Idee – unklar zuerst und noch ohne bestimmtes Ziel, aber sie brachte ihm Ablenkung für den heutigen Abend. Er malte sich aus, was Dusenberry, wenn er Edith Whitcombs Brief gelesen hatte, wohl an sie schreiben würde. Vielleicht würde er nicht gerade behaupten, er liebe sie, aber er könnte doch sagen, er habe sie wirklich gern und wolle sie wiedersehen.

Don kam nach Hause und brauchte fünfzehn Minuten, um den Brief zu schreiben. Er erklärte sein langes Schweigen damit, daß er sich erst über seine Gefühle habe klarwerden wollen. Er wolle auch erst etwas sagen, wenn er sie wiedergesehen hatte, und er fragte, wann sie sich treffen könnten. Er wußte nicht mehr, wie Dusenberry mit Vornamen hieß und ob das Mädchen den

Namen in ihrem Brief überhaupt genannt hatte, aber an das R. L. Dusenberry auf dem Umschlag erinnerte er sich, und so unterschrieb er den Brief einfach mit R.

Beim Schreiben hatte er noch gar nicht die Absicht gehabt, den Brief wirklich abzuschicken; doch als er jetzt die maschinengeschriebenen anonymen Zeilen noch einmal durchlas, überlegte er sich die Sache. Es war so wenig und so harmlos, was er ihr damit gab. Wann sehen wir uns? Nein – im Grunde war es natürlich doch sinnlos und auch unehrlich. Dusenberry machte sich offensichtlich nichts aus dem Mädchen, und daran würde sich auch nichts ändern, sonst hätte er nicht sechs Tage verstreichen lassen. Wenn er die Beziehung nicht fortsetzte, wo er sie abgebrochen hatte, dann konnte daraus nichts Richtiges werden. Don starrte auf das R. Er wollte eine Antwort von dieser Edith haben – eine einzige frohe, glückliche Zeile. Er fügte also, wieder mit der Schreibmaschine, noch ein PS hinzu:

»Bitte schreib mir per Adresse Dirksen & Hall, Chanin Building, New York City.«

Den Antwortbrief würde er sich schon irgendwie beschaffen – falls einer kam. Und wenn sie in den nächsten Tagen nicht schrieb, dann wußte er, daß Dusenberry inzwischen an sie geschrieben hatte. Und wenn ein Brief von ihr kam, dann konnte er – vielmehr mußte er – die Affäre so schmerzlos wie möglich beenden.

Er steckte den Brief in den Kasten und fühlte sich jetzt frei und irgendwie erleichtert. Er schlief gut und war morgens beim Aufwachen ganz sicher, einen Brief im Kasten zu finden. Als er dann unten keinen Brief von Rosalind, sondern nur eine Telefonrechnung vorfand, packte ihn eine so zornige Enttäuschung, wie er sie bisher nicht gekannt hatte. Er sah auf einmal gar keinen Grund mehr für ihr Schweigen.

Am nächsten Morgen traf ein Brief aus Scranton in seinem Büro ein. Don sah ihn am Empfangsschalter liegen und nahm ihn an sich; die Angestellte telefonierte gerade und blickte gar nicht auf.

Er begann mit »Mein Lieber«, und in dieser sentimentalen Tonart ging es weiter, so daß Don den Brief eilig zusammenfaltete, bevor jemand in der Technischen Abteilung ihn damit sah. Er wußte nicht recht, ob er sich freuen sollte. Immer wieder sagte er sich, er habe gar nicht mit einer Antwort gerechnet, aber er wußte, das stimmte nicht. Es war doch ganz natürlich, daß sie auf seinen Brief hin geschrieben hatte. Sie schlug ihm vor, irgendwo das nächste Wochenende gemeinsam zu verbringen. (Dusenberry mußte Zeit haben wie Sand am Meer.) Sie bat ihn, Ort und Zeit zu bestimmen.

Auch während der Arbeit dachte er an sie. Wie leicht war sie glücklich zu machen, diese unbekannte und so fieberhaft wartende Frau in Scranton, die nur auf ein Wort von ihm hoffte. Und er – Ironie des Schicksals – schaffte es nicht mal, daß ihm Rosalind aus Paris antwortete.

»O Gott!« sagte er leise und stand vom Schreibtisch auf. Ohne ein Wort verließ er den Raum. Ihm war plötzlich ein furchtbarer Gedanke gekommen. Während er noch immer auf eine Nachricht von ihr wartete, sann sie vielleicht darüber nach, wie sie ihm beibringen sollte, daß sie ihn nicht liebte, heute nicht und auch später nicht. Er wurde den Gedanken nicht los; auf einmal sah er sie nicht mehr fröhlich, erstaunt oder erfreut vor sich, sondern stirnrunzelnd und nachdenklich vor der peinlichen Aufgabe, einen Brief aufsetzen zu müssen, mit dem sie Schluß machte. Er sah sie nach Worten suchen, die ihn nicht allzusehr verletzten.

Das Bild ließ ihm den ganzen Abend keine Ruhe. Je mehr er grübelte, desto sicherer schien es ihm, daß ein solcher Brief von ihr kommen mußte. Er glaubte nun auch genau zu wissen, wie sie zu ihrem Entschluß gekommen war: eine kleine Weile hatte er ihr vielleicht noch gefehlt; dann hatte sie gemerkt, daß sie gut ohne ihn auskommen konnte. Sie hatte ihren neuen Posten und bestimmt auch schon Freunde in Paris. Die Tatsache, daß sie in Europa und er in Amerika war, mochte ebenfalls zur Abkühlung ihrer Gefühle beigetragen haben. Vermutlich war sie jedoch einfach zu der Erkenntnis gelangt, daß sie ihn nicht wirklich liebte. Dafür war ihr Schweigen der beste Beweis. Wenn man jemanden gern hat, läßt man ihn nicht so lange auf Nachricht warten.

Abrupt stand er auf und starrte feindselig auf die Uhr. Es war zwanzig Uhr siebzehn, und heute war der fünfzehnte September. Das Datum überfiel ihn wie ein schweres Gewicht, er spannte sich und ballte die Fäuste. Fünfundzwanzig Tage waren seit seinem ersten Brief vergangen, fünfundzwanzig Tage mit so vielen Stunden und Minuten... Um sich abzulenken, dachte er an das Mädchen in Scranton. Er hatte das Gefühl, er schulde ihr eine Antwort. Noch einmal las er ihren Brief, langsamer jetzt; nachdenklich verweilte er hie und da bei einem Satz, so als fühle er mit ihr in ihrer hoffnungslosen Liebe – fast als sei es seine eigene. Hier war eine Frau, die ihn inständig bat, ihr Zeit und Ort für ein Wiedersehen zu nennen. Nur von diesem Wunsch war sie beseelt, von diesem einen Verlangen – wie ein Vogel, der schon die Flügel spannt, um sich in die Luft zu erheben.

Mit raschen Schritten ging er ans Telefon und gab ein Telegramm auf:

»erwarte dich freitag 18 uhr grand central ausgang lexington herzlichst r.«

Übermorgen war Freitag.

Auch am Donnerstag kam kein Brief von Rosalind, und jetzt hatte er nicht mehr den Mut oder die Kraft, sich die Gründe auszumalen. Nur die Liebe zu ihr war ihm geblieben, unvermindert und schwer wie ein Stein.

Als er Freitag morgen aufstand, dachte er an das Mädchen in

Scranton. Sie war jetzt wohl beim Kofferpacken. Wenn sie irgendwo angestellt war, dachte sie bei der Arbeit bestimmt den ganzen Tag an Dusenberry.

Er ging die Treppen hinunter und sah in seinem Briefkasten den blauroten Rand eines Luftpostumschlages. Einen Augenblick schien sein Herzschlag auszusetzen. Er schloß den Kasten auf und zerrte mit fliegenden Fingern den leichten Umschlag heraus. Die Schlüssel fielen zu Boden Der Brief war mit der Maschine geschrieben und knapp fünfzehn Zeilen lang.

»Don,
es tut mir schrecklich leid, daß ich Dich so lange habe warten lassen mit meiner Antwort, aber ich bin einfach nicht eher dazugekommen. Heute konnte ich endlich meine Arbeit hier aufnehmen. Ich mußte zunächst noch länger in Rom bleiben, und dann kam in der Wohnung viel Ärger durch den Streik der Elektriker und so weiter.
Du bist ein Engel, Don, das habe ich immer gewußt und werde es nicht vergessen, und auch nicht die Tage an der Côte d'Azur. Nur, weißt Du, ich kann mir einfach nicht vorstellen, daß ich auf einmal mein Leben so radikal verändern und heiraten soll, weder hier noch sonstwo. Zu Weihnachten kann ich auch unmöglich nach Amerika kommen, da ist hier viel zuviel zu tun. Und ich sehe nicht recht, warum Du Dich von New York losreißen solltest. Vielleicht denkst Du, wenn Du dies bekommst, auch schon ein wenig anders darüber. Ob Du bitte nicht allzu unglücklich bist, wenn Du dies liest, und mir einmal schreibst? Wir können uns doch irgendwann mal wiedersehen – vielleicht wieder so zufällig wie in Juan-les-Pins?

Rosalind.«

Er stopfte den Brief in die Tasche und trat nach draußen. Sein Kopf war erfüllt von einem Chaos aus Verzweiflung und lautlosen Schreien, vom Durcheinander einer Armee, die sich noch einmal zusammenreißt, bevor es zu spät ist, die nicht aufgeben, nicht sterben, nicht untergehen will. Nur ein Gedanke drang deutlich durch: er hatte Rosalind erschreckt. Seine törichten Beschwörungen, die viel zu genauen Zukunftspläne hatten sie verwirrt. Hätte er sich auf die Hälfte beschränkt, dann hätte sie verstanden, wie sehr er sie liebte. Er war viel zu sehr ins Detail gegangen; er hatte gesagt: »Mein Liebling, ich bete dich an. Kannst du über Weihnachten nach New York kommen? Wenn nicht, kann ich auch nach Paris kommen. Ich möchte, daß wir heiraten. Wenn du lieber in Europa bleiben willst, dann kann ich es einrichten, daß ich ebenfalls dort arbeite. Das wäre ganz einfach...«

Absoluter Schwachsinn.

In Gedanken setzte er bereits den nächsten Brief an sie auf, der alles wiedergutmachen sollte. Einen herzlichen, aber zurückhaltenden Brief, der ihr Zeit ließ und sie nicht bedrängte. Noch heute abend wollte er ihn schreiben und sich jedes Wort sorgfältig überlegen.

Er verließ das Büro etwas früher als sonst und war schon kurz nach fünf zu Hause. Ein Blick auf die Uhr erinnerte ihn daran, daß um sechs das Mädchen aus Scranton am Grand Central ankam. Er konnte hingehen – aber warum eigentlich? Anreden würde er sie bestimmt nicht, wahrscheinlich würde er sie nicht mal erkennen. Aber der Bahnhof, mehr noch als das Mädchen, zog ihn an wie ein sanfter Magnet. Er nahm seinen besten Anzug aus dem Schrank und begann sich umzuziehen. Unschlüssig suchte er unter den Krawatten und nahm dann eine unauffällige dunkelblaue. Er fühlte sich schwach und unwohl, immer wieder sammelte sich kalter Schweiß auf seiner Stirn.

Dann trat er aus dem Haus und ging langsam die Fortysecond Street hinunter.

Als er zum Bahnhof kam, sah er am Ausgang Lexington Avenue zwei junge Frauen stehen, die beide Edith Whitcomb sein konnten. Er blickte suchend hinüber, ob sie irgendeine Tasche oder sonstwas mit Initialen bei sich hatten, konnte aber nichts feststellen. Jetzt wurde die eine von einem Mann begrüßt und ging mit ihm fort, und plötzlich war Don überzeugt, daß die andere Edith sein müsse: das blonde Mädchen mit dem schwarzen Mantel und der schwarzen Mütze mit Anstecknadel. Ganz sicher – das war sie. In den großen Augen stand deutlich die Spannung; sie wartete mit Sehnsucht auf einen Menschen, den sie liebte. Sie wirkte unverheiratet, vielleicht zweiundzwanzig Jahre alt, frisch und hoffnungsvoll – Hoffnung sprach aus ihrer ganzen Erscheinung. In der Hand trug sie einen kleinen Wochenendkoffer.

Er blieb ein paar Minuten in der Nähe stehen, aber sie sah ihn nicht an. Sie stand innerhalb der großen Bahnhofstür und reckte sich von Zeit zu Zeit auf die Zehenspitzen, um die vorbeihastenden Menschen zu überblicken. Im Licht von der Tür her sah man die runden geröteten Wangen, das weichschimmernde Haar und die erwartungsvollen Augen. Es war jetzt fünf nach halb sieben.

Oder ob sie es vielleicht doch nicht war? Plötzlich schämte er sich, er hatte nun genug und ging hinüber zur Third Avenue, um etwas zu essen oder wenigstens eine Tasse Kaffee zu trinken. Unterwegs kaufte er eine Zeitung, und während er in einem Café auf die Bedienung wartete, schlug er sie auf und versuchte zu lesen; aber als die Kellnerin dann kam, merkte er, daß er keine Ruhe hatte, und stand mit einer Entschuldigung auf. Er wollte nachsehen, ob das Mädchen immer noch wartete. Hoffentlich war sie fort; was er da getan hatte, war wirklich ziemlich übel. Wenn sie noch da war, konnte er eigentlich nicht anders, als ihr alles zu sagen.

Sie war noch da. Gerade ging sie mit ihrem Köfferchen auf den Auskunftsschalter in der Bahnhofshalle zu. Er sah, wie sie einmal um den Schalter herumging und dann zur Tür zurückkam, wo sie erst auf der einen, dann auf der anderen Eingangsseite stehenblieb, als wolle sie dem Glück noch eine letzte Chance geben. Sie hatte die Brauen hochgezogen, auf ihrem Gesicht stand gequälte und fast hoffnungslose Erwartung.

Ein Fünkchen Hoffnung bleibt immer noch, dachte er, und die simple Feststellung kam ihm plötzlich vor wie eine Offenbarung, wie die stärkste Wahrheit, die ihm je zuteil geworden war.

Als er an ihr vorüberging, blickte sie ihn zum erstenmal voll an und dann gleich an ihm vorbei, hinüber in die Lexington Avenue. Langsam füllten sich die jungen Augen mit großen Tränen.

Mit den Händen in den Taschen schlenderte er an ihr vorüber und sah ihr dabei ins Gesicht, und als sie ihm einen leicht verwunderten Blick zuwarf, lächelte er ihr zu. Noch einmal blickte sie ihn an, erschreckt und abweisend, und jetzt mußte er leise lachen, fast ohne es zu wollen – er hätte auch weinen können, dachte er; es war nur zufällig ein Lachen geworden. Er wußte ganz genau, wie dem Mädchen zumute war.

»Es tut mir leid«, sagte er. Überrascht starrte sie ihn an.

»Es tut mir sehr leid«, wiederholte er und wandte sich ab..

Als er sich noch einmal umdrehte, sah er, daß sie ihm bestürzt, fast angstvoll nachblickte. Dann wandte sie den Blick ab, reckte sich hoch auf die Fußspitzen und spähte über die Menschenmenge auf die andere Straßenseite. Das letzte, was er von ihr sah, waren die feuchtschimmernden Augen mit dem letzten verlöschenden Hoffnungsfunken.

Er ging über die Lexington Avenue zurück, und jetzt kamen ihm doch die Tränen. Er wußte, seine Augen sahen nun aus wie die des Mädchens: verdächtig glänzend und erfüllt vom Rest einer aussichtslosen Hoffnung. Er hob den Kopf hoch. Heute abend wollte er den Brief an Rosalind schreiben. Er begann, sich die Sätze zurechtzulegen.

Originaltitel: The Birds Poised to Fly
Deutsch von Anne Uhde
Copyright der Übersetzung Diogenes Verlag AG Zürich 1973

Alick Newman
Alte Zeiten

Das Drosselmännchen flog über die Lichtung auf eine junge Eiche und ließ den Blick, von den sterbenden Ästen geschützt, über das offene Gelände schweifen. Es unterteilte sein Blickfeld dabei nicht in zur Futtersuche mehr oder weniger gut geeignete Reviere, noch schenkte es dem hohen Gras am Rande der Lichtung besondere Beachtung oder malte sich die unsichtbaren, lautlosen Gefahren aus, die darin lauern könnten. Das Blätterdach über seinem Kopf war dünn und kränklich, dennoch hockte das Drosselmännchen nicht aus Furcht vor Habichten und Weihen reglos auf seinem Ast. Es sang statt dessen, denn es hatte sich wenige Minuten zuvor gepaart, wenngleich es keine Erinnerung mehr an den Akt hatte, und es war bereit, ihn mit jedem beliebigen Weibchen zu wiederholen, solange seine Gefährtin nicht in der Nähe war.

Sie war auf der Suche nach fremden Männchen, die um sie werben und ihr die bestmöglichen Erbanlagen für die Brut liefern würden, die sie dann mit ihrem Gefährten aufziehen würde. Denn beide entstammten einer langen, langen Ahnenreihe von Drosseln, die instinktiv das hohe Gras mieden und mit lautem ausdauerndem Gesang um Partner geworben hatten. Sie waren so treu gewesen, wie es die Notwendigkeit, ihre Natur und die Umstände zugelassen hatten, und hatten sich selbst und ihrer Art damit den besten Dienst erwiesen. Also tat die Drossel das, was Drosseln eben tun, stolzierte auf ihrem Ast umher und sang in den stillen Wald hinein.

»Ich schaffe es nicht allein, Louis.« Madame Arnaud blickte auf das abschüssige Ufer hinab und lächelte. Sie stellte ihren Korb auf den Boden und streckte die nackten braunen Arme aus. »Ich brauche deine Hilfe.«

Bei ihrem Anblick ging ein Ruck durch den Körper des dunkelhaarigen jungen Mannes, und ein zaghaftes Lächeln erhellte sein müdes Antlitz. Er legte seine Flinte und den Ranzen nieder, zog die Stiefel aus und watete in das klare flache Wasser. Sie schrie auf, als er sie vom Boden emporriß und mit forscher Geste auf die Arme nahm. Wie fraulich und drall sie aussieht, dachte er, während sie sich behaglich an seinen sehnigen, harten Oberkörper schmiegte. Prall wie ein frisch gestopftes Kissen. Ihr glattes rundes Gesicht war erhitzt und von der Sonne gerötet.

»Was tun Sie hier, Madame Arnaud?« schalt er sie, die eine Hand unter ihren Knien, die andere um eine ihrer üppigen Brüste gelegt. »Ist der Wald etwa ein sicherer Ort für eine junge Braut?«

Ihre tiefen dunklen Augen blickten schelmisch zu ihm auf. »Oh, Louis, du weißt, wie sehr ich Pfifferlinge liebe. Ich mußte einfach welche haben, und die besten wachsen auf der anderen Seite dieses Baches.«

»Es ist die Aufgabe Ihres Gatten, Sie hinüberzutragen, Madame, nicht meine.«

»Aber er ist nicht hier«, stellte sie nüchtern fest. »Er ist nach Valence gefahren, zu seiner stinkenden alten Fabrik.« Sie ließ ihre Fingernägel über Louis' Nacken gleiten und vergrub sie dann in seinem Haar. »Außerdem ist er sowieso zu alt und fett, um mich zu tragen, ganz gleich, wohin, und da er in Valence ist, kannst du seinen Platz einnehmen, Louis.«

Er trug sie mit einem einzigen Schritt über den Bach. »Ich? Seinen Platz einnehmen?«

»Warum nicht?«

»Aber ich muß wildern, um meinen Lebensunterhalt zu bestreiten, und Ihr Gatte ist ein reicher Mann. Sorgt er denn nicht für Sie?«

»O doch, es steht immer mehr als genug Essen auf dem Tisch. Und Wein im Keller. Aber er ernährt seine Jagdhunde auch nicht schlechter als mich.«

»Ich habe von seinen Hunden gehört«, sagte Louis. »Kauft er Ihnen keine hübschen Dinge, Madame?«

»Doch, aber nur, um mit mir vor seinen alten Kumpanen zu prahlen.«

»Nun, was kann ein armer Wilderer wie ich für Sie tun?« Als Louis sie auf dem Ufersand absetzte, kamen seine Hände wie von selbst auf ihren Schultern zu liegen, und die ihren glitten hinab auf seine Taille. »Macht er Sie nicht glücklich?«

Madame Arnaud kicherte. »Werter Louis, er ist so dick, und sein Schwanz ist unter einem derart schlaffen Fettpolster verborgen, daß ich sogar Schwierigkeiten habe, das gute Stück für ihn zu finden. Und dann bleibt alles an mir hängen, und ich muß ihn reiten, damit er sein Vergnügen hat. Für mich ist es keins, denn ich ertrage es nicht, ihn in mir zu spüren. Gottlob verausgabt er sich rasch und besitzt mich nicht sehr lange.«

»Und nicht sehr tief«, murmelte Louis und fuhr mit der Hand über ihren weichen Bauch, um die Falten des lockigen Deltas zwischen ihren Schenkeln zu erkunden. Sie erschauerte.

»Nun, Madame, wenn es irgend etwas gibt, das ein armer Mann für Sie tun kann ...«

»Oh, ja ...«, erwiderte sie.

Das Baumwollunterhemd bauschte sich um ihre Taille, als Louis ihr behende das lange Kattunkleid über die Schultern zog und die Arme um sie schlang. Sie preßte ihre nackten Schenkel an ihn, so als wolle sie seinen Körper mit dem ihren erforschen, jeden Winkel, jeden Schatten; seine Schenkel, seine Arme, die schwielige Narbe, die sich wie eine Weinranke über seinen Rücken zog. Sie küßten sich, und Madame Arnaud fühlte, wie das Sonnenlicht flirrte und flimmerte, als ein harter Daumen erst sanft über die eine, dann die andere Brustwarze strich; ihre Ohren glühten, als Louis die Finger über die vertrauten Rundungen ihrer Hüfte zu ihrem Gesäß hinabgleiten ließ, ihre Hinterbacken spreizte und ihren Anus mit tänzelnden, klopfenden Bewegungen umspielte. Sie wand ein Bein um seines und zog an der Schnur seines Taillenbundes. Als seine Kniehose sich öffnete, schnellte sein Penis hervor und stieß gegen ihren Nabel. Louis' Atem wurde heiser. Madame Arnaud hob das Bein, um ihren Schoß gegen seinen Körper zu pressen. Als sie ihren Fuß an sein hohles Kreuz legte, strich ihr flaumiger Bauch über die Unterseite seines Schwanzes und drückte ihn gegen seinen Leib. Sie ließ ihn nach und nach tief in sich eindringen. Als sich ihre Augen zu weiten begannen, gab sie ihren ungleich gewordenen Kampf gegen die Schwerkraft endgültig auf.

Sie wippte auf und ab, die Füße über seinen Hinterbacken verschränkt. Louis hob sie hoch, zog sich zurück und stieß dann zu, während er sie hinabsinken ließ. Seine Ohren waren erfüllt vom tosenden Rauschen der Bäume, ein heftiger Wind brauste durch seinen Schädel. Er ließ sich auf die Knie sinken. Sie packte seine Hinterbacken und rieb sich gegen sein Schambein, wobei sie ihn so tief in sich aufnahm, daß er die verborgensten Höhlungen ihres Inneren berührte. Es war, als quelle ihr Wesen aus ihr hervor und verflüchtige sich an der Luft, als nehme sie die Lippen an ihren Brüsten und die geballte Lust in ihrem Inneren nicht mehr wahr. Ihr Höhepunkt wurde von einem kehligen, gedehnten Schrei begleitet. Louis zuckte augenblicklich zusammen und verströmte sich in ihr.

Er blieb eine geraume Weile in ihrem Schoß liegen, bis der Schweiß auf seinem Rücken getrocknet war. Sie gestattete ihm, von neuem zu beginnen. Und diesmal war er so respektvoll und ergeben, wie es sich für einen Bauern geziemte.

Hunde!

Louis schreckte aus tiefem Schlaf hoch. In einiger Entfernung bellten Jagdhunde, und sie kamen immer näher. Ein plötzliches Plätschern hinter seinem Rücken ließ ihn herumfahren, nackt, die Hände abwehrbereit ausgestreckt, und er sah, wie Madame Arnaud, mittlerweile wieder vollständig bekleidet, mühsam das gegenüberliegende Ufer erklomm. Sie warf ihm einen halb ängstlichen, halb flehenden Blick zu, hob den Saum ihres Kleides und verschwand zwischen den Bäumen, ohne sich noch einmal umzublicken.

Die Jagdhunde waren nun ganz in der Nähe. Über ihr Gebell hinweg konnte Louis Geschrei und Gefluche hören. Er zog sich hastig die Hose an, raffte sein Hemd, seinen Ranzen und die Flinte an sich und lief auf die schützenden Bäume zu, als hinter ihm eine Gruppe von Männern mit ihren Hunden am Ufer erschien. In dem Durcheinander kamen sich ein Mann und der Hund eines anderen in die Quere und stürzten, der eine tretend, der andere beißend, in den Bach. Einige der Männer sahen jedoch, wie Louis' narbiger Rücken im Unterholz verschwand. Je nach Notwendigkeit trieben, zerrten oder warfen sie ihre angeleinten Hunde in und über den Bach und machten sich an die Verfolgung der frischen Spur.

»Na, Glück gehabt?« fragte Louis.

Der Schankwirt schüttelte den Kopf mit einem Lächeln, das dünner war als sein Wein. »Keine Vögel, keine Kaninchen, keine Rehe. Ich versteh' überhaupt nicht, warum es hier überall von diesen verfluchten Jagdaufsehern wimmelt, wo es doch offenbar gar kein Wild mehr gibt!« Er machte eine Pause, um auf den Boden zu speien. »Und du?«

»Einen kleinen Vogel«, entgegnete Louis. »Und ich war einer Dame aus der Stadt gefällig, die vom Weg abgekommen war.«

»Sieht aus, als hättest du dich gehörig dabei verausgabt, ihr den richtigen Weg zu zeigen«, spottete der Wirt.

»Die Jagdhunde ihres Gatten haben mich drei Stunden lang gehetzt«, gab Louis zu und sah in seinen Wein.

Der Wirt überlegte eine geraume Weile. »Die Jagdhunde ihres Gatten? Das muß Arnaud sein. Er hat mehr Hunde und Aufseher als alle anderen zusammen. Die werden nicht aufgeben. Sie werden dir weiter nachstellen, hörst du? Du hast mehr Bastarde in die Welt gesetzt als der Papst.«

»Mag sein, doch ich kenne den Wald besser als sie.«

»Ja, und eines Tages stehst du ohne Wald da.«

»Nie im Leben«, entgegnete Louis trotzig, doch seit er denken konnte, waren die Bäume am Rand des Waldes eine leichte Beute für die Äxte der Zimmerleute gewesen. Dann hatten die Pulverfabriken das lebenswichtige Grundwasser verseucht, und neuerdings vergifteten die Daguerreotype-Werke mit ihren Abgasen und Abfällen jene Felder und Hecken, die dem Wasser widerstanden hatten. Fluß und Wind trugen die Fäulnis tief ins Waldesinnere. Die Waldbewohner, Kleinbauern wie Louis, deren unsicheres Dasein einzig von der Nahrung abhing, die der Wald ihnen bot, und deren Leben sich von der Wiege bis zum Grab innerhalb seiner Grenzen abspielte, wurden unerbittlich dazu getrieben, den gefällten Bäumen in die Stadt zu folgen, in der Hoffnung, dort ein Auskommen zu finden. Die engen Bande ihrer Gemeinschaft hatten sich allmählich gelöst, und jene, die den geplünderten Boden unter sich aufteilten, beanspruchten nun die Vögel und die Wildtiere, die dem giftigen Miasma entkommen waren. Der Wald wurde Stück für Stück geraubt und starb Stück für Stück dahin.

»Niemand da, der hier drinnen einen Sou ausgibt«, sagte der Wirt verdrossen.

»Nicht mehr.«

Louis zählte Geld auf dem aufgebockten Tresen ab, nahm das kleine Weinfaß entgegen und stellte es auf den Boden. Dabei wurde er von den anderen Gästen beobachtet, einer jungen Frau und einem mürrisch dreinblickenden Mann, Städter, nach der

Kleidung zu urteilen. Plötzlich stieß der Mann das Mädchen unsanft in Richtung Tresen. Louis beobachtete, wie sie sich näherte. Irgendwoher kenne ich sie, dachte er. Der Wirt spuckte auf den Boden und verzog keine Miene.

Das Mädchen wirkte erschöpft und hungrig, wie ein kleiner Vogel, der sich zum Schutz vor dem Regen zusammengekauert hat. Sie hatte die dünnen Arme fest um ihre kleinen hohen Brüste geschlungen. Ihr Haar, das einst blond gewesen sein mochte, war ausgebleicht, der schlammbesudelte Saum ihres dünnen Baumwollkleides ausgefranst, ihre Stiefel zerrissen.

»Spendierst du mir einen Schluck, Süßer?« Sie fuhr sich mit der Zunge über die Unterlippe und ließ die Hand auf Louis' Schulter sinken. Ihr Gesicht war blaß, so, als hielte sie sich nicht oft an der frischen Luft auf, doch als Louis in ihre müden, glanzlosen Augen blickte, entdeckte er etwas darin, ein kurzes Aufflackern, das Erinnerungen in ihm wachrief. Dann lief ihm plötzlich ein Schauder über den narbigen Rücken, und das Bild eines flachsblonden Mädchens und tief im Wald nach Eicheln wühlenden Schweinen stieg in ihm auf.

Er hatte nie gewußt, wie alt er an jenem Tag war (oder an irgendeinem anderen Tag, um genau zu sein). Er kannte die Abfolge der Jahreszeiten, sah jedoch keine Veranlassung, sie zu zählen. An jenem besonderen Tag hatte er ein Eichhörnchen gefangen und war hoch oben in den Baumwipfeln umhergeklettert, als er plötzlich den Halt verloren und statt sich an einen Ast zu klammern seine Beute festgehalten hatte. Ein abgestorbener Ast hatte seinen Fall auf halbem Weg gebremst, ihm dabei jedoch den Rücken aufgeschlitzt. Die Schweine waren vollauf damit beschäftigt gewesen, Eicheln in sich hineinzuschlingen, und da das Mädchen nicht befürchten mußte, sie könnten fortlaufen, hatte es begonnen, Brombeeren zu pflücken und Louis dabei in einem Gewirr aus Brombeergestrüpp entdeckt. Sie hatte ihn mit Moos und Blättern verbunden, so wie sie es ihre Mutter mit ihren Brüdern hatte tun sehen, und als sie erkannt hatte, daß er sich nicht bewegen konnte, war sie fortgegangen, um eine Decke zu holen. Doch bei ihrer Rückkehr war er verschwunden gewesen.

Eine Woche später, als die Eicheln schon knapper wurden, war er plötzlich aufgetaucht und hatte schüchtern ein Feuer entfacht und ein paar in Blätter eingewickelte Fische gebraten. Nach dem Essen hatten sie miteinander geplaudert, und ihre anfängliche Verlegenheit war allmählich gewichen. Später hatten sie den alten Eber angespornt, der nacheinander die Säue bestiegen hatte, und sich dabei zaghaft gestubst. Dabei hatten ihre Hände jedesmal ein wenig länger auf dem anderen geruht, und als sie stolperte, schien es das einfachste, mit ihr zu fallen. Sie hatten spielerisch miteinander gerungen und ausgelassen herumgetollt, bis Louis mit einem Mal zwischen ihren halbangezogenen Knien gelegen und ihr in die Augen geblickt hatte. Und obgleich es noch immer ein Spiel zu sein schien – dasselbe Spiel –, hatten sich die Regeln plötzlich für immer geändert. Sie hatte ihn in die Lippe gebissen, ihn nicht mehr losgelassen und sanft geschüttelt, und er hatte ihr das Kleid bis zur Taille emporgeschoben – eine Geste, die nur natürlich schien –, und dann hatte sie plötzlich seine Kleider beiseite geschoben, und sie hatten sich mit der Inbrunst und der leidenschaftlichen Entrückung vereint, die die Entdeckung dieser besonderen Fähigkeit des Körpers hervorruft. Louis, dessen Sinne für die tausenderlei Lebensäußerungen des Waldes geschärft waren, hatte einen explosiven Höhepunkt erlebt, eine Flucht aus der übermächtigen Gegenwart, die ihn zu einem Glied in der Kette des ewigen Werdens und Vergehens gemacht hatte, das er um sich herum erlebte.

»Lisle«, sagte er.

»Ich heiße Yvette.« Sie legte ihm ungeniert die Hand auf den Oberschenkel.

»Mein Name ist Louis.«

Ihre Augen weiteten sich, und die Erinnerung an einen feuchten, haarigen Schweinerüssel, der ihr nacktes Bein hochdrückte, um darunter nach Eicheln zu wühlen, ließ sie erschauern. Dann faßte sie sich wieder und lächelte.

»Na, *kleiner* Louis«, sagte sie, und er fühlte, wie ihre Finger sich prüfend um seinen alles andere als schlaffen Schwanz schlossen. »Hast dich nicht verändert, wie ich sehe. Noch immer derselbe Weiberstecher.«

Der Wirt lachte wiehernd, und Louis errötete.

»Na, was meinst du, Louis? Für fünf Centimes bekommst du eine feine Scheide für dein Schwert. Weißt du, wenn es nach mir ginge, bekämst du sie sogar umsonst. Eingedenk alter Zeiten. Doch es geht nicht nach mir.« Yvette warf einen flüchtigen Blick über die Schulter und spielte durch das grobe Tuch seiner Kniehose weiter mit Louis' Ständer. »Du könntest mir einen Schluck Wein ausgeben.«

Louis bedeutete dem Wirt, ihr einen Becher einzuschenken, bezahlte bedächtig mit seinem letzten Sou und beobachtete, wie sie trank.

»Was ist geschehen? Wohin bist du gegangen?« fragte er verlegen. »Ich habe dich gesucht, doch du warst verschwunden.«

»In die Stadt. Nach Valence.« Sie wischte sich mit dem Handrücken über den Mund. »Eines Morgens hat sich unser Bach braun verfärbt. Niemand hat es bemerkt. Am Abend waren meine Brüder, meine Mutter und fast alle Tiere tot. Am Tag darauf, vielleicht war's auch die Woche oder den Monat darauf, kamen die Bodenspekulanten, rissen unsere Hütten ab und töteten meinen Vater.« Sie leerte den Becher und zuckte mit den Schultern. »Sie gaben mir zu essen und einen neuen Namen, dann fällten sie die Bäume. Als sie nach Valence zurückkehrten, bin ich mit ihnen gegangen. Was hätte ich sonst tun sollen? Ein Mädchen findet immer Arbeit, sie darf nur nicht wählerisch sein.«

»Bist du das?«

»Nicht genug, um lieber zu verhungern.«

»Warum bist du dann zurückgekommen, wenn es hier doch nichts mehr gibt?«

»Zurückgekommen?« Sie wies auf ihren Begleiter. »Nur, um seine Mutter zu begraben. Zwei Francs hat sie hinterlassen, mehr nicht. Und die hat der arme Kerl dann in einem Anfall von Kummer versoffen, und das Kutschgeld für die Heimfahrt gleich mit.« Sie warf dem Wirt einen verächtlichen Blick zu. Dann lehnte sie sich an Louis, wobei ihre kleinen spitzen Brüste gegen seinen Arm drückten, und blickte aus müden, beinah hoffnungslosen Augen zu ihm auf.

»Es ist ein langer Weg zurück nach Valence. Außer dir ist niemand hier, und bis jetzt habe ich erst sein Fahrgeld zusammen. Komm schon, Louis, trink auf und laß uns die alten Zeiten wiederbeleben, einverstanden?« Sie preßte ihren Bauch und ihre Schenkel an seinen Körper.

Louis erwiderte ihre Bewegungen und erkundete durch den fadenscheinigen Stoff ihres Kleides die verborgenen Falten ihres Venushügels, ehe er mit Mühe hervorbrachte: »Ich kann nicht...«

»Ach, komm schon, Louis. Der Weg nach Valence ist weit, und ich bin sehr müde.«

Louis legte die Hände um ihr Gesäß und zog sie zu sich hoch, so daß einzig ihre Kleider ihn daran hinderten, in sie einzudringen. »Lisle, wenn ich das Geld hätte, würde ich es dir schenken, um der alten Zeiten willen. Doch ich habe keins. Ich habe nichts.«

»Ah, ich verstehe«, sagte sie, trat, die Hände in die Hüften gestemmt, einen Schritt zurück und musterte ihn eindringlich. »Du würdest, wenn du könntest, aber du kannst nicht, doch weil du ein so netter Kerl bist, könnte ich doch trotzdem mit dir vögeln, richtig? Nichts ist umsonst, Louis! Für was für eine Sorte Mädchen hältst du mich eigentlich?«

Sie wandte sich ab und ließ die Schultern hängen, als sie bemerkte, daß ihr Begleiter gegangen war und Louis und sie die einzig verbliebenen Gäste waren. Louis blickte ihr eindringlich ins Gesicht und entdeckte unter dem abgespannten Fleisch eine düstere Leere, die ihn schaudern ließ.

»Dann bleib doch«, sagte er. »Hier ist es gewiß besser als in Valence.«

Sie lachte ohne eine Spur von Gefühl. »Nein, Louis. Der Wald ist tot, genau wie alle, die bleiben.« Sie wickelte sich ein dünnes Umhängetuch um die Schultern und warf ihm beim Hinausgehen zu: »Schau bei mir vorbei, wenn du nach Valence kommst, um der alten Zeiten willen.«

Zuerst war da nur Weiße. Überall und ringsumher. Alles war weiß, ein blendendes, makelloses Weiß, und dennoch war da nichts. Kein schwarzes Nichts, einfach nichts als Weiß. Es ist wahrscheinlich das einzige Nichts, das wir erleben können. Dann wuchsen, wie der Widerschein kleiner Wellen auf sandigem Grund, wie Rauch im hellen Licht der Sonne, formlose, flüssige Schatten aus dem Weiß und durchbrachen die Gleichförmigkeit. Die Schatten wurden größer, dunkler, nahmen Form an und verschmolzen allmählich zu senkrechten Balken, bis Louis die Männer und die bellenden Hunden schließlich klar erkennen konnte, die sich im Kreis um seinen zusammengekrümmten Körper geschart hatten. Mit der Sehschärfe kehrten schlagartig auch der Schmerz und die Erinnerung zurück. Die Männer wiegten blutbesudelte Knüppel in blutbesudelten Händen, lachten und beklagten, daß sie keinen Strick zur Hand hatten, um Louis an Ort und Stelle aufzuknüpfen. Sein zerrissener Ranzen und seine geöffnete Flinte wurden von einem zum anderen gereicht, das Wild, das er erlegt hatte, sorgfältig untersucht. Sie zerschmetterten seine Flinte an einem Baumstamm. Einer der Männer fand das Weinfaß, und nachdem sie Louis noch ein oder zwei Tritte versetzt hatten, versammelten sie sich um das offene Faß und ließen ihn fürs erste allein. Als Louis nuschelnde Stimmen darüber debattieren hörte, ob er wohl der »Mann mit der Narbe« sein könne, den sie suchten, begann er langsam, aus seiner zertrümmerten Hütte zu kriechen, schleppte sich durch den Schlamm und die Trümmer und kroch mühsam, den Kopf dicht am Boden haltend, um den Dornen auszuweichen, ins nächste Brombeergestrüpp. Er kroch so lange weiter, bis ihn die Kräfte verließen. Dann döste er tief im Brombeergesträuch an lichten, windgeschützten Stellen im warmen Sonnenlicht ein. Sobald er aus seinem unruhigen Dämmerschlaf erwacht war, schleppte er sich mühsam weiter, während seine einstigen Verfolger unter derselben warmen Sonne schnarchend ihren Rausch ausschliefen.

Später, als die Sonne bereits hinter dem Blätterdach verschwand, suchte er Linderung in einem Bach, wo er seine Schnitte und Prellungen wusch, bis das Stechen sich mit einemmal in ein Brennen und Jucken verwandelte und Louis sich mit einer ungestümen, wütenden Rolle aus dem verseuchten Wasser auf ein Bett aus Reisig und Lehm rettete.

Gleich einem waidwunden Tier zog es ihn am folgenden Morgen tiefer in den Wald, dorthin, wo die Vegetation am ältesten und dichtesten war, auf der Suche nach den uralten offenen Lichtungen, die nicht vom Fuß des Menschen, sondern vom Lauf der Zeit geschaffen worden waren, abgeschiedene Inseln, wo klare Quellen sprudelten.

Doch als er, blutig und zerkratzt, endlich die Lichtungen erreichte, die Klappen im Herzen des Waldes, die Inseln des Friedens – fand er sie verstopft und erstickt von den ersten Bäumen, die im umzingelten Herzstück des Waldes gefällt worden waren. So ging der Wald also mit Lärm und Tumult zugrunde, und so wurde auch Louis mit Hieben und Tritten aus der flachen, eintönigen Ebene vertrieben, die einst seine Heimat gewesen war.

Er stieg aus seinen fleckigen, schmutzigen Lumpen, stellte sich nackt in die Zinnwanne und beobachtete Lisle argwöhnisch. Sie zerstieß gleichgültig das Eis im Krug und goß das Wasser dann über seinen Körper, während er sich mit einem verschlissenen Lappen wusch. Sie nahm ihm den Lappen aus der Hand und scheuerte so heftig über Louis' Striemen und Prellungen, daß er zusammenzuckte. Er sprang auf die nackten Dielen, trocknete sich ab, so gut er konnte, und zwängte sich dann in die ungewohnte Kleidung. Das Hemd war rauh, die Nähte grob und knotig, und der Kragen grub sich wie ein zahnloser Vampir in seinen Hals. Die Jacke war getragen und sauber, doch zu klein. Sie ließ seine Prellungen schmerzen. Die Hose war so eng im Schritt, daß Louis sich von der Taille abwärts nackt fühlte.

»Du wirst dich daran gewöhnen.«

Als er sich in den Schritt faßte und an der Hose herumzupfte, warf das Mädchen ihm einen feindseligen Blick zu, der ihn überraschte und zum Schweigen brachte. »Warum, Lisle? Sie ist zu eng!«

»Du wirst sie tragen, weil ich es dir sage, Louis. Weil hier andere Sitten herrschen als auf dem Land. Deshalb bist du doch zu mir gekommen, nicht wahr? Du warst am Verhungern, und ich habe dir die Möglichkeit verschafft, ein wenig Geld zu verdienen. Das einzige, was du ohne Geld tun kannst, ist Hungers sterben«, sagte sie kalt. »Also wirst du machen, was ich sage. Niemand hat noch Lust, sich zerlumpte Bauern anzusehen, und schon gar nicht im eigenen Heim, also gewöhne dich besser daran.« Sie gab ihm einen Klaps auf die Hand, mit der er sich gerade an seinem Kragen zu schaffen machte, und zog ihm die Jacke gerade. »Und mein Name ist Yvette. Vergiß das nicht wieder!«

Als sie im grauen Licht der trüben Morgendämmerung durch die eisigen Gassen liefen, wurde der Gestank immer stärker, bis Louis' Augen zu brennen begannen und er ihn auf der Zunge schmecken konnte.

»Puh!« stieß er hervor.

»Was ist?«

»Der Gestank.«

»Welcher Gestank?« fragte Yvette, während sie die kleine Sei-

124

tentür eines großen Backsteingebäudes öffnete und dann einige Treppen hinaufstieg. Oben angekommen, drückte sie eine weitere Tür auf und ging hindurch.

Louis folgte ihr, blieb dann jedoch wie angewurzelt auf der Schwelle stehen. Der Raum war kreisrund, die Wände waren mit Holz vertäfelt, die Decke aus Glas. Es war, als trete man aus dem Unterholz auf eine seltsame, geheime Lichtung hinaus. Er hatte das Gefühl, als begänne jenseits der Schwelle der Wald. Auf der einen Seite des Raumes stand eine Chaiselongue, die verschwenderisch mit Überwürfen und Kissen geschmückt war. Auf dem Tisch davor stand ein Kasten aus poliertem Mahagoniholz, aus dessen Seite ein glänzender, an einem Ende mit einer schwarzen Kappe verschlossener Messingzylinder hervorragte. Zwei Assistenten in Hosenträgern und Mütze standen auf der einen Seite, und ein kleiner, unglaublich dicker Mann, der Anweisungen erteilte und mißbilligend zum Himmel hinaufsah, auf der anderen.

Yvette wandte sich zu Louis um. Ihre Lippen waren auffallend rot, und auf ihrem Gesicht lag ein Ausdruck heimlicher Erwartung. Abgelenkt durch den Geruch, der stärker oder vielmehr frischer war als unten auf der Straße, mißdeutete Louis ihren Ausdruck als ermunterndes Lächeln und ließ sich von Yvette in den Raum ziehen.

»Beeilt euch«, herrschte der Mann sie an. »Ich habe heute mittag eine Sitzung.«

Yvette führte Louis durch den Raum. Der Dicke musterte ihn von oben bis unten. »Nun, dann laß mal sehen.«

Louis starrte ihn an. Er wußte, daß etwas von ihm erwartet wurde, hatte jedoch keine Ahnung, was. »Versteht er?« erkundigte der Dicke sich leutselig. Himmel, dachte er, wie stupide und abstoßend diese Bauern doch aussehen. Sie waren Tiere. Das war seine ehrliche Überzeugung, seit er entdeckt hatte, daß er sie dazu bringen konnte, die meiste Zeit umsonst für ihn zu arbeiten, indem er einfach vergaß, sie zu bezahlen. Er seufzte geduldig. »Kann er sprechen?«

»Keine Sorge, Monsieur«, versicherte Yvette hastig und wandte sich zu Louis um. Sie lächelte matt und begann, seine Hose aufzuknöpfen.

»Heh«, sagte Louis verblüfft, »was...?«

Yvette brachte ihn mit einem »Scht!« zum Schweigen und sagte dann leise: »Monsieur wird viele Bilder von uns machen...«

»Was tust du da?«

»...Bilder, die uns beim Vögeln zeigen, Louis.«

»Ohne unsere Kleider?« stammelte er.

»Es wird so aussehen, als ob wir vögelten, doch wir – du – tust es nicht wirklich. Er will nur sehen, ob du geeignet bist...«

Ehe er sie daran hindern konnte, holte sie seinen Schwanz aus der Hose, ließ sich auf die Knie sinken, drehte sich so, daß der Dicke alles erkennen konnte, und nahm Louis' schlaffes Glied in den Mund. Er hatte nie zuvor etwas Derartiges erlebt und wollte ängstlich zurückweichen. Doch nachdem der erste Schreck verflogen war, loderten unerwartete Empfindungen in ihm auf. Yvette umfaßte mit der einen Hand seine Hoden. Louis erschauderte und hatte Mühe, sich auf den Beinen zu halten. Er stützte die Hände auf Yvettes Schultern, doch sie schüttelte ihn ab.

»Das wird reichen.« Der Dicke setzte eine angewiderte Miene auf und wischte sich affektiert über die Stirn, während der mittlerweile rot angelaufene Assistent die Hände aus den Hosentaschen nahm und sie anderweitig beschäftigte.

»Während der gesamten Belichtungszeit verlange ich völlige Reglosigkeit von Ihnen«, sagte der Dicke. »Wie Sie wissen, Mademoiselle, ziehe ich die Kosten für unscharfe Platten von Ihrem Honorar ab. Vielleicht gelingt es Ihnen heute sogar, einen Teil der Schulden zu tilgen, die Sie bei mir angehäuft haben. Zuerst rittlings, mit dem Gesicht zum Kasten. Schnell, solange das Licht günstig ist!«

»Ja, Monsieur«, entgegnete Yvette und stieß Louis auf die Chaiselongue. Sie setzte ihn so zurecht, daß er, einen Arm hinter dem

Kopf verschränkt, in Richtung des Mahagonikastens blickte. Louis zuckte zusammen, als die Armlehne des Sofas über seine Narbe scheuerte. Yvette drapierte seine geöffnete Hose mit der einen Hand hinter seine Hoden und sorgte mit der anderen rasch dafür, daß Louis' schwankender Schaft seine Standfestigkeit wiedererlangte, so daß die Hoden prall und rund hervortraten und es aussah, als stützten sie den emporragenden Phallus. Dann knöpfte sie zufrieden das Oberteil ihres Kleides auf, faltete es hinter ihre kleinen Brüste, raffte ihr Kleid und rollte es in Höhe der Taille zu einem Wulst, wobei sie dünne weiße Strümpfe enthüllte, die knapp über den Knien von ausgebleichten Strumpfbändern gehalten wurden. Sie ließ die Hände über ihre gespreizten Beine zu dem herzförmigen hellen Busch im Delta ihrer Schenkel gleiten, der unter ihrem marmorglatten weißen Bauch ebenso unsichtbar war wie die Öffnungen, die er verbarg.

Sein freistehendes Glied wankte und schwankte in den Wogen der optischen Reize, die ihn überfluteten, und Louis verstand überhaupt nichts mehr. Yvette saß auf ihm, das Gesäß an seinen engen Hosenbund geschmiegt. Sie hob ihren rechten Fuß, stellte ihn auf die Vorderkante des Sofas und setzte den anderen dann auf Louis' linken Fußrücken.

»Rühr dich nicht«, befahl sie. Dann neigte sie sich vor, griff nach seinem Schwanz und führte die Spitze behutsam in ihre enge Scheide ein. Sie schob die Hüften ein wenig nach vorn, damit er an Ort und Stelle blieb, und fügte hinzu: »Versuche, nichts zu bewegen. Vor allem *ihn* nicht.« Sie lehnte sich zurück, brachte ihre entblößten Brüste in Positur und ließ ihren Kopf gegen seinen sinken.

Der Dicke betrachtete sie mit klinischem Blick und sagte: »Rührt keinen Muskel, sobald ich das Startsignal gebe. Nicht einmal ein Zittern in den nächsten fünfzehn Sekunden, verstanden?« Er warf einen Blick auf seine Taschenuhr und entfernte die Verschlußkappe vom Messingrohr des Kastens. »Start ... jetzt!«

Louis hielt den Atem an. Er wußte nicht, ob er ihn so lange würde anhalten können, denn er hatte keine Ahnung, wie lange fünfzehn Sekunden dauerten. Also versuchte er sich vorzustellen, er sei im Wald und lauere einem scheuen Reh auf. Dabei war er sich Yvettes Gegenwart, der Enge ihres Schoßes und dem unnatürlichen Winkel, in dem er in sie eingedrungen war, nur allzu bewußt, und seine Muskeln zuckten noch immer in einer Absicht, die er nie zuvor unterdrückt hatte. Yvette verharrte reglos, sie hatte sich bequem abgestützt und Louis gut untergebracht.

»Aus!« rief der Dicke und schnalzte mit den Fingern. Der erste Assistent schnellte nach vorn, tauschte den Mahagonikasten gegen einen anderen aus und verschwand in Windeseile mit dem ersten. Der zweite Assistent richtete den Kasten sorgfältig aus und trat dann zurück. Der Dicke war zufrieden. Er war sicher, daß er ein gutes, scharfes Bild hatte, behielt diese Gewißheit jedoch für sich.

Während Louis sich entspannte und Atem holte, versuchte er, tiefer in Yvette einzudringen, doch sie war zu eng, und er gab es vorerst auf.

»Achtung, wir versuchen es noch einmal«, sagte der Dicke. »Start ... jetzt!«

Mitten in der Belichtung der fünften Platte bekam Louis einen Krampf im Bein, fuhr schreiend hoch und schleuderte Yvette dabei schmerzhaft von seinem Schoß.

»Trottel!« schrie der Dicke. »Idiot! Schon wieder eine Platte verdorben! Nun, dafür wirst du zahlen.«

Aufs neue vereinigt, wiederholten sie die Prozedur wieder und wieder, bis der Dicke ihnen Einhalt gebot und eine neue Stellung verlangte. Diesmal wandte Yvette Louis das Gesicht zu und setzte sich rittlings auf ihn. Louis war nur noch von dem einen Wunsch beseelt, seine Hüften aufzubäumen und bis zum Heft in Yvette einzudringen; er wollte sie auf seinem Pfahl balancieren, sie vögeln –; doch so, wie sie saß, würde sie sich mit ihm erheben, wenn er sich aufbäumte. Soweit er das beurteilen konnte, war sie noch immer eng und trocken, so, als fände der körperliche Kontakt woanders statt, zwischen zwei anderen Menschen. Sie blickte ihn kein einziges Mal an, sondern starrte nur auf den Holzkasten. Doch Louis gab die Hoffnung nicht auf.

So ging es weiter. Die Sonne stand mittlerweile hoch am Himmel, die Belichtungszeiten wurden kürzer, dann wieder länger, als sich Wolken vor die Sonne schoben. Die Stellungen wechselten in regelmäßigen Abständen, und der Dicke jammerte über den Verlust gerade so vieler Platten, wie nötig war, damit Yvette und Louis weiter in seiner Schuld standen. Louis war zweimal erschlafft, doch Yvette hatte ihn rasch und geschickt wieder aufgerichtet. Nach anderthalb Stunden rief der Dicke schließlich: »Letzte Stellung. Versucht, wie lebende Menschen auszusehen.«

Yvette streckte sich auf der Chaiselongue aus, das Kleid bis zum letzten Knopf geöffnet, verschränkte einen Arm hinter dem Knie und spreizte die Schenkel. Louis war in jämmerlicher Verfassung. Seine Hoden schmerzten, sein Glied hatte eine eigene Festigkeit entwickelt, und seine Hose schlackerte ihm um die Knöchel. Yvette blieb trocken und eng und begrüßte Louis mit einem matten Lächeln, während er schnaufend und keuchend eine geeignete Stellung über ihr einzunehmen suchte. Nach sechs Aufnahmen kehrte der erste Assistent mit einem neuen Mahagonikasten zurück und sagte ehrerbietig: »Monsieur, Madame Arnaud ist zurück.«

»Sehr gut«, sagte der Dicke und hielt dem Assistenten die Taschenuhr hin. »Sie werden eine letzte Aufnahme machen. Wenn sie im Kasten ist, behalten Sie sie hier, damit meine Frau sie nicht sieht. Sie darf sich in ihrem Zustand nicht aufregen. Dann entwickeln Sie die Platten zu Ende und rufen mich. Ich will sofort einen Blick darauf werfen.« Er drehte sich zu Louis und Yvette. »Ihr kommt morgen wieder. Ihr seid kein hoffnungsloser Fall, deshalb will ich euch noch eine Chance geben.

Allerdings habt ihr so viele Platten verdorben, daß ihr mehrmals wiederkommen müßt. Und nun macht weiter!«

Yvette hatte sich halb aufgerichtet, während der Dicke mit ihnen sprach, und als sie sich zurücklehnte, sah Louis seine letzte Chance gekommen. Er spuckte sich ruhig in die Hand und rieb seinen Schwanz mit dem Speichel ein, während Yvette ihr Kleid zurechtzupfte. Ehe sie ihm zuvorkommen konnte, führte er sein angefeuchtetes Glied behutsam in ihre enge trockene Möse ein. Yvette riß die Augen auf, als er sich weiter vorschob, was ihm trotz des hilfreichen Gleitmittels nicht gänzlich gelang. Sie wollte ihn von sich stoßen, doch Louis drückte sie mit dem Gewicht seines Körpers nach unten, so daß sie sich nicht mehr rühren konnte. Ihre Befreiungsversuche erlaubten ihm, tiefer in sie einzudringen, und als sie spürte, wie sie nachzugeben begann, verengte sie sich krampfhaft. Dann war es zu spät...

Sie schlang die Arme um Louis' Rücken und klammerte sich so fest an ihn, daß sich ihre Fingernägel durch sein Hemd hindurch in seine Narbe gruben.

»Wir sind bereit«, hüstelte der erste Assistent nervös. Die Tränen in Yvettes Augen versiegten, und sie hielt einen Augenblick inne.

»Louis«, flüsterte sie, »rühr dich nicht mehr. Laß sie die letzte Aufnahme machen. Sie wird gut in dieser Stellung, das weiß ich. Und dann wird er uns in Frieden lassen.« Dann zog sie ihm hastig das Hemd bis über die Schultern hoch.

»Äh, das geht so nicht«, protestierte der Assistent. »Er ist zu tief...«

»Kümmern Sie sich nicht darum«, entgegnete Yvette. »Machen Sie einfach weiter!«

»O... Start... jetzt!« sagte der erste Assistent.

Louis blickte auf Yvette herab, während sie beide einen Augenblick lang reglos verharrten, der ewig zu währen schien.

»Fertig!« riefen die Assistenten und eilten mit dem Kasten nach draußen.

Louis lächelte. Er ignorierte den Schmerz an seinem Glied und begann behutsam, doch entschlossen, in Yvettes reglosen Schoß vorzustoßen. Yvette lächelte, ein Lächeln, das von weit her kam, und ließ alle Zurückhaltung fallen. Als Louis kam, hatte sie einen explosiven Höhepunkt, doch Louis empfand keine Erlösung und sah nichts in ihrem Gesicht. Er blieb eine Weile ruhig liegen, bis sein noch immer steifer Penis zuckte und er von neuem beginnen wollte.

»Besser nicht, Louis«, sagte Yvette im Plauderton.

»Was?« fragte Louis.

»Du hast keine Zeit.«

»Keine Zeit?«

»Nein, Louis, du hast nur so lange, bis Monsieur Arnaud wiederkommt, sich das letzte Bild anschaut und die Narbe auf deinem Rücken entdeckt. Er sucht dich immer noch, weißt du, schließlich hat er jeden Tag vor Augen, was du mit seiner Frau gemacht hast. Er ist jetzt übrigens bei ihr.«

»Monsieur Arnaud?«

»Ja.«

»Nebenan?« Als er die Bedeutung ihrer Worte begriff, löste Louis sich von ihr, sprang auf und zog sich, während er zur Tür lief, hastig an. Oben an der Treppe war ihm, als höre er bereits die Hundemeute. Er stolperte über die eigenen Füße und stürzte die Treppe hinab. Auf halber Höhe blieb er liegen, benommen und verwirrt, bis ihn laute Stimmen aus dem oberen Zimmer auffahren ließen. Er schleppte sich mühsam hinaus auf die sonnendurchflutete Straße und zog dort durch seine zerzauste Erscheinung und seinen unsicheren Gang einige neugierige Blicke auf sich. Dann hörte er über das Knirschen der Radfelgen auf dem Kopfsteinpflaster und das Geschrei der Straßenhändler hinweg mit einem Mal Hundegebell. Er versuchte fortzulaufen, stolperte dabei jedoch in die Seite eines vorbeifahrenden Karrens und wurde zu Boden geschleudert. Passanten sammelten sich um ihn, das Hundegebell schwoll an. Als er sich auf die Seite rollte und aus glasigen, halbgeschlossenen Augen aufblickte, schien es ihm, als breche soeben die Sonne durch die Baumreihen. Der Gedanke verlieh ihm Kraft. Er rappelte sich auf, bahnte sich einen Weg durch die kleine Menschenmenge und lief, ohne sich noch einmal umzudrehen, zurück in seinen Wald.

Originaltitel: Old Times
Deutsch von Corinna Hermes-De Chedjou

Frank Finch
Der Preis

An diesem Augusttag im Jahre 1420 war England mit Sonnenschein gesegnet. Will Handy drosch das Korn, und Spelzenstaub tanzte mit jeder seiner Bewegungen in der warmen, regungslosen Luft auf und nieder. Er blickte sich um und sah, daß sein Dienstherr Joseph Hardridge das Feld verlassen hatte, um sich gegen den Wagen zu lehnen und seinen Durst mit einem Krug Cidre zu löschen. »Ja, du darfst das«, murmelte der verärgerte Will. »Du kannst jederzeit trinken, aber unsereins nicht.« Die Spelzen wirbelten durcheinander, als er um einen Strohhaufen herumging und sich dankbar in den weichen Haufen sinken ließ. »Was dem einen recht ist...«, murmelte er und lehnte sich mit Rücken gegen das Stroh. Dann wischte er sich mit einem schmutzigen Lappen den Schweiß ab, der ihm in den Augen und auf der Stirn brannte. »Manche dürfen eben alles.« Er schloß die Augen vor der gleißenden Sonne und wollte sich ein paar Minuten Pause erschleichen.

»Du läßt dich von meinem Vater besser nicht beim Ausruhen erwischen, Will.«

Will öffnete widerstrebend die Augen. »Das steht mir zu, Mary. Ich habe den ganzen Nachmittag geschuftet und bekomme dafür kein Wort des Dankes von dem alten Mann.«

Mary stieß ein Schnauben aus. »Dafür zahlt er dir doch wohl genug?«

»Ja, aber er sorgt dafür, daß ich für jeden Penny so arbeiten muß, als sei's ein Shilling.«

»Ach, Will, du bist unfair, und das ist die reine Wahrheit.«

»Vielleicht, Mädchen.« Will richtete sich auf und bewunderte ungeniert das wohlgefüllte Mieder des Mädchens, das vor ihm stand. »Sind die Krüge für mich, Mary?«

Sie lächelte kokett. »Von welchen Krügen sprichst du, Will?«

Will grinste breit, ließ jedoch die Rundungen Marys nicht aus den Augen. »Natürlich die, die du versteckst, Mary.«

Mary schob eine Hüfte zur Seite und atmete tief ein. Dabei spannte sich die Lederschnur, die ihr Mieder zusammenhielt, und es entstand eine kleine Lücke im Stoff, durch die man einen Teil ihres Brustansatzes sehen konnte. »Woher wußtest du, daß ich dir die bringen würde, Will Handy?« Und sie holte zwei irdene Krüge hinter dem Rücken hervor. Sie hielt weiterhin die Luft an und beugte sich nach vorne, um Will eine bessere Aussicht auf ihre Vorzüge unter dem Mieder zu gewähren. »In einem ist Cidre, in dem anderen Wasser. Welchen willst du?«

Will riß die Augen auf, als er die prächtigen Rundungen wahrnahm. »Ich würde gerne beide in die Finger kriegen«, sagte er atemlos. »Ja, beide.«

Mary richtete sich auf und genoß die Auswirkung, die sie auf den gebräunten, muskulösen Mann hatte, der vor ihr lag. Sie empfand mehr als nur starke Verliebtheit für Will, und einen kurzen Moment lang malte sie sich aus, wie das Gewicht seines muskulösen, harten Körpers sie zu Boden preßte. Sie spürte, wie sie angesichts dieser erotischen Bilder errötete, und hielt ihm brüsk die Krüge hin. »Hier, nimm beide, aber paß auf, daß mein Vater den Cidre nicht in deinem Atem riecht. Es ist sein bester, und er wird wissen, daß ich ihn dir gegeben habe.«

»Er wird einem seiner Männer doch wohl einen kleinen Schluck nicht mißgönnen, oder, Mary?«

»Doch, das würde er mit Sicherheit, besonders, weil es sein

bester Cidre ist. Und er würde es zeigen, indem er mich übers Knie legt und mir ordentlich den Hintern versohlt.«

Will kniff die Augen zu und sah Marys rundes Hinterteil ohne Rock und Unterwäsche vor sich, das von der Tracht Prügel ganz rot und geschwollen war, und er spürte eine gewisse Unruhe in seinen Lenden. Er stand schnell auf, aber es war zu spät. Mary lächelte, als sie die Beule in seiner Hose sah, und zwinkerte ihm zu. »Ich muß gehen, Will, bevor du vergißt, daß der alte Mann in der Nähe ist.«

»Ja, tu das, bevor ich dich packe, Mary.«

»Also wirklich, Will Handy«, kicherte Mary und wandte sich ab.

Will rief ihr hinterher: »Machst du morgen auf dem Jahrmarkt beim Hühnerrennen mit?«

Mary drehte sich um, wobei sich die Schnüre ihres Mieders noch enger spannten, und lächelte: »Sicher, Will. Wirst du zusehen?«

Will nickte. »Das werde ich, Mary Hardridge, das werde ich.«

Will und sein Freund Danny Carpenter schlenderten langsam über das Feld, auf dem die Zelte und Stände des Dorchester Jahrmarkts aufgebaut waren, und ihre Augen wanderten mal hierhin, mal dorthin, während sie versuchten zu entscheiden, ob sie zuerst etwas trinken oder etwas essen sollten oder ob sie sich zuerst eine der vielen Attraktionen ansehen sollten.

»Ich möchte zuerst einen Krug Cidre, Will.« Dannys Augen rissen sich von den drei jungen Mädchen los, die vorbeirannten. Ihre Röcken waren so kurz, daß man darunter einen flüchtigen Blick auf ihre schlanken Fesseln erhaschen konnte.

»Nein, Danny, genehmigen wir uns doch zuerst ein oder zwei Scheiben Schweinebraten«, erwiderte Will. Das geröstete Schwein war so plaziert, daß ihnen der köstliche Geruch direkt in die Nase stieg. Sie entschieden sich für keines von beidem und vergaßen auch für kurze Zeit die hübschen Knöchel der drei Mädchen. Statt dessen folgten sie den Rufen eines Marktschreiers. »Kommt her, ihr Burschen, und seht euch die bärtige Dame an, die den ganzen Weg aus dem Land der Sarazenen bis hierher gemacht hat. So etwas wie sie hat man im ganzen Königreich Hals noch nie zuvor gesehen.« Die zwei blickten sich an. »Eine bärtige Dame?« fragte Will. »Hast du so etwas schon mal gesehen, Danny?«

»Nein, Will«, erwiderte Danny, warf einen letzten Blick auf die Knöchel und schwor sich, daß er noch vor Tagesende mit jemandem im Heu herumtollen würde. »Und wieviel verlangen Sie für einen Blick?« fragte er den Mann. Dabei blickte er ihn finster an. Es sollte weltgewandt wirken und dem Mann zu verstehen geben, daß er, Danny Carpenter, sich nicht übers Ohr legen oder zuviel Geld abknöpfen ließ.

Der Marktschreier: »Aber Jungs, wenn ich sechs Pence verlangte, wäre es kein zu hoher Preis für solch einen Anblick.«

»Sechs Pence?« keuchte Will. »Das ist ein Viertel von dem, was ich dabeihabe. So viel würde ich nie für eine Dame bezahlen, mit Bart oder ohne.«

»Aber Jungs, habe ich gesagt, daß ich sechs Pence verlange?« Der Mann sah sie mit zusammengekniffenen Augen und einem gerissenen Lächeln an. »Ganz und gar nicht.« Er kratzte sich am Kopf und lächelte dann wieder. »Ganz und gar nicht«, wiederholte er. »Würde ich zwei hartarbeitenden Burschen so viel abnehmen? Ich doch nicht. Ich sage euch was. Ihr könnt sie jeder für einen Penny sehen. Wie gefällt euch das?«

Will blickte Danny an, und Danny nickte. »Ich kann nicht behaupten, daß ich schon einmal eine bärtige Dame gesehen habe, Will. Das ist doch wohl einen Penny wert, was, Will?«

Die zwei trennten sich von ihren Münzen, und der Mann ging beiseite und erlaubte ihnen, das dunkle Zelt zu betreten. Es standen ein paar Kerzen herum, die ein trübes Licht auf eine kleine Bühne am hinteren Ende des Zeltes warfen. Auf einem

Stuhl hinter einem grobgezimmerten Zaun saß eine Frau mit ungeheuren Ausmaßen. Sie war nicht nur wegen ihres roten üppigen Barts einzigartig. Sie hatte gewaltige Brüste, die aus dem tief ausgeschnittenen Mieder quollen, und unglaublich dikke Arme und Schenkel, die unter dem dünnen Stoff ihres Rocks deutlich zu sehen waren, der sich über ihren üppigen Unterkörper spannte.

Will und Danny standen da und starrten auf den Bart, das feste Fleisch ihrer Arme und den hervorquellenden Busen und den prall gefüllten Rock.

»Es ist ein prächtiger Bart«, sagte Danny leise.

»Er ist falsch«, erwiderte Will mit leichtem Zorn in der Stimme.

»Ja, aber bei Gott, der Rest von ihr ist mehr wert als ein Penny.«

»Guck dir die Brüste an, Danny, hast du so was schon mal gesehen?«

»Nein, Will, niemals. Die sind größer als die Euter von Hardridges bester Milchkuh.«

»Das stimmt. Falten hat sie auch nicht, und wenn ich mir die Knubbel in ihrem Mieder so ansehe, dann würde es mich nicht überraschen, wenn sie genau so viele Zitzen hätte.«

Danny lachte. »Ein Mann könnte sich zwischen ihnen verirren und ersticken.«

»Eine schöne Art zu sterben, Danny, und diese Schenkel halten einem bestimmt die Ohren schön warm.«

Danny nickte zustimmend. »Los, Will, klettere doch mal über den Zaun und zieh an ihrem Bart.«

»Mach's doch selber. Meinst du, ich will riskieren, daß sie mir mit diesen gewaltigen Händen eine überbrät?«

Eine hohe Falsettostimme unterbrach die Stille des Zelts. »Trollt euch, ihr habt genug für einen Penny gesehen.«

Beide blickten sich im Zelt um, konnten aber sonst niemanden sehen. Die Stimme ertönte erneut: »Na los, macht, daß ihr verschwindet!« Sie starrten die bärtige Frau erstaunt an. Die Stimme war aus den Tiefen dieser enormen Brust wie ein Blitzstrahl aufgestiegen, daß ihnen die Ohren weh taten. Sie blickten sich an und flüchteten auf sehr würdelose Art aus dem Zelt. Erst als sie wußten, daß sie in Sicherheit waren, brachen sie in Gelächter aus. »Hast du so etwas schon mal gehört?« keuchte Danny. »So eine winzige Stimme in so einem riesigen Körper.«

»Niemals.« Will blickte zurück zum Zelt, um sich davon zu überzeugen, daß ihnen niemand folgte. »Jetzt haben wir wohl Zeit für ein Viertel.«

Der Karren des Cidre-Verkäufers hielt sie ein oder zwei Minuten auf, bevor lautes Gelächter und Hochrufe ihre Aufmerksamkeit erregten. Sie tranken den Rest ihres Cidres und schlüpften zwischen zwei Zelten hindurch, um die Ursache des Gelächters zu finden.

Auf einer freien Fläche stand ein Kieferstamm, den sie abgeschält und mit Gänsefett eingerieben hatten. Auf halber Höhe des Stamms versuchte ein schlankes, blondes Mädchen, den Halt nicht zu verlieren und die Spitze zu erreichen.

»Ich glaube nicht, daß sie es schafft. Das ist nur was für Männer.«

»Sie schafft es«, widersprach Danny. »Das da ist Pretty, sie schafft es bis oben.«

»*Pretty?*«

»Ja, drüben von Burton.«

»Warum heißt sie Pretty, Danny?«

»Weil sie hübsch ist. Sie hat einen weichen Körper und kirschrote Lippen.«

»Warum glaubst du, wird sie es bis oben schaffen?«

Danny drehte sich um und blickte Will lächelnd an. »Weißt du denn gar nichts, Will Handy? Dieser fettige Stamm ist wie ein Ständer, und Pretty klettert gerne auf Ständer.«

Will sah verwirrt aus. »Aber sie ist doch nur eine Magd.«

»Ja, und Sir Peter weiß das.«

Wills verwirrter Gesichtsausdruck vertiefte sich. »Wovon sprichst du, Danny??«

»Weißt du nichts über Pretty und Sir Peter und« – Danny machte eine Pause und schüttelte den Kopf – »den Pfarrer von St. Josephs?«

»Nein.« Will runzelte immer noch die Stirn. Danny sprach in Rätseln.

Danny seufzte, beschloß jedoch, seinen Freund aufzuklären. »Es ist so: Pretty ist nicht nur eine Magd, sondern vor allem eine Frau, und der Gutsherr und der Pfarrer, sie werden langsam alt ...«

»Ja, das stimmt. Sir Peter ist bald vierzig, habe ich gehört«, stimmte Will ihm zu.

Danny überging den Einwurf. »... sie werden langsam alt. Nun, sie können nicht genügend junge Frauenzimmer finden, also müssen sie sich mit Dienstmägden begnügen, und daher schmusen der alte Adlige und der Pfarrer mit Pretty.«

»Schmusen? Wie können ein Gentleman und ein Pfarrer mit nur einer Dienstmagd schmusen?«

Danny grinste und schlug Will auf den Rücken. »Beide zur gleichen Zeit, habe ich gehört. Für manche ist ein Loch wie das andere, ob nun von edler Geburt oder nicht.«

»Du meinst doch nicht, daß ...«

Danny nickte. »Manche vornehmen Leute machen es so, Will.«

Will drehte sich um und starrte ungläubig auf Pretty, die es ein Stück höher geschafft hatte. Adlige und Kirchenmänner machten es mit einer Dienstmagd, und das auch noch von vorne und von hinten? Was sollte als nächstes kommen? »Wie hilft das Pretty dabei, den Stamm hochzuklettern?« Er schluckte ungläubig, während er die Frage stellte. Wenn Danny behauptete, daß es passierte, dann mußte es wohl stimmen. Er war weit herumgekommen, war sogar einmal in Shaftsbury gewesen, das ganz oben in der Grafschaft, zwanzig Meilen entfernt lag!

»Nun, Pretty ist kein Unschuldslamm, und Sir Peter macht nichts mit ihr, das sie nicht selber will, ob nun von vorne oder von hinten. Und nun redet sie sich ein, daß der Stamm Sir Peters Ding ist, und wenn sie oben ankommt, sie sich draufsetzen kann.« Danny lachte. »An dem Stück Schinken für den Gewinner ist sie nicht besonders interessiert.«

Will starrte erneut zu Pretty hinüber und beobachtete ihren Versuch, nach oben zu klettern. Was Danny ihm beschrieben hatte, faszinierte ihn. Er versuchte, sich vorzustellen, wie Pretty zusammen mit dem Pfarrer in Sir Peters Bett lag, und sie beide gleichzeitig mit ihr schmusten. Er schüttelte sich vor Entsetzen. Zwei Männer und ein Mädchen! Er war froh, als aufgeregtes Stimmengewirr an sein Ohr drang. Er wandte die Augen von dem Stamm ab und sah, daß Danny bereits an einem Zelt vorbei auf eine Haselhecke zuging, hinter der Aufregendes zu passieren schien. Er folgte ihm.

»Gehst du jetzt zum Hühnerrennen, Will?«

Will blieb stehen und blickte sich um. Mary trug einen Wollrock, unter dem der Saum eines weißen Unterrocks hervorlugte. Ihre vollen, runden Brüste waren nur teilweise von einer weißen Leinenbluse bedeckt, und die gebräunte Haut ihrer üppigen Rundungen zog seine Aufmerksamkeit auf sich. Er ertappte sich dabei, wie er in Marys Ausschnitt starrte, wie er sich ihre vollen Brüste vorzustellen versuchte, wie er sich ausmalte, sie zu halten, zu liebkosen, ihre stolzen Brustwarzen zu küssen...

»Gefällt dir der Ausblick, Will Handy, oder würdest du Pretty vorziehen?«

»Pretty?«

Will riß seine Augen von Marys Brust los und spürte, wie er

errötete. »Ich bin nicht so einer, Mary, das kannst du mir glauben. Ein Mädchen und ein Junge, das ist normal.«

Mary stemmte die Hände in die Hüften, grinste und sagte: »Das wirst du wohl beweisen müssen, Will, oder ich muß doch annehmen, daß du dich für Pretty interessierst; so wie du die ganze Zeit zu dem eingeschmierten Stamm hinübergeschaut hast.«

Will versuchte, Mary zu packen, aber sie sprang zurück und lachte. »Ich habe keine Zeit, mit dir zu schmusen, Will. Ich muß jetzt beim Hühnerrennen mitmachen.« Sie raffte die Röcke und lief an Will vorbei. Als er erneut nach ihr griff, machte sie einen geschickten Schwenker. Mit hochwirbelnden Unterröcken, die ihre wohlgeformten Waden entblößten, und wogenden Brüsten lief sie um die Haselhecke herum.

Will wollte ihr nachlaufen, aber Danny versperrte ihm den Weg. »Die wirst du in diesem Gedränge nicht fangen, Will. Spar dir deine Kräfte lieber für nach dem Rennen auf, wenn sie atemlos nach Luft schnappt.« Er lachte. »Vielleicht auch vor Leidenschaft.«

Danny stieß ihn an und gab ihm einen ledernen Trinkschlauch voller Cidre. »Ich habe vor dem Rennen noch zwei gekauft. Wir wollen doch nichts verpassen, nur weil wir uns etwas zu trinken besorgen müssen, oder?«

»Danke.« Wills Augen funkelten aufgeregt, als er den Trubel sah. »Ich weiß nicht, wann ich das letzte Mal so viele Mädchen an einem Ort gesehen habe, Danny.«

Danny lachte anzüglich. »Da hast du recht, Will, mein Junge. Und sie sind alle ganz verschieden. Mir gefällt die Rothaarige. Wer wohl deine Wahl ist?« Er grinste Will an. »Ist es die Dunkelhaarige oder die mit den flachsfarbenen Augen? Oder vielleicht beide?«

»Halt den Mund, Danny«, sagte Will ebenfalls grinsend. »Mir

ist es egal, welche Farbe ihr Haar oder ihre Augen hat.« Er drehte sich um, um die Mädchen noch einmal zu begutachten, während sie hinter dem weißen Band, das als Startlinie diente, herumliefen. Jede von ihnen bekam einen Leinenstreifen und suchte sich einen Burschen aus.

Sogar in dieser Menge entdeckte Will schnell das Mädchen, für das er sich interessierte. Marys Busen war bei weitem der größte, der aufreizendeste und, was Will anging, das Interessanteste auf dem Jahrmarkt. Obwohl er zugegeben hätte, daß ihm ihre Flachsaugen und ihr hellbraunes Haar auch gefielen. Will hätte Mary mitten in der Nacht in einem Wald gefunden. Sein Instinkt würde ihn immer zu diesen wunderbaren Brüsten führen. Während er von den milchigweißen Schenkeln träumte, die er bis dahin noch nie gesehen hatte, und von dem duftenden Paradies, das dazwischenlag, entdeckte sie ihn und kam langsam mit dem Leinenstreifen in der Hand auf ihn zu. Sie blieb stehen, gestattete Will einen bewundernden Blick in ihr Dekolleté und reichte ihm dann das Band. Bei dieser Bewegung rutschten ihre Brüste ein Stück nach oben und quollen beinahe aus dem tiefen Ausschnitt ihrer Bluse. Will stöhnte, als er einen wollüstigen Schmerz in den Lenden spürte, und riß seine Augen los, um seine Verzweiflung zu lindern.

»Würdest du meine Daumen für mich zusammenbinden, Will?« fragte sie. Ihre Stimme war wie wilder Honig und ihr Lächeln so verheißungsvoll, daß Will beinahe dahinschmolz.

Seine Hand hob sich wie von selbst und nahm Mary, die sich umdrehte und die Hände auf den Rücken legte, das Band ab. Will schluckte hart und versuchte, sich auf die Aufgabe zu konzentrieren, Marys Daumen zusammenzubinden, aber er war sich der Nähe der Rundungen ihrer Hüften und ihres Gesäßes bewußt, und seine Hand zitterte. Drei Mal versuchte er es, und jedes Mal glitt die Schlinge von ihren Daumen herunter. Er holte tief Luft, ignorierte die ungeduldigen Bewegungen ihres Körpers und das leise Lachen von Danny, und schließlich gelang es ihm. Er hielt ihre zusammengebundenen Hände in den seinen und drückte sie sanft. Mary lehnte sich gegen ihn, und ein Beben durchlief seinen Körper, als sich ihre weichen Pobacken an seine Erektion preßten. Als sie sich an ihm rieb, ertönte ein Dröhnen und Rauschen in seinem Kopf, und sein Herz raste. Er drängte sich an sie und wollte gerade seinen Kopf nach vorne neigen, um sie auf den Nacken zu küssen, als sie nach vorne trat und sich mit vor Erregung geröteten Wangen zu ihm umdrehte. »Das ist genug, Will.« Ihre tiefe, rauhe Stimme und ihre Augen straften ihre Worte Lügen. Marys Gesichtsausdruck verriet ihm, was ihre Lippen ihm verschwiegen. Will nickte ihr zu, da er Angst hatte, zu sprechen, und krächzte nur: »Ich werde für dich beim Start dein Huhn halten, Mary.«

»Du kannst mir überall mein Huhn halten, Will Handy«, sagte sie schmunzelnd. Wieder wurden seine Augen von ihren Brüsten angezogen. Die dünne Leinenbluse spannte und preßte sich eng an ihre Brüste, da sie die Arme auf dem Rücken zusammengebunden hatte. Ihre stolz aufgerichteten Brustwarzen verrieten ihm, daß sie sich nach ihm sehnten. Will mußte sich zwingen, nicht den Kopf zu senken und sie mit seinen Lippen zu berühren. Mary drehte sich um und ging langsam zur Startlinie hinüber. Dabei schwenkte sie auf unerhörte Weise ihre Hüften, als sie merkte, daß Will und Danny ihr folgten.

Danny versetzte Will einen Stoß und zwinkerte ihm zu. »Ich nehme an, sie ist wild auf dich, Will.«

»Sei still, Danny, bevor dich noch jemand hört.« Will wandte sich von Mary und ihrem Körper ab, nach dem er sich so verzehrte, und nahm von dem Festordner ein Huhn entgegen. »Ich gehöre zu Mary Hardridge«, murmelte er, klemmte sich das gackernde Huhn unter den Arm und hielt seinen Hals mit seiner freien Hand fest.

»Laß das Tier nicht vor dem Start los. Stell dich jetzt zu den anderen Burschen auf die andere Seite der Startlinie«, erklärte ihm der Ordner. Will nickte. Er wartete, während Danny den

Vogel für die Rothaarige entgegennahm, an der er Gefallen gefunden hatte, und gesellte sich dann zu den anderen, die fünf Schritte vor der Startlinie standen.

Dreißig von Dorsets hübschesten Mädchen warteten ungeduldig auf den Start. Jedes hatte die Daumen auf dem Rücken zusammengebunden. Manche hatten ihre Röcke und Unterröcke gerafft und sie mit Gürteln an der Taille befestigt, damit sie für das Rennen mehr Beinfreiheit hatten. Sie unterhielten sich aufgeregt, riefen Freunden in der Zuschauermenge oder ihren Burschen auf der anderen Seite der Startlinie etwas zu.

Die Burschen, die alle ein gackerndes Huhn in den Händen hielten oder unter den Arm geklemmt hatten, riefen den Mädchen Erwiderungen zu, die diese erröten ließen – wenn auch nicht für lange. Aufregung machte sich breit, als der Ordner auf die Startlinie zukam, seinen Gehilfen auf der anderen Seite zunickte und das Band auf Hüfthöhe hochhob. Er blickte zuerst zu den Mädchen hinüber, bis sie leise waren und ihm ihre Aufmerksamkeit schenkten, und dann zu den Burschen. »Ich werde rufen ›Auf die Plätze‹, und ihr könnt die Hühner auf den Boden setzen, dürft sie aber nicht loslassen. Dann rufe ich ›Fertig‹, und ihr Mädchen könnt zur Startlinie gehen.« Er wartete, bis sich die Unruhe unter den Mädchen legte, und sagte dann: »Schließlich rufe ich ›Los‹, und ihr könnt die Hühner loslassen. Ihr Burschen müßt schnell zur Seite laufen, damit die Mädchen ungehindert den Hühnern nachjagen können.« Er wandte sich den Mädchen zu. »Ihr könnt laufen, hüpfen, hoppeln oder gehen, aber ihr dürft euch von keinem Zuschauer oder Mitstreiter helfen lassen. Ihr könnt die Hühner mit allen Körperteilen fangen, außer den Händen, und müßt sie mit den Zähnen zu mir herübertragen. Das erste Mädchen, das mit einem Huhn zurückkommt, ist Siegerin und erhält den Vogel, den Schinken und ein Zweishillingstück.«

Der Ordner machte eine Pause, richtete seinen Blick auf Dannys Rothaarige und sagte: »Es wird keine Wiederholung von letztem Jahr geben, als eine Teilnehmerin ein Huhn in ihr Mieder steckte...« Derbe Bemerkungen aus der Menge unterbrachen den Ordner. Ein Lächeln umspielte seine Lippen, als er an das Mädchen, Matilda Fouracre, und ihre erfinderische, aber betrügerische Methode dachte. Letztes Jahr war in ihrem Mieder mehr als ein Huhn herumgesprungen. Das Mädchen hatte Phantasie und bestimmt mehr als einen Trick auf Lager, dachte der Ordner. Die Menge beruhigte sich schließlich, und er konnte fortfahren. »Ihr dürft es nur mit den Zähnen tragen! Also Achtung!« Er blickte zu dem anderen Ordner hinüber. »Bist du fertig, George Miller?«

Schweigen breitete sich unter den Zuschauern aus. Die Burschen drehten den Mädchen den Rücken zu und hielten die Hühner bereit... »Auf die Plätze!« rief der Ordner. Einige der Burschen bückten sich und setzten die Hühner auf den Boden. Andere hielten sie einfach von ihrem Körper weg, bereit, sie von sich zu werfen. Will senkte sein Bündel, blickte zurück zu Mary und zwinkerte ihr zu. Mary spitzte die Lippen zu einem Kuß und zwinkerte zurück. Wenn er das Huhn etwas länger als die anderen festhielt, dachte er, dann hatte Mary eine größere Chance, nah genug heranzukommen...

»Fertig!« rief der Ordner. Dreißig Burschen machten sich bereit, dreißig Mädchen traten an das Band heran, dreißig Augenpaare hefteten sich auf die Hühner, und dreißig Brüste wölbten sich nach vorne, als die Mädchen tief Luft holten... »Los!« rief der Ordner, und das Band fiel nach unten. Neunundzwanzig Hühner wurden geworfen oder losgelassen und rannten verschreckt vor dreißig Röcken davon, die auf flinken Füßen auf sie zugerannt kamen. Der letzte Vogel zögerte einen Moment lang, weil Will Handy einen Fuß auf seine Krallen gestellt hatte. Als Will zur Seite sprang, kreischte er, schlug wild mit den Flügeln, hüpfte dann in die Luft und sprang schließlich hinter den anderen her.

Die Menge feuerte sie an, und die dreißig Mädchen kreischten aufgeregt, während sie herumrannten, sich gegenseitig auswichen und gegeneinanderprallten. Röcke und Unterröcke flatterten wild herum, und Knöchel und Beine wurden unter dem Jubel der Burschen und Männer im Publikum entblößt. Währenddessen schauten sittsame Mütter und Tanten böse zu und dachten heimlich daran zurück, als sie am Rennen teilgenommen und auf ungehörige Weise ihre Gliedmaßen entblößt hatten.

»Sieh dir meine kleine Rothaarige an«, schrie Danny und schlug Will so heftig auf die Schulter, daß er nach vorne stolperte. »Sie hat beinah eins erwischt.«

Das war Will völlig egal. Er hatte nur Augen für Mary, die gestürzt war. »Sei still, Danny, Mary ist hingefallen, und sie trägt keine Unterwäsche unter ihren Röcken.« Danny folgte Wills Blick und erstarrte. »Ja, das ist ein wunderschöner Anblick«, flüsterte er, als er Mary sah, die auf dem Bauch lag und versuchte, sich auf den Rücken zu rollen. Ihre Röcke waren ihr bis zum Rücken hochgerutscht, und tatsächlich trug sie nichts, um ihre roten Backen, ihre leicht gespreizten Schenkel und ihren zarten Haarflaum zu bedecken. Mary rollte sich auf den Rücken, blickte Will direkt in die Augen, grinste und zog völlig schamlos die Knie an, bis die Röcke noch höher rutschten. Dann spreizte sie einen kurzen Moment lang die Beine und schloß sie wieder, bevor es ihr gelang, die Füße unter den Po zu ziehen und aufzustehen. Sofort stürzte sie sich auf ein Huhn, das in seiner Aufregung in die falsche Richtung, direkt auf Mary zulief.

Will blickte Danny an. Danny blickte Will an. Beide grinsten. »Bei Gott, Will, sie ist eine Schönheit. Von den Zehenspitzen bis hin zum Scheitel. Und ich schwöre, ihre Muschi hat dir zugezwinkert.«

Will nickte, drehte sich um und hielt wieder nach Mary Ausschau. Er betete im stillen, daß sich bei ihrem nächsten Sturz ihr Mieder lösen und ihre Brüste zum Vorschein kommen würden. Die Gegenstände seines Gebet schienen genau das zu versuchen, denn sie hüpften und sprangen unter dem Leinenmieder herum. Aber Will hatte kein Glück. Mehrere Male entkamen die weichen, warmen Rundungen beinah dem Mieder, aber ganz gelang es ihnen nicht. Es geschah jedoch etwas, das dies wieder wettmachte. Ein anderes Mädchen fing ein Huhn zwischen ihrem Kinn und ihrer Brust, und als es versuchte, seinen Nacken mit den Zähnen zu packen, zerrte der Vogel am Rand ihres Ausschnitts und zog ihn nach unten, bis eine kleine Brust mit stolz aufgerichtetem Nippel heraussprang. Die Menge gröhlte, das Mädchen schrie verlegen auf, und das Huhn gackerte panisch und entkam. Die Menge spendete großen Beifall, und das Mädchen stand mit einer entblößten Brust da. Es zog die Schultern hoch, um die Brust wieder zu bedecken, und rannte schließlich zu den Zuschauern hinüber, um sich von seiner Mutter helfen zu lassen.

Die Aufmerksamkeit aller wandte sich gerade rechtzeitig wieder dem allgemeinen Durcheinander zu, um zu sehen, wie Mary triumphierend und mit dem Kopf eines Huhns im Mund auf den Ordner zulief. Sechs Schritte von ihrem Ziel entfernt stolperte sie über einen Stein. Obwohl es ihr gelang, den Schmerzensschrei zu unterdrücken und den Kopf des Huhns unversehrt in ihrem Mund zu halten, verlor sie die Balance. Sie fiel nach vorne auf die Brust, rutschte die letzten Zentimeter nach vorne und prallte mit dem Kopf gegen die Schuhe des Ordners – und das gerade in dem Moment, als ein zweites Mädchen mit ihrem Huhn angerannt kam. Der Ordner bückte sich, nahm Mary das Huhn ab, hob sie an den Schultern hoch, drehte sie um, bis sie mit dem Gesicht zur Menge stand, und rief laut über die Schreie der anderen hinweg: »Mary Hardridge gewinnt mit einer Titte Vorsprung!«

Marys Mieder war durch den Kontakt mit dem Boden vorne ganz aufgerissen, und die Menge spendete lauthals Beifall. Einmal für den Witz des Ordners und dann wegen des Anblicks der zwei goldenen Kugeln, die sich stolz hoben und senkten. Die meisten waren sich nicht sicher, ob Mary stolz auf ihre großen Brüste oder ihren Sieg beim Hühnerrennen war. Oder vielleicht auf beides.

Einige Minuten später trat Mary auf Will zu. Sie versuchte, mit ihrem zerrissenen Mieder ihre zwei Prachtstücke zu bedecken, und gleichzeitig das Huhn unter dem einen Arm und den Schinken unter dem anderen festzuhalten. »Mein Vater hat ein paar Krüge zuviel getrunken, Will. Machst du bitte meine Daumen los? Schließlich warst du auch derjenige, der sie zusammengebunden hat.«

Will gab keine Antwort, da er sich beim Anblick der für ihn himmlischen Vision erotischen Träumereien hingab.

»Will, bindest du mich los?« Mary trat ihm leicht auf den Fuß.

»Äh, ja sicher, Mary.«

Sie drehte sich unbeholfen um, bemüht, das Huhn und den Schinken festzuhalten, bis Danny, der immer noch auf das rothaarige Mädchen wartete, seine Hilfe anbot. »Soll ich dir deinen Schinken halten, Mary?«

Sie drehte den Kopf und zwinkerte ihm zu. »Nun, das kommt darauf an, welchen Schinken du meinst, Danny.«

Er grinste, und beide Hände fuhren nach vorne, um sie in den Hintern zu kneifen. »Ich glaube, daß du die beiden hier für einen anderen aufsparst.« Und er blickte bedeutungsvoll zu Will hinüber. »Aber wenn er gar nicht interessiert ist, dann nehme ich sie.«

»Du läßt deine Hände von meinem Mädchen, Danny, oder du hast bald keine Eier mehr.«

Danny grinste, nahm Mary ihr Huhn und den Schinken ab und hielt sie hoch. »Ich meinte doch die hier.«

»Schade. Also mußt du dich selber darum kümmern, Will Handy.« Mary stand immer noch mit dem Rücken zu ihm, ließ sich nach hinten fallen und lehnte sich an ihn.

»Wenn du frech zu mir bist, Mary Hardridge, muß ich dich

übers Knie legen und dir den Hintern versohlen, wie es dein Vater längst hätte tun sollen.«

»O Will, versprichst du es?« Sie preßte sich enger an ihn, spürte seine Erregung, rieb sich an ihm und genoß das Gefühl, sein härter werdendes Geschlecht an ihrem Körper zu spüren. Er stöhnte, und sie rieb sich fester an ihm, bevor sie sich von ihm löste und sich umdrehte. »Da du meine Daumen immer noch nicht losgebunden hast, mußt du mich wohl so wie ich bin nach Hause begleiten, Will.«

»Was?«

»Ich bin dir völlig ausgeliefert und kann dir nicht weglaufen, nicht wahr?«

»Was?«

Mary stampfte mit dem Fuß auf. »Will Handy, nimm Danny jetzt endlich meine Preise ab und bringe mich nach Hause, bevor mein Vater nüchtern wird!«

Wer wen nach Hause brachte, konnten weder Mary noch Will beantworten. In Marys Kopf kreisten nur zwei Gedanken: Wie konnte sie Will dazu bringen, das zu tun, was sie wollte – er war schließlich Jungfrau –, und ob es ihr gelingen würde, bevor ihr Vater nüchtern wurde und nach Hause kam.

Die Gedanken des armen Will kreisten um Marys prachtvolle Brüste, die nun halbwegs von ihrem hastig reparierten Mieder bedeckt waren, und um die Hoffnung auf ihren restlichen Körper, den er während des Hühnerrennens flüchtig gesehen hatte. Er konnte, wenn er wollte, dachte er, denn Marys Daumen waren zusammengebunden, und sie war wohl kaum in der Lage, ihn aufzuhalten. Andererseits fehlte ihm die Erfahrung und er mußte sich völlig auf seinen Instinkt verlassen, der teilweise von seinem Hirn, aber größtenteils von dem immer größer werdenden Körperteil gesteuert wurde, das bei jedem Schritt damit drohte, aus seiner Hose zu springen. Daher war er nicht sicher, ob er das, was er wollte, würdevoll durchführen konnte. Es bestand kein Zweifel, daß Will leicht eine Ausrede hätte finden können, um anzuhalten und Marys üppigen Körper überall zu küssen und anzufassen. Aber er hielt einen großen und ziemlich rutschigen Schinken in der einen und ein protestierendes Huhn in der anderen Hand. Er hatte schon Mühe, auf dem rutschigen Pfad nicht das Gleichgewicht zu verlieren. Er mußte es also seinen Augen überlassen, die Körperteile zu verschlingen, die er mit den Händen und Lippen nicht erreichen konnte.

Schließlich erreichten sie jedoch die Hardridge Farm. Mary nahm die Sache sofort in die Hand. »Wir gehen besser nicht ins Haus, Will. Die Scheune ist besser.« Also gingen sie zur Scheune. Will hatte einige Schwierigkeiten, die schwere Tür zu öffnen, beladen wie er war. Aber er war viel zu sehr Gentleman, um es Mary zu überlassen, die sowieso nichts tun konnte, da ihr die Daumen hinter dem Rücken zusammengebunden waren.

Er schaffte es jedoch, so wie das jeder verzweifelte Mann in seiner Situation geschafft hätte, und als er von innen die Tür zugeschoben hatte und sich umdrehte, stand er einer schwer atmenden Mary gegenüber. »Ich bin dir völlig ausgeliefert, Will. Himmel, ich habe das Gefühl, als wäre dir meine Jungfräulichkeit (die schon lange weg war) völlig ausgeliefert.« Will blieb völlig unbeweglich stehen, und seine Augen verharrten zuerst auf ihren Brüsten und dann auf ihren Lippen. Mary stöhnte innerlich. Das würde harte Arbeit werden. »Ich bin dir völlig ausgeliefert, und wenn du es mit mir tun willst, dann wirfst du mich besser ins Heu, Will.«

Will rührte sich immer noch nicht. Nur seine Augen glitten von ihren Lippen zu ihrer rechten Brust, dann zurück zu ihren Lippen und weiter zu ihrer linken Brust.

Mary holte so tief Luft, wie sie konnte, und die groben Nähte ihres Mieders platzten beinahe auf. »Wenn du den Schinken und das Huhn losläßt, Will, könntest du meine Bluse aufreißen, meine Röcke hochschlagen und deine Augen an mir weiden.«

Sie hob ihre gefesselten Hände hoch. »Und ich bin hilflos und kann dich nicht aufhalten.«

Langsam, sehr langsam drang die Bedeutung ihrer Worte in Wills betäubtes Hirn vor. Seine linke Hand öffnete sich, und der Schinken polterte auf den Scheunenboden. Seine rechte Hand tat es der anderen nach, und das Huhn war frei. Es fiel mit einem Protestschrei zu Boden und flüchtete sich zu einem Heuballen. Der Krach weckte in Wills Körper seine niederen Instinkte. Er stieß ein Grunzen aus, machte einen Schritt nach vorne, packte Mary an den Schultern und küßte sie hart auf die Lippen. Seine freie Hand glitt ungeschickt in ihre Bluse und bekam endlich ihre Brust zu fassen. Mary keuchte während des Kusses, lehnte sich vor und preßte ihren Körper gegen seinen. Ihre Brüste quetschten seine Hand zwischen ihren Körpern ein. Sie begann zu zittern und spürte, wie sich in der Körperspalte in ihren unteren Regionen ein Feuer entzündete, das selbst die Nässe nicht zu löschen vermochte, die sich sogar auf der Vorderseite ihres Unterrocks ausbreitete.

»Ah«, flüsterte Will, als der Kuß endete, »ich wußte nicht, daß sie so warm sind.«

»Was ist warm, Will?« fragte Mary leise und rieb ihren Unterleib an der harten Schwellung in seiner Hose.

»Deine Brüste, Mary. Ich hätte nie gedacht, daß sie so warm sind.«

»Natürlich sind sie warm, Will. Sie sind ein Teil von mir.«

»Das sind sie, Mary, das sind sie ohne Zweifel. Aber warum sind sie warm?«

»Hast du gedacht, sie wären kalt?« Mary schob ihren Kopf zurück. Trotz des versengenden Feuers in ihr gelang es ihr, mit einem Teil ihres Hirns über Wills ungewöhnlichen Kommentar nachzudenken. Ihre Augen sprühten vor Verlangen, und ihre Brüste bebten, als sie tief durch die Nase einatmete. Auf ihrem Mund lag ein verwirrter Ausdruck.

»Ja, das habe ich. Sie sind doch voll Milch, oder? Wenn sie voll Milch und warm sind, dann wird die Milch doch schlecht.«

Mary wollte nur, daß Will ihre Bluse aufriß und ihre Brustwarze in den Mund nahm. Dann wollte sie, daß er sie ins Heu warf und ihr die Röcke hinunterriß. Und schließlich wollte sie, daß er sein zwanzig Zentimeter langes, steinhartes, geschmeidiges Glied tief in sie hineinstieß und das unerträgliche, schmerzhafte Feuer löschte, das sie verzehrte. »Vielleicht sind meine Brüste warm, weil ich stehen muß, Will. Wirf mich ins Heu und mach mit mir, was du willst. Nimm meine Brüste in den Mund, Will... Will, bitte, wirf mich hin, ich kann mich nicht wehren, tu es, Will. Tu es!«

Will begriff. Endlich war die Nachricht bis in sein Hirn vorgedrungen. Das, wovon er den ganzen Tag geträumt hatte, gehörte ihm. Er stieß Mary sanft von sich und sah sie an: ihre halbgeschlossenen Augen, dann ihre geblähten Nasenlöcher und schließlich ihre halbgeöffneten roten, feuchten, einladenden Lippen. Er stieß sie erneut, und sie fiel willig zurück ins Heu und spreizte dabei die Beine. Er stand über ihr und rieb sich, unschlüssig, was er tun sollte, über den Hosenlatz. Aber jene versteckten Instinkte erwachten und übernahmen die Kontrolle. Mit ungeschickten Fingern zerrte er an den Schnüren seiner Hose und riß sie nach unten. Dabei zog sein Hosenbund seinen Penis mit nach unten, der dann jedoch wieder hochwippte und stolz über Mary aufragte. Dann kam sein Hemd an die Reihe, und Mary war in der Lage, ihre Augen an seinem harten, muskulösen, gebräunten Körper zu weiden, der in Schweiß gebadet war und im trüben Licht der Scheune glänzte. Endlich würde er sie nehmen, und angesichts seines immer größer werdenden Glieds war es ganz gut so, daß ihre Hände gefesselt waren, denn sie verspürte Angst. Aber sie hatte endlich die Sache gefunden, die sie als einziges auf der Welt zähmen konnte. Sie sehnte sich verzweifelt danach, dieses Ding zwischen ihren Beinen zu spüren, aber seine Größe und Dicke jagte ihr einen ängstlichen Schauer den Rücken hinunter, der ihr direkt in den Unterleib fuhr und das lodernde Feuer dort noch schürte.

Plötzlich wußte er genau, was er wollte, denn er begriff, daß ihm tatsächlich eine hilflose Frau ausgeliefert war. Er bückte sich, packte ihre Bluse, riß sie auf und entblößte ihre goldenen Kugeln, die nun seinen Fingern und Lippen gehörten. Das wäre beinah zuviel für ihn gewesen, und er spürte, wie seine Männlichkeit zu zucken begann. Verzweifelt schloß er die Augen und versuchte, seinen Penis unter Kontrolle zu bekommen. Er hätte versagt und eine frühzeitige Ejakulation bekommen, hätte nicht das Huhn in diesem kritischen Moment eingegriffen. Es wurde plötzlich sehr wütend über die Anwesenheit dieser zwei Menschen in seiner neuen Welt, nämlich dem Heuhaufen, und stürzte sich mit vorgerecktem Hals auf Wills Bein. Der Schnabel traf Will am Knochen des Fußgelenks und bohrte sich in seine Haut. Der Schmerz rettete Will vor einem peinlichen Versagen, und die Notwendigkeit, nach dem Vogel zu treten, lenkte ihn einen Moment ab.

Der Vogel trollte sich davon, und Will richtete seine Aufmerksamkeit wieder auf die hilflose Mary. Erneut weidete er seine Augen an ihren Brüsten. Dann bückte er sich erneut, zog ihre Röcke mit einem energischen Ruck über ihre Pobacken und ihre Schenkel nach unten und warf sie auf die andere Seite der Scheune. Nun war sie sein, und er kniete sich langsam zwischen ihre gespreizten Beine. Er betrachtete genußvoll die weiche, mit feinen Haaren umrahmte Öffnung über ihren Schenkeln und küßte sie.

Mary wölbte ihren Rücken, drückte ihm ihren Unterleib ins Gesicht und schrie: »Will, oh, Will, iß mich, o Gott, iß mich, benutze deine Zunge, Will!« Als er gehorchte, begann sie wieder zu zittern und warf den Kopf hin und her, als sie spürte, wie ihr Orgasmus immer näher kam. Und dann verströmte sie sich mit einem leidenschaftlichen Aufschrei in seinen Mund. Er vergrub sein Gesicht tiefer in ihr, trank sie leer und spürte ihre leidenschaftlichen Säfte.

Sie stöhnte, und er hob den Kopf, da er einen Moment lang

glaubte, er hätte ihr weh getan. Sie öffnete zaghaft die Augen, ihre Lippen verzogen sich zu einem Lächeln, und sie sagte: »Noch mal, Will. So war es noch nie.«

Langsam ließ er seine Zunge von der himmlischen Stelle zwischen ihren Schenkeln über die leichte Wölbung ihres Bauchs gleiten, bis er den Nabel fand. Er verharrte dort, ließ seine Zunge darum kreisen, tauchte sie hinein und kitzelte sie, bis er spürte, wie sich ihr Körper unter ihm bewegte. Langsam, quälend langsam ließ er seine Zunge nach oben bis zur Unterseite ihrer Brust wandern und verharrte erneut, als sie kleine Schreie ausstieß und leidenschaftlich zu zittern begann. Er erforschte diese unerwartet erogene Zone, und wären ihre Hände frei gewesen, hätte Mary seinen Kopf gepackt und ihn gegen die Unterseite ihrer Brüste gepreßt. Aber so wie es war, hatte sie weder über ihren noch über seinen Körper die Kontrolle. Abgesehen von ihrem Kopf und ihren Fersen hob sie ihren Körper vom Heu hoch, während seine Zunge über ihre Brüste wanderte und dann ihren harten, brennenden Nippel fand. Sie schrie, als seine Lippen ihre Brustwarze umschlossen und seine Zähne sanft an ihrer Brustwarze nagten. Sie schrie lauter, als seine Zähne fester zubissen, und sie spürte, wie Feuerstöße von ihren Brüsten in ihren Magen und weiter in ihre Weiblichkeit schossen und ein Brennen in ihr entfachten. Sie wand sich, schrie, keuchte und drängte ihm ihren Körper entgegen. Sie spürte sein Geschlecht auf ihrem Oberschenkel liegen, das immer und immer größer wurde.

»Jetzt, Will. Jetzt!« keuchte sie und wußte, daß sie, wenn er jetzt nicht in sie eindrang, explodieren würde. »Jetzt, Will, NIMM MICH!«

Ohne jedes Feingefühl hob er den Kopf, fand ihre Lippen und hob seine Hüften. Begleitet von einem Keuchen drang er mit einem kraftvollen Stoß in sie ein. Er preßte seine Lippen ungestüm gegen ihre, zog seine Männlichkeit so weit aus ihr heraus, daß er beinahe hinausglitt, und stieß dann hart und tief in sie hinein. Sie gurgelte zustimmend, spreizte die Schenkel noch weiter, legte die Beine um ihn, preßte ihre Hacken in sein Gesäß und versuchte, ihn noch tiefer in sich hineinzudrücken. Es schmerzte, und sie genoß den Schmerz. Sie bäumte sich auf, hob ihn hoch, löste ihre Lippen von seinen und stieß einen langgezogenen Lustschrei aus, denn sie wußte, daß noch mehr kommen würde. Ihre Leidenschaft ging mit ihr durch, und ihre Geduld war erschöpft. Sie zog sich zurück und stieß wieder nach oben, und sie spürte, wie er den Kopf hob, den Rücken wölbte und versuchte, wieder die Kontrolle zu gewinnen.

Er paßte sich ihren Bewegungen an, stieß in sie hinein, zog sich zurück und stieß erneut zu. Er spürte, wie ihre Beine sich fester um ihn schlossen und versuchten, seine Taille zu zerquetschen. Er packte ihre Brust und liebkoste und drückte sie. Sie begann, unter ihm zu zucken, als sie sich dem Moment höchster Leidenschaft näherte. Verzweifelt versuchte sie, ihn dazu zu bringen, seinen Samen in sie zu verströmen, ihr Erleichterung zu verschaffen, aber dann wollte sie es noch hinauszögern, als sich seine Lippen wieder um ihre Brustwarze schlossen und er seinen Kopf in ihren weichen, weiblichen Rundungen vergrub. Seine Bewegungen wurden drängender und verzweifelter, als sein eigener Moment näherrückte. Eine Sekunde lang sagte er sich, er müsse sich aus ihr zurückziehen, damit sie nicht schwanger würde, aber dann gab er auf. Als er spürte, wie sich der Druck in seinen Hoden und dann weiter oben in seiner Männlichkeit erhöhte, vergrub er sein Gesicht tiefer in ihren Brüsten, schrie ihren Namen und gab sich seinem zuckenden Orgasmus hin. Genau im gleichen Moment stieß Mary einen lauten Schrei aus, erzitterte und gab sich dem alles umfassenden Feuer hin.

Noch Minuten danach lag er auf ihr, und ihre Säfte vermischten sich. Er küßte erst eine, dann die andere Brustwarze, hob den Kopf und lächelte. »O Mary, Mary, Mary.«

Sie erwiderte sein Lächeln und konnte nur noch flüstern: »Oh, Will, das war wirklich wundervoll.«

Die Tür flog mit einem Knall auf, und Marys betrunkener Vater stolperte in die Scheune. »Da bist du ja, Mary Hardridge. Da bist du ja.«

Zu Tode verängstigt blickte Will über die Schulter zurück auf den Mann, der mit einer Axt in der rechten Hand auf sie zukam. Joseph Hardridge trat neben ihre verkeilten Körper, blickte sie mit schmalen Augen an und sagte: »Will, was tust du da?« Er hob den Arm mit der Axt, und Will erzitterte. Sein Körper verkrampfte sich, während er auf den Schlag wartete, der ihm den Kopf abschlagen würde. Plötzlich spritzte warmes Blut herum, und Will stieß einen erstickten Schrei aus. Eine weitere Blutfontäne spritzte auf Marys Brüste, vermischte sich mit ihrem glänzenden Schweiß. Will ließ den Kopf sinken, preßte sich an Marys Körper, und sie zitterte, als das Kreischen erstarb.

»Du solltest dich besser um deinen Vater kümmern, Mary. Viel besser. Da komme ich halbverhungert vom Jahrmarkt nach Hause, und was machst du? Du vergnügst dich hier. Was für eine Tochter bist du bloß?« Joseph Hardridge bückte sich, nahm zuerst den Schinken und dann das Huhn, wischte die blutdurchtränkten Federn am Heu ab, stieß ein Grunzen aus und verließ laut murmelnd die Scheune. »Da muß ich mir wohl mein Essen selber machen.«

Will zitterte, öffnete langsam die Augen und blickte direkt in die Augen des abgetrennten Hühnerkopfes. Er fiel in Ohnmacht.

Originaltitel: Plucked
Deutsch von Jutta Lützeler

Bram Stoker
Das Geheimnis des wachsenden Goldes

Als Margaret Delandre nach Brent's Rock zog, gelangte die ganze
Nachbarschaft in das Vergnügen eines völlig neuen Skandals.
Skandale, die mit der Familie Delandre oder den Brents von
Brent's Rock in Zusammenhang standen, gab es nicht wenige;
und hätte jemand die geheime Geschichte des County in ganzer
Ausführlichkeit geschrieben, dann wären diese beiden Namen
in ihr bestimmt reichlich vertreten gewesen. Es trifft zu, daß die
beiden von so unterschiedlichem Stande waren, daß sie ebenso-
gut auf verschiedenen Kontinenten hätten leben können – oder,
was das angeht, sogar in verschiedenen Welten –, denn bislang
hatten ihre Bahnen sich nie gekreuzt. Das ganze Land billigte
den Brents ein einmaliges Maß an gesellschaftlicher Dominanz
zu, und sie selbst sahen sich ebenso hoch über der Dienstboten-
klasse, der Margaret Delandre angehörte, wie ein blaublütiger
spanischer Hidalgo über seinen zinspflichtigen Bauern steht.
Die Delandres konnten auf eine lange Geschichte zurückblicken
und waren auf diese in ihrer Art ebenso stolz wie die Brents auf
ihre. Aber die Familie war nie über den Dienstbotenstand aufgestiegen, und obwohl sie einmal in der guten alten Zeit der aus-
ländischen Kriege ganz wohlhabend gewesen waren, war ihr
Vermögen in der heißen Glut des Freihandels und des »tiefen
Friedens« zusammengeschmolzen. Sie waren, wie ältere Ange-
hörige der Familie zu betonen pflegten, am Land klebengeblie-

ben, mit dem Ergebnis, daß sie darin Wurzeln geschlagen hatten. Tatsächlich waren sie, da sie sich einmal für ein Leben als Pflanzen entschieden hatten, auch wie Pflanzen gediehen – sie waren in der guten Jahreszeit aufgeblüht und gediehen und hatten in der schlechten gelitten. Ihr Besitz, Dander's Croft, war allem Anschein nach erschöpft und damit irgendwie typisch für die Familie, die ihn bewohnt hatte. Letztere war Generation für Generation in Verfall geraten, hatte hie und da einen zum Scheitern verurteilten Schößling unbefriedigter Energie in Gestalt eines Soldaten oder Seemanns hinausgejagt, der sich den Aufstieg in die unteren Ränge der entsprechenden Waffengattungen erarbeitet hatte und dort zum Stillstand gekommen war, daran gehindert, sorglose Tapferkeit im Kampf an den Tag zu legen, oder ein Opfer jenes vernichtenden Umstandes für Männer ohne die richtige Kinderstube – das Erkennen einer Position über der ihren, der sie sich nicht gewachsen fühlten. Und so sank die Familie immer tiefer und tiefer, die Männer brüteten unzufrieden und tranken sich ins Grab, die Frauen rackerten sich zu Hause ab oder heirateten unter ihrem Stand – oder noch Schlimmeres. Im Laufe der Zeit verschwanden sie alle und hinterließen auf dem kleinen Gehöft nur zwei, Wykham Delandre und seine Schwester Margaret. Der Mann und die Frau schienen in männlicher bzw. weiblicher Gestalt die böse Tendenz ihrer Rasse geerbt zu haben und hatten, auch wenn sie sie auf unterschiedliche Art und Weise zutage treten ließen, die Prinzipien einer verdrossenen Leidenschaft, der Wollust und des Leichtsinns, gemeinsam.

Die Geschichte der Brents ähnelte der ihren irgendwie, zeigte aber die Ursachen der Dekadenz in ihrer aristokratischen und nicht etwa in ihrer plebejischen Ausprägung. Auch sie hatten ihre Sprößlinge in die Kriege geschickt; aber sie hatten andere Stellungen angenommen und waren häufig zu Ehren gelangt – denn sie waren ohne Makel, mutig und heldenhaft, und von ihnen wurden tapfere Taten verrichtet, ehe die für sie kennzeichnende, selbstsüchtige Verschwendung ihre Kräfte aufgezehrt hatte.

Das augenblickliche Oberhaupt der Familie – wenn man es als Familie bezeichnen konnte, wo aus der direkten Linie nur noch einer übriggeblieben war – war Geoffrey Brent. Er wirkte irgendwie ausgemergelt, ein Abbild aller, die ihm vorangegangen waren, und offenbarte in mancher Hinsicht deren brillanteste Eigenschaften, in anderer Hinsicht wieder ihre völlige Verkommenheit. Man hätte ihn durchaus mit so manchem jener italienischen Adeligen aus der Antike vergleichen können, welche die großen Maler uns mit ihrem Mut, ihrer Skrupellosigkeit und ihrer hochgradig verfeinerten Wollust und Grausamkeit verewigt haben – Lüstlinge mit Potential zum Scheusal. Mit jener dunklen, adlerhaft bezwingenden Schönheit, die Frauen im allgemeinen als dominierend erkennen, war er ganz sicherlich ein gutaussehender Mann. Zu Männern war er kalt und distanziert; aber ein derartiges Wesen pflegt das weibliche Geschlecht nie abzuschrecken. Die unergründlichen Gesetze der Geschlechter haben es so eingerichtet, daß selbst eine scheue Frau einen wilden, hochmütigen Mann nicht fürchtet. Und so kam es, daß es kaum eine Frau von einigem Stand gab, die in Sichtweite von Brent's Rock lebte, die für diesen gutaussehenden Tunichtgut nicht insgeheim ein gewisses Maß an Bewunderung hegte. Das war eine weitgespannte Kategorie, denn die hohen alten Türme und steilen Dächer von Brent's Rock stachen aus den flachen Silhouetten von Wäldern und Dörfern und weit verstreuten Herrenhäusern hervor und ragten steil aus dem flachen Land, so daß man das Anwesen im Umkreis von hundert Meilen am Horizont nicht übersehen konnte.

Solange Geoffrey Brent seine Verschwendung auf London, Paris und Wien beschränkte – also außer Sicht- und Hörweite seines Zuhause –, schwieg die Öffentlichkeit. Es ist leicht, unbewegt einem entfernten Echo zu lauschen, und wir können einem solchen Echo ungläubig, verärgert oder angewidert lauschen oder mit jeder beliebigen anderen Gleichgültigkeit, die unseren Zwecken genügen mag. Aber als der Skandal näher nach Hause rückte, war das eine völlig andere Angelegenheit; und die Gefühle der Unabhängigkeit und Integrität, wie sie den Menschen einer jeden Gemeinschaft zu eigen sind, die nicht völlig verdorben ist, regten sich und verlangten, daß solches Verhalten getadelt werden solle. Trotzdem herrschte alles in allem eher Zurückhaltung, und die zutage getretenen Tatsachen wurden nur im absolut nötigen Maße zur Kenntnis genommen. Margaret Delandre trat so furchtlos und offen auf – sie akzeptierte ihre Stellung als rechtmäßige Gefährtin Geoffrey Brents auf so natürliche Weise, daß die Leute zu der Meinung gelangten, sie sei insgeheim mit ihm verheiratet, und es daher für klüger hielten, Stillschweigen zu bewahren, da man ja nicht wissen konnte, ob die Zeit sie möglicherweise rechtfertigen und sie auf die Weise zum aktiven Feind machen würde.

Der einzige Mensch, der, wenn er sich eingemischt hätte, alle Zweifel hätte ausräumen können, wurde durch die Umstände daran gehindert, sich in die Angelegenheit einzuschalten. Wykham Delandre hatte mit seiner Schwester gestritten – oder möglicherweise war sie auch diejenige gewesen, die mit ihm gestritten hatte –, und zwischen ihnen herrschte ein Zustand nicht nur bewaffneter Neutralität, sondern bitteren Hasses. Der Streit war Margarets Einzug auf Brent's Rock vorangegangen. Sie und Wykham hatten sich so gestritten, daß es beinahe zu Handgreiflichkeiten gekommen wäre. Jedenfalls hatte es ganz sicherlich auf der einen wie der anderen Seite Drohungen gegeben, und am Ende hatte Wykham, von der Leidenschaft übermannt, seiner Schwester befohlen, sein Haus zu verlassen. Sie hatte sich sofort erhoben und war, ohne auch nur ihre persönlichen Habseligkeiten einzupacken, aus dem Haus gegangen. Auf der Türschwelle war sie einen Augenblick lang stehengeblieben und hatte Wykham eine bittere Verwünschung an den Kopf geworfen, hatte ihm zugerufen, daß er das, was er an jenem Tag getan habe, bis zur letzten Stunde seines Lebens in Scham und Verzweiflung bereuen würde.

Inzwischen waren einige Wochen vergangen, und in der Nachbarschaft war man zu der Ansicht gelangt, Margaret sei nach London gegangen, als sie plötzlich gesehen wurde, wie sie mit Geoffrey Brent ausfuhr, und ehe der Abend angebrochen war, wußte die ganze Umgebung, daß sie auf Brent's Rock eingezogen war. Daß Brent unerwartet zurückgekehrt war, überraschte niemand, man war das von ihm gewöhnt. Selbst seine eigenen Dienstboten wußten nie, wann sie ihn erwarten mußten, denn es gab da eine Tür, zu der nur er den Schlüssel besaß und durch die er manchmal sein Haus betrat, ohne daß jemand überhaupt sein Kommen bemerkte. Nach langer Abwesenheit war dies seine übliche Methode wiederaufzutauchen.

Wykham Delandre war wütend, als er es hörte. Er schwor Rache – und um sicherzustellen, daß seine Wut nicht nachließ, trank er noch mehr denn je. Er versuchte einige Male seine Schwester zu besuchen, aber sie lehnte es voller Verachtung ab, ihn zu empfangen. Er bemühte sich um ein Gespräch mit Brent, was dieser ebenfalls ablehnte. Dann versuchte er, ihn auf der Straße aufzuhalten, aber wiederum ohne Erfolg, denn Geoffrey war kein Mann, der sich gegen seinen Willen aufhalten ließ. Es kam zu einigen Begegnungen zwischen den beiden Männern, und viele weitere wurden angedroht und vermieden. Schließlich fand sich Wykham Delandre mürrisch und immer noch nach Rache dürstend mit der Situation ab.

Weder Margaret noch Geoffrey waren von friedliebender Gemütsart, und so dauerte es nicht lange, bis es zwischen ihnen zu Streitigkeiten kam. Ein Wort führte zum anderen, und der Wein floß in Brent's Rock in Strömen. Hie und da wurden die Streitigkeiten heftig, und dann kam es zu drohenden Wortwechseln in einer an Deutlichkeit nicht zu überbietenden Sprache, die den Dienstboten, die Zeuge dieser Auseinandersetzungen waren, Angst einjagte. Aber im allgemeinen endeten diese

Streitigkeiten so wie häusliche Auseinandersetzungen das immer tun, in der Versöhnung und im wechselseitigen Respekt für die Kampfeigenschaften, die der jeweilige Widersacher an den Tag gelegt hatte. Für einen gewissen Menschenschlag auf der ganzen Welt ist der Streit um des Streites willen eine Angelegenheit, die jedes Interesse wert ist, und es gibt keinen Anlaß zu glauben, daß dieses Interesse bei engerem Zusammenleben schwindet. Geoffrey und Margaret entfernten sich gelegentlich von Brent's Rock, und jedesmal wenn es dazu kam, entfernte sich Wykham Delandre ebenfalls, aber da er gewöhnlich viel zu spät von solchen Abwesenheiten hörte, um daraus Nutzen ziehen zu können, kehrte er jedes Mal noch verbitterter und unzufriedener als zuvor nach Hause zurück.

Schließlich kam es dazu, daß die beiden länger als zuvor von Brent's Rock abwesend waren. Nur wenige Tage zuvor hatte es einen Streit gegeben, der an Bitterkeit alles Vorangegangene übertraf; aber auch diesmal war es wieder zur Versöhnung gekommen, und vor den Dienstboten war eine Reise auf dem Kontinent erwähnt worden. Ein paar Tage später verreiste auch Wykham Delandre, und es vergingen einige Wochen, ehe er zurückkehrte. Man stellte fest, daß er so etwas wie neue Wichtigkeit ausstrahlte – Befriedigung, Begeisterung –; sie wußten kaum, wie sie es nennen sollten. Er begab sich schnurstracks nach Brent's Rock und verlangte Geoffrey Brent zu sprechen, und als man ihm erklärte, daß der noch nicht zurückgekehrt sei, verkündete er mit grimmiger Entschlossenheit, die den Dienstboten nicht entging:

»Ich werde wiederkommen. Was ich weiß, steht außer Zweifel – es kann warten!« Dann wandte er sich ab. Woche um Woche verstrich, Monat um Monat; und schließlich verbreitete sich ein Gerücht, das später bestätigt wurde, daß es im Tal von Zermatt zu einem Unfall gekommen sei. Bei der Überquerung eines gefährlichen Bergpasses war die Kutsche mit einer englischen Lady und dem Kutscher in einen Abgrund gestürzt, während der Gentleman, der auch zu der Reisegruppe gehörte, Mr. Geoffrey Brent, glücklicherweise gerettet worden war, weil er, um die Pferde zu schonen, ausgestiegen und zu Fuß den Berg hinaufgegangen war. Auf seine Informationen hin machte man sich an die Suche. Das zerbrochene Geländer, die ausgefahrene Straße, die Spuren der Pferde am Abhang im Kampf gegen den Absturz in den Strom – an der traurigen Geschichte gab es keinen Zweifel. Es war regnerisch, und im Winter hatte es viel geschneit, der Fluß war daher stark angeschwollen und voller Eisschollen gewesen. Eine gründliche Suche wurde angestellt, und schließlich fand man in einem Seitenarm des Flusses die Überreste der Kutsche und eines Pferdekadavers. Später entdeckte man auf einer Sandbank in der Nähe von Täsch noch die Leiche des Kutschers; aber die Leiche der Lady war ebenso wie der Kadaver des zweiten Pferdes verschwunden, und das, was zu der Zeit noch davon übriggeblieben war, wurde von der Rhone zum Genfer See getragen.

Wykham Delandre stellte alle möglichen Nachforschungen an, konnte aber keine Spur der verschwundenen Frau finden. Dafür fand er in den Büchern der verschiedenen Hotels den Namen von »Mr. und Mrs. Geoffrey Brent«. Er ließ in Zermatt in Erinnerung an seine Schwester unter ihrem ehelichen Namen einen Stein errichten und in der Kirche von Bretten, dem Pfarrbezirk, in dem Brent's Rock und Dander's Croft lagen, eine Tafel anbringen.

Dann verstrich beinahe ein Jahr; die Aufregung über die ganze Sache hatte sich gelegt, und in der Nachbarschaft lief alles wieder seinen gewohnten Lauf. Brent war immer noch abwesend, und Delandre noch betrunkener, noch düsterer und noch rachsüchtiger als zuvor.

Dann gab es neue Aufregung. Brent's Rock wurde für eine neue Herrin hergerichtet. Von Geoffrey selbst wurde in einem Brief an den Vikar offiziell angekündigt, daß er einige Monate vorher mit einer italienischen Dame vermählt worden sei und daß sie sich auf dem Nachhausewege befänden. Dann bemächtigte sich eine kleine Armee von Handwerkern des Hauses; und das Lied von Hammer und Hobel ertönte, und alles war von dem Geruch von Leim und Farbe erfüllt. Der südliche Flügel des alten Hauses wurde völlig neu hergerichtet; anschließend zog der größte Teil der Handwerker ab, ließ aber das Material für den Umbau der alten Halle zurück, weil Geoffrey Brent angeordnet hatte, daß er die Arbeiten dort mit eigenen Augen überwachen wolle. Er hatte exakte Zeichnungen einer Halle im Haus des Vaters seiner Braut mitgebracht, weil er den Wunsch hegte, daß für sie der Ort wiederhergestellt werden sollte, mit dem sie vertraut war. Da sämtliche Schnitzereien neu gemacht werden mußten, trug man Gerüststangen und Bretter herein und legte sie auf einer Seite der großen Halle ab und stellte daneben einen großen, hölzernen Bottich auf, um darin den Kalk zu mischen, der in Säcken seitwärts aufgestapelt wurde.

Als die neue Herrin von Brent's Rock eintraf, tönten die Glokken der Kirche, und allgemein herrschte großer Jubel. Sie war ein wunderschönes Geschöpf, voll der Poesie, des Feuers und der Leidenschaft des Südens; und die wenigen englischen Worte, die sie gelernt hatte, sprach sie auf so reizende und gebrochene Art und Weise aus, daß sie die Herzen der Menschen fast ebenso mit der Musik ihrer Stimme wie mit der schmelzenden Schönheit ihrer dunklen Augen gewann.

Geoffrey Brent schien glücklicher als je zuvor; zugleich aber zeigte sein Antlitz einen düsteren, besorgten Blick, der denen, die ihn von früher gekannt hatten, neu war, und manchmal zuckte er zusammen, als hätte er ein Geräusch gehört, das andere nicht wahrgenommen hatten.

Und so zogen die Monate dahin, und man flüsterte, daß Brent's Rock endlich einen Erben bekommen würde. Geoffrey war zu seiner neuen Frau sehr zärtlich, und die neuen Bande zwischen ihnen schienen ihn aufgeschlossener zu machen. Er zeigte größeres Interesse an seinen Pächtern und ihren Nöten, als er das je zuvor getan hatte, und es mangelte auch nicht an wohltätigen Werken von seiner Seite oder von seiner liebenswürdigen jungen Frau. Er schien seine ganze Hoffnung auf das Kind gesetzt zu haben, das bald kommen würde, und als er tiefer in die Zukunft hineinblickte, schien der düstere Schatten, der sich über sein Gesicht gelegt hatte, sich allmählich aufzuhellen.

Die ganze Zeit über nährte Wykham Delandre seine Rache. Tief in seinem Herzen war ein fester Entschluß zur Rache herangewachsen, der nur auf die Gelegenheit wartete, klare Gestalt anzunehmen. Seine unbestimmte Vorstellung konzentrierte sich irgendwie auf die Frau von Geoffrey Brent; er wußte, daß er ihn am besten treffen konnte, wenn sein Schlag jemanden traf, den er liebte, und die Zukunft schien die Gelegenheit, nach der er sich sehnte, in ihrem Schoße zu bergen. Eines Nachts saß er allein im Wohnraum seines Hauses. Früher war das einmal auf seine Art ein schönes Zimmer gewesen, aber die Zeit und die Vernachlässigung hatten ihr Werk getan, und jetzt war der Raum nicht viel besser als eine Ruine, ohne jegliche Würde und ohne in irgendeiner Weise malerisch zu sein. Er hatte schon seit einer Weile reichlich getrunken und war deshalb mehr als halb betäubt. Er glaubte, jemanden an der Tür zu hören, und blickte auf. Dann rief er fast wild, der Betreffende solle hereinkommen; aber niemand reagierte darauf. Mit einer gemurmelten Verwünschung gab er sich wieder dem Trinken hin. Schließlich vergaß er seine ganze Umgebung und sank in einen Schlaf der Betäubung, wurde aber dann plötzlich wach und sah jemanden oder etwas vor sich stehen, das wie ein abgekämpftes gespenstisches Abbild seiner Schwester aussah. Ein paar Augenblicke lang überkam ihn eine Art von Angst. Die Frau, die da mit ihren verzerrten Zügen und ihren brennenden Augen vor ihm stand, wirkte kaum menschlich, und das einzige, das an seine Schwester erinnerte, war ihr volles, goldenes Haar, das jetzt von grauen Strähnen durchzogen war. Sie musterte ihren Bruder mit einem langen, starren Blick; und wie er sie so ansah und die Wirklichkeit ihrer Präsenz zu begreifen begann, spürte er, wie in seinem Herzen der alte Haß auf sie erneut aufwallte. All die brütende Leidenschaft des vergangenen Jahres schien plötzlich in seiner Stimme Gestalt anzunehmen, als er sie fragte:

»Warum bist du hier? Du bist tot und begraben.«

»Ich bin hier, Wykham Delandre, nicht aus Liebe zu dir, sondern weil ich einen anderen noch mehr hasse, als ich dich hasse!« Eine große Leidenschaft flammte in ihren Augen.

»Ihn?« fragte er im Flüsterton, aber so heftig, daß selbst die Frau einen Augenblick lang erschrak, bis sie ihre Ruhe wiedererlangte.

»Ja, ihn!« antwortete sie. »Aber mach nur ja keinen Fehler, meine Rache ist meine eigene, und dich benutze ich nur, um mir dabei zu helfen.«

Wykham fragte plötzlich: »Hat er dich geheiratet?«

Das verzerrte Gesicht der Frau verzog sich in einem unheimlichen Versuch eines Lächelns. Es war die scheußliche Karikatur eines Lächelns, denn die unterbrochenen Gesichtszüge und die Narben in ihrem Gesicht nahmen seltsame Formen und noch seltsamere Farben an, und es waren eigentümliche weiße Linien zu sehen, als ihre Muskeln die alten Narben spannten.

»Das möchtest du also wissen! Es würde deinen Stolz erfreuen, wenn du das Gefühl hättest, daß deine Schwester richtig verheiratet war! Nun, du sollst es nicht wissen. Das war meine Rache an dir, und davon will ich nicht einmal um Haaresbreite abweichen. Ich bin heute nacht nur deshalb hierhergekommen, um dich wissen zu lassen, daß ich lebe, damit es einen Zeugen gibt, wenn mir dort, wohin ich gehe, Gewalt angetan wird.«

»Wo gehst du hin?« wollte ihr Bruder wissen.

»Das ist meine Angelegenheit! Und ich habe nicht die leiseste Absicht, es dich wissen zu lassen!« Wykham stand auf, aber der Alkohol ließ ihn taumeln, und er stürzte. Wie er so auf dem Boden lag, erklärte er seiner Schwester, er habe vor, ihr zu folgen, und dann sagte er ihr in einem Ausbruch von griesgrämigem

Humor, daß er ihr durch die Dunkelheit folgen würde, geleitet vom Glanz ihres Haares und ihrer Schönheit. Als sie das hörte, drehte sie sich zu ihm herum und sagte, daß es außer ihm noch andere gäbe, die um ihr Haar und auch um ihre Schönheit trauern würden. »Genau wie er«, zischte sie. »Denn das Haar bleibt, auch wenn die Schönheit dahin ist. Als er den Bolzen herauszog und uns über den Felsvorsprung in den Strom jagte, dachte er nicht an meine Schönheit. Vielleicht wäre seine Schönheit genauso von Narben verunstaltet wie die meine, wenn die Strömung ihn so wie mich zwischen den Felsen der Visp herumgewirbelt hätte und er dann auf der Eisscholle im Fluß angefroren wäre. Aber er soll sich hüten! Seine Zeit naht heran!« Und damit riß sie mit einer wilden Geste die Tür auf und trat in die Nacht hinaus.

Später in derselben Nacht wachte Mrs. Brent, die nur halb eingeschlafen war, plötzlich auf und sagte zu ihrem Mann:
»Geoffrey, hast du es nicht gehört? War da das Klicken eines Schlosses, irgendwo unter unserem Fenster?«
Aber Geoffrey – obwohl sie gedacht hatte, er sei bei dem Geräusch auch aufgeschreckt – schien tief zu schlafen, und sein Atem ging schwer. Mrs. Brent schlief wieder ein, erwachte dann aber, als sie bemerkte, daß ihr Mann aufgestanden war und sich halb angezogen hatte. Er war totenbleich, und als das Licht der Laterne, die er in der Hand hielt, auf sein Gesicht fiel, jagte ihr der Ausdruck seiner Augen Angst ein.
»Was ist denn, Geoffrey? Was machst du?« fragte sie.
»Leise, Kleines!« antwortete er mit seltsam heiserer Stimme. »Geh schlafen. Ich bin unruhig und möchte eine Arbeit vollenden, die ich nicht zu Ende gebracht habe.«
»Bring sie her, mein Gemahl«, sagte sie. »Ich bin einsam und habe Angst, wenn du nicht bei mir bist.«
Anstelle einer Antwort küßte er sie nur, ging hinaus und schloß

die Tür hinter sich. Sie lag eine Weile wach, und dann setzte die Natur sich durch, und sie schlief wieder ein.

Plötzlich zuckte sie hoch und war sofort hellwach, und in ihren Ohren hallte noch die Erinnerung an einen erstickten Schrei, der von irgendwo in der Nähe gekommen war. Sie sprang auf und eilte zur Tür und lauschte, aber da war kein Laut zu hören. Sie begann sich Sorgen um ihren Mann zu machen und rief: »Geoffrey! Geoffrey!«

Nach ein paar Augenblicken ging die Tür der großen Halle auf, und Geoffrey erschien dort, aber ohne seine Laterne.

»Leise!« sagte er im Flüsterton, und seine Stimme klang streng und schroff. »Geh zu Bett! Ich arbeite und will nicht gestört werden. Geh schlafen und wecke nicht das Haus.«

Mit einem Gefühl eisiger Kälte im Herzen – denn so schroff hatte sie die Stimme ihres Mannes noch nie gehört – schlüpfte sie wieder ins Bett und lag zitternd unter der Decke, zu verängstigt, zu weinen, und lauschte auf jedes Geräusch. Eine lange Zeit herrschte völlige Stille, dann war das halb gedämpfte Geräusch von einem eisernen Gegenstand zu vernehmen, der gegen irgend etwas stieß! Danach das Krachen eines schweren, herunterfallenden Steines, gefolgt von einem halb erstickten Fluch. Wenig später ein scharrendes Geräusch, und dann wieder das Krachen von Stein auf Stein. Sie lag die ganze Zeit von Furcht gepeinigt da, und ihr Herz schlug schrecklich. Erneut das eigenartige Scharren und dann wieder Stille. Gleich darauf öffnete sich die Tür leise, und Geoffrey erschien. Seine Frau stellte sich schlafend, aber durch die halbgeschlossenen Augenlider sah sie, wie er sich etwas Weißes von den Händen wusch, das wie Kalk aussah.

Am Morgen darauf ging er überhaupt nicht auf die vergangene Nacht ein, und sie hatte Angst, Fragen zu stellen.

Von dem Tag an schien ein Schatten über Geoffrey Brent zu liegen. Er aß und schlief nicht mehr so wie früher, und seine frühere Angewohnheit, sich plötzlich umzudrehen, als ob jemand hinter ihm etwas gesagt hätte, war zu neuem Leben erwacht. Eine besondere Faszination schien die alte Halle auf ihn auszuüben. Er ging mehrmals am Tage dorthin, wurde aber gleich ungeduldig, wenn jemand hereinkam, selbst wenn es seine Frau war. Als der Vorarbeiter des Baumeisters kam, um sich zu erkundigen, ob er seine Arbeit weiterführen solle, war Geoffrey unterwegs; der Mann ging in die Halle, und als Geoffrey zurückkehrte, berichtete ihm der Diener von dem Besuch und sagte ihm, wo der Mann sei. Geoffrey stieß den Diener mit einem schrecklichen Fluch beiseite und eilte in die alte Halle. Der Mann erwartete ihn fast an der Tür, und als Geoffrey in den Raum platzte, stieß er gegen ihn. Der Mann entschuldigte sich:

»Ich bitte um Nachsicht, Sir, aber ich wollte gerade weggehen, um ein paar Fragen zu stellen. Ich hatte angeordnet, daß man zwölf Sack Kalk schickt, aber ich sehe, daß nur zehn da sind.«

»Verdammt sollen die zehn Säcke sein und die zwölf auch!« erwiderte Geoffrey unfreundlich und völlig unverständlich.

Der Vorarbeiter sah ihn überrascht an und versuchte, das Gespräch auf ein anderes Thema zu lenken.

»Ich sehe, Sir, daß da eine Kleinigkeit ist, die unsere Leute gemacht haben; aber der Herr wird das sicherlich auf eigene Kosten in Ordnung bringen lassen.«

»Was meinst du?«

»Die Kaminplatte hier, Sir. Irgend so ein Schwachkopf muß eine Gerüststange daraufgestellt haben, und jetzt ist die Platte in der Mitte auseinandergesprungen, und dabei ist sie dick genug, daß man meinen sollte, daß nichts sie kleinkriegen kann.« Geoffrey blieb eine Weile stumm und sagte dann gequält und wesentlich sanfter:

»Sag deinen Leuten, daß die Arbeit in der Halle im Augenblick nicht weitergeführt wird. Ich will das noch eine Weile so lassen, wie es ist.«

»In Ordnung, Sir. Ich werde ein paar von unseren Leuten schikken, damit sie die Stangen und die Kalksäcke wegschaffen und ein wenig saubermachen.«

»Nein! Nein!« sagte Geoffrey, »Laß das alles, wo es ist. Ich schikke jemanden zu dir und sage dir Bescheid, wenn weitergearbeitet werden soll.« Also ging der Vorarbeiter und meinte nachher zu seinem Meister:

»Ich würde die Rechnung schicken, Sir, für die Arbeit, die bereits geleistet ist. Mir scheint, da herrscht ein wenig Knappheit an Geld.«

Ein oder zwei Mal versuchte Delandre, Brent auf der Straße anzuhalten, und als er schließlich erkannt hatte, daß ihm das nicht gelingen würde, ritt er hinter der Kutsche her und rief ihm nach:

»Was ist aus meiner Schwester geworden, Ihrer Frau?« Geoffrey peitschte seine Pferde in den Galopp, der andere, dem das weiße Gesicht Geoffreys und das Zusammenbrechen von dessen Frau verraten hatten, daß er sein Ziel erreicht hatte, ritt mit finsterer Miene und laut lachend davon.

Als Geoffrey in jener Nacht in die Halle ging, schritt er zu dem großen Kamin und zuckte plötzlich mit einem halb erstickten Aufschrei zusammen. Dann riß er sich mit einiger Mühe zusammen und ging hinaus, um gleich darauf mit einer Laterne zurückzukehren. Er beugte sich über die zerbrochene Kaminplatte, um zu sehen, ob ihn das Mondlicht, das durch das hohe Fenster hereinfiel, irgendwie getäuscht hatte. Dann sank er mit einem gequälten Stöhnen auf die Knie.

Tatsächlich, durch den Spalt in der Steinplatte drangen eine Vielzahl goldener Haarsträhnen mit einem leichten grauen Anflug! Ein Geräusch an der Tür ließ ihn sich umsehen, und da stand seine Frau in der Tür. In der Verzweiflung des Augenblicks zündete er, um eine Entdeckung zu vermeiden, ein Streichholz an der Laterne an, beugte sich vor und brannte das Haar weg, das durch den Spalt im Stein wuchs. Dann erhob er sich, so gleichgültig ihm das möglich war, und gab sich überrascht, seine Frau neben sich zu sehen.

Die nächste Woche lebte er in einem Zustand der Agonie; denn, ob das nun Zufall oder Absicht war, er konnte nie längere Zeit allein in der Halle sein. Bei jedem Besuch war das Haar frisch durch den Spalt gewachsen, und er mußte sorgfältig aufpassen, daß sein schreckliches Geheimnis nicht entdeckt wurde. Er versuchte ein Behältnis für die Leiche der ermordeten Frau außerhalb des Hauses zu finden, aber jedes Mal störte ihn jemand; und einmal, als er gerade durch seine Geheimtür kam, begegnete ihm dort seine Frau, die gleich anfing, ihm Fragen danach zu stellen, und Überraschung zeigte, daß sie nicht schon früher den Schlüssel bemerkt hatte, den er ihr jetzt widerstrebend zeigte. Geoffrey liebte seine Frau heiß und innig, und die Möglichkeit, sie könne seine ängstlich gehüteten Geheimnisse aufdecken oder auch nur an ihm Zweifel haben, erfüllte ihn deshalb mit Angst; und nachdem ein paar Tage verstrichen waren, konnte er sich dem Schluß nicht entziehen, daß sie zumindest etwas argwöhnte.

Am Abend desselben Tages kam sie nach ihrer Ausfahrt in die Halle und fand ihn dort betrübt an dem verlassenen Kamin sitzend. Sie sprach ihn direkt an:

»Geoffrey, dieser Bursche, dieser Delandre, hat mich angesprochen, und er sagt schreckliche Dinge. Er sagt mir, vor einer Woche sei seine Schwester zu diesem Haus zurückgekehrt – nur noch ein Wrack ihres früheren Ich, nur ihr goldenes Haar sei noch so wie früher gewesen – und habe düstere Pläne verkündet. Er hat mich gefragt, wo sie sei – und, o Geoffrey, sie ist tot, sie ist tot! Wie kann sie also zurückgekehrt sein? Oh, oh! Ich habe so schreckliche Angst und weiß nicht, wohin ich mich wenden soll!«

Anstelle einer Antwort brach Geoffrey in einen Strom von Verwünschungen und Flüchen aus, die sie schaudern ließen. Er verwünschte Delandre und seine Schwester und ihre ganze Sippe, und dabei schleuderte er eine Verwünschung nach der anderen auf ihr goldenes Haar.

»Oh, sei doch still! Sei doch still!« sagte sie, und dann verstummte sie selbst, denn immer wenn sie die bösen Wirkungen seines Temperaments erlebte, fürchtete sie ihren Mann. Geoffrey, noch ganz unter dem Einfluß seiner Wut, stand auf und trat von dem Kamin zurück, hielt aber plötzlich inne, als er in den Augen seiner Frau einen neuen Ausdruck des Schreckens sah. Er folgte ihrem Blick, und dann überkam auch ihn ein Schaudern – denn da, auf der zerbrochenen Kaminplatte, lag etwas Goldenes, eine Haarspitze, die sich gerade durch den Spalt hervorschob.

»Schau, schau!« kreischte sie. »Das ist ein Geist der Toten! Komm hier weg – komm hier weg!« Und dann ergriff sie ihren Mann mit der Kraft des Wahnsinns am Handgelenk und zog ihn aus dem Raum.

In jener Nacht packte sie ein wütendes Fieber. Der Bezirksarzt nahm sich ihrer sofort an und erbat sich telegraphisch Hilfe aus London. Geoffrey war verzweifelt, und in der Sorge um die Gefahr, die seine junge Frau bedrohte, vergaß er beinahe sein eigenes Verbrechen und dessen Folgen. Am Abend mußte der Arzt weggehen, um sich um andere Leute zu kümmern; überließ aber Geoffrey die Sorge um seine Frau. Seine letzten Worte waren:

»Denken Sie daran, Sie müssen ihr ihren Willen lassen, bis ich am Morgen wiederkomme, oder bis irgendein anderer Arzt ihren Fall fest in der Hand hat. Sorgen müssen Sie sich um eine weitere Aufwallung von Gefühlen. Achten Sie darauf, daß sie warm gehalten wird. Mehr kann man nicht tun.«

Spät am Abend, als der Rest der Bediensteten sich zurückgezogen hatte, erhob sich Geoffreys Frau aus dem Bett und rief ihren Mann.

»Komm!« sagte sie. »Komm in die alte Halle! Ich weiß, wo das Gold herkommt! Ich will es wachsen sehen!«

Geoffrey hätte sie lieber davon abgehalten, fürchtete aber einerseits um ihr Leben und ihren Verstand, hatte aber andererseits Angst, sie würde in einem plötzlichen Anfall ihren schrecklichen Verdacht hinausschreien, und erkannte, daß es sinnlos war, sie daran zu hindern. Deshalb hüllte er sie in eine warme Decke und ging mit ihr in die alte Halle. Als sie eintraten, drehte sie sich um, schloß die Tür und sperrte sie ab.

»Wir wollen heute nacht keinen Fremden unter uns dreien!« flüsterte sie mit einem fahlen Lächeln.

»Wir drei! Wir sind aber doch nur zwei«, sagte Geoffrey schaudernd und hatte Angst, mehr zu sagen.

»Setz dich hierher«, sagte seine Frau und löschte das Licht. »Setz dich an den Kamin und sieh zu, wie das Gold wächst. Das silberne Mondlicht ist eifersüchtig! Da, schau, es stiehlt sich am Boden entlang auf das Gold zu – unser Gold!« Geoffrey sah mit wachsendem Schrecken zu und sah, daß in den letzten Stunden das goldene Haar weiter durch die zerbrochene Kaminplatte gewachsen war. Er versuchte es zu verbergen, indem er seine Füße über die Bruchstelle stellte, und seine Frau zog sich ihren Stuhl neben ihn, beugte sich zu ihm herüber und legte den Kopf auf seine Schulter.

»So, und jetzt beweg dich nicht, Lieber«, sagte sie. »Laß uns still sitzen und zusehen. Wir werden das Geheimnis des wachsenden Goldes entdecken!« Er legte den Arm um sie und saß stumm da, und während das Mondlicht sich über den Boden schlich, sank sie in den Schlaf.

Er hatte Angst, sie zu wecken; und so saß er stumm und kläglich da, während die Stunden sich dahinschleppten.

Vor seinen entsetzten Augen wuchs und wuchs das goldene Haar aus dem zerbrochenen Stein; und je mehr es wurde, um so kälter wurde sein Herz, bis er schließlich nicht mehr die Kraft hatte, sich zu regen, und mit schreckerfüllten Augen dasaß und seinem Verhängnis zusah.

Am Morgen, als der Arzt aus London kam, waren weder Geoffrey noch seine Frau zu finden. Man suchte in allen Räumen, aber ohne Erfolg. Als letzte Zuflucht brach man die Tür der alten Halle auf, und denen, die dort eintraten, bot sich ein grauenvolles und schreckliches Bild.

An dem verlassenen Kamin saßen Geoffrey Brent und seine junge Frau, kalt und weiß und tot. Das Gesicht der Frau war friedlich, und ihre Augen waren im Schlaf geschlossen; aber Geoffreys Gesicht bot einen Anblick, der alle schaudern ließ, die es sahen, denn es zeigte einen Ausdruck unsäglichen Schreckens. Die Augen waren weit offen und starrten glasig auf seine Füße, um die sich goldene Haarflechten schlangen, in die sich graue Fäden mischten, Haarflechten, die aus dem zerbrochenen Kaminstein wucherten.

Originaltitel: The Secret of the Growing Gold
Deutsch von Heinz Zwack

Sidney Gray
Catherines Abenteuer

Wir berührten uns bei der Arbeit oft zufällig. Ich legte sanft meine Hand auf ihren Rücken, und sie streifte flüchtig meine Taille. Sie neckte mich und machte es zu einem Spiel. Sie lockte mich oft in einen Abstellraum und probierte dann aus, wie weit ich sie gehen lassen würde, bevor meine Bedenken überhandnahmen. Sie küßte mich und drängte mich gegen die Wand. Es war stets dunkel, aber mein Gesicht war ganz deutlich in dem Lichtstrahl zu sehen, der durch die Scheibe in der Tür zum Gang hereinfiel. Sie ließ mich ihre Brüste berühren und schob meine Finger hastig zwischen ihre Blusenknöpfe. Ihre Hände glitten unter mein Hemd, und ich konnte ihre Nägel auf meiner Haut spüren. Sie preßte sich dicht an mich, preßte ihre Hüften an meine. Sie drohte damit, meinen Gürtel zu öffnen...

»Catherine, ich kann nicht... Nein, Catherine, bitte. Komm schon, bitte. Was, wenn...?«

Und dann lachte sie mich aus und verspottete mich. Warf ihr Haar zurück und leckte sich über die Lippen. Danach ließ sie mich in dem dunklen Abstellraum alleine, und ich zog mich wieder richtig an und wartete, bis sich meine erhitzten Wangen abkühlten. Dabei schwor ich mir stets, daß ich eines Tages, eines Tages...

Ich liebte sie über alles. Außerhalb der Arbeit kreisten all meine Gedanken nur um sie. In meinem Kopf wirbelten verpaßte

Gelegenheiten herum, von denen ich auf einmal erkannte, daß ich sie hätte ergreifen sollen. Ich saß zu Hause herum und wartete auf ihren Anruf. Ich hatte mir extra ein schnurloses Telefon gekauft und trug es in meiner Wohnung überall mit mir herum. Es stand während der Mahlzeiten neben der Mikrowelle, während ich badete neben meiner Zahnbürste und dem Elektrorasierer im Regal und während der Nacht neben meinem Wecker. Ich wartete darauf, daß sie anrief und mir sagte, daß ihr Mann unterwegs sei und erst viel später zurückkehren würde. Oft stiegen Enttäuschung und Wut in mir hoch, das Bedürfnis, sie zu sehen, und dann stritt ich mit mir selber. Aber meine Geduld war stärker als meine Wut. Ich war nicht dumm.

Natürlich durfte ich unser Geheimnis nicht verraten. Sie war sehr beliebt und hatte viele Freunde. Ich glaube, ich hatte noch nie gehört, daß jemand etwas gegen sie sagte. Niemand hätte geglaubt, daß sie zu so etwas in der Lage sei. Niemand von unseren Arbeitskollegen hätte gedacht, daß sie Anthony betrügen würde. Er war *so* ein netter Kerl, *so* ein toller Ehemann. Alle waren überzeugt, daß Catherine niemals eine Affäre haben würde.

Natürlich wußte ich es besser.

Sie war ein paar Jahre älter als ich, ich schätzte sie auf ungefähr dreißig, aber ich fragte nie danach. Sie war nicht so groß wie ich. Wenn wir uns umarmten, konnte ich ihr gerade so über den Kopf sehen. Manchmal stellte sie sich auf die Zehenspitzen, um mich zu küssen. Ihr Haar war sehr kurz und sehr dunkel. Sie sah südländisch aus, aber sie behauptete, ihre Familie habe nie einen Fuß aus London herausgesetzt. Sie war wirklich schön und malte mir oft aus, wie ich den Leuten von unserer Affäre erzählte. Ich wußte, wie wunderbar ich mich fühlen würde, mit ihr Arm in Arm die Straße entlangzugehen, weil ich wußte, welche Art von Bemerkungen unsere männlichen Arbeitskollegen über sie machten, wie sehr sie Anthony beneideten. Sogar Carters geschmacklose, obszöne Bemerkungen erfüllten mich mit Stolz.

Er erzählte ständig die eine oder andere Geschichte über eine Frau, die er am Wochenende oder am Abend zuvor kennengelernt hatte, aber Catherine hatte er noch nie angerührt. Oh, Carter, wenn du nur wüßtest, dachte ich immer. Wenn du nur wüßtest, daß sie mit mir zusammen war.

Wir trafen uns oft in der Öffentlichkeit, aber dort begegneten wir nur Fremden. Die Orte waren unser Geheimnis. Der Spielplatz hinter der Eastfield Grundschule. Das Studentencafé in der Humber Street. Und das *Blue Button;* ein kleines, müde aussehendes Pub an der Straße nach Birchill. Dort gingen wir am häufigsten hin, aber nur abends. Wir kannten dort niemanden, und man schenkte uns dort nicht zuviel Aufmerksamkeit. Wir saßen immer am gleichen Tisch; in einer in die Wand eingelassenen Nische neben dem Kamin. Dort versteckten wir unsere Gesichter hinter den flackernden Schatten und redeten. Catherine redete gerne. Sie trank Rotwein und erzählte mir von ihren Wünschen und Zielen. Sie erzählte mir oft, daß Anthony sie zurückhalte, weil er keine Träume habe. Er sei glücklich mit dem, was er habe, und er tue ihr leid, weil sie wisse, daß es auf der Welt noch unendlich mehr gebe. Zuerst redeten wir, und dann liebten wir uns auf dem Weg nach Hause im Auto.

Catherine fuhr immer selber, sogar wenn wir mein Auto benutzten. Sie nahm eine dunkle, schmale Landstraße und hielt am Seitenstreifen. Manchmal, wenn wir Glück hatten, hatte ein Farmer das Tor zu einem Feld offen gelassen, und wir konnten hinter eine Hecke fahren. Aber häufiger mußte der Grünstreifen unter einem hohen Baum reichen. Ich klappte dann immer den Beifahrersitz nach hinten, und Catherine setzte sich auf mich. Wir küßten uns. Sie mochte es, geküßt zu werden; auf den Hals, hinter den Ohren, auf die Kuhle, wo sich ihre Kehle und ihr Brustbein trafen. Es gab so viele kleine Stellen an ihr, die sie erzittern ließen. Ich erforschte sie alle. Die Scheiben beschlugen, und wir waren allein in unserer eigenen, kleinen Welt.

Einmal, in einer kalten klaren Nacht nach einem Schneefall,

wollte Catherine sich mit mir im Freien lieben. Wir parkten den Wagen neben einem kleinen Wäldchen und zogen uns aus. Die Sterne leuchteten, jeder einzelne war deutlich zu sehen. Der Schnee fühlte sich eiskalt und erfrischend zwischen unseren Zehen an, während wir eingehüllt in unsere Atemwolken zu den Bäumen hinüberrannten. Catherines Haut war straff vor Kälte, und jedesmal, wenn ich sie mit den Fingerspitzen berührte, erzitterte sie, und ein Schauer durchlief ihren ganzen Körper. Sie schmiegte sich an eine Silberbirke, während wir uns liebten. Die ganze Welt um uns herum schien erstarrt; mit Ausnahme von Catherine, deren Wärme mich umfing.

Als wir in den Wagen zurückkehrten, liebten wir uns noch einmal, um uns aufzuwärmen. Und als sie die Scheinwerfer anschaltete und losfuhr, waren nur unsere Spuren im Schnee zu sehen.

Catherines Leidenschaft, ihre Sorglosigkeit und die Spontanität unseres Liebesspiels erregten mich, aber ich wußte wohl die ganze Zeit, daß uns das alles schließlich noch zum Verhängnis werden würde. Sie lachte stets über meine Vorsicht und neckte mich mit der gleichen Sorglosigkeit, von der sie wußte, daß sie mich gleichzeitig erregte und zur Verzweiflung trieb. Vielleicht wollte sie es so am liebsten. Vielleicht erregte es sie einfach, mich so ängstlich und nervös zu sehen.

Das einzige Mal, als sie mich zu sich nach Hause einlud, war Anthony da. Ich hatte nicht erwartet, ihn zu sehen. Wir drei saßen uns in ihrem Wohnzimmer gegenüber und plauderten über die Arbeit und das Wetter, während uns die unsichtbaren Linien, die quer durch den Couchtisch und hinter dem Fernsehgerät entlangliefen, zu einem Dreieck verbanden. Ich wagte nicht, etwas anzufassen. Ich hatte Angst, daß ich Fingerabdrücke hinterlassen könnte, die Anthony vielleicht eines Tages auf dem Körper seiner Frau wiedererkannte. Aber Catherine schien das alles nichts auszumachen. Sie spielte die perfekte Gastgeberin und sorgte dafür, daß ich genug Tee und Schokoladenkekse hatte. Sie fragte mich sogar, ob ich eine Freundin hätte, und mein verlegenes, nervöses Schweigen amüsierte sie. Aber als sie mich dann nach Hause fuhr, liebten wir uns so heftig, daß ich in jener Nacht nicht schlafen konnte. Ich konnte immer noch ihre Hüften spüren, die sich an mich preßten, das Gewicht ihres Körpers und ihre Hände, die sich an meine Schultern klammerten. Ich lag da und starrte in die Dunkelheit und begriff, wie sehr ich diese Frau liebte. Diese Frau, die mich lehrte zu lieben. Diese Frau, deren Wissen über die Liebe endlos zu sein schien. Und ich beschloß, ihr genau zu sagen, was ich empfand.

Ich sagte es ihr bei der Weihnachtsfeier. Ich trank genug, um den Mut aufzubringen, es ihr inmitten all des Frohsinns und Gelächters zu sagen.

Ich war umgeben von aufgedunsenen Gesichtern; von besoffenen, schallend lachenden, vollgefressenen Menschen, und eigentlich nicht von den Menschen, die ich jeden Tag bei der Arbeit sah. Aber die einzige, die ich beobachtete, war Catherine, die mir gegenübersaß. Sie trug ein rotes Papierhütchen, das sie mit ungeschickten, betrunkenen Fingern an der Seite eingerissen hatte. Es war aus einem Party-Cracker gefallen, an dem wir gemeinsam gezogen hatten. Sie ließ mich die Prophezeiung, die ebenfalls herausgefallen war, nicht lesen. Sie behielt ihre Zukunft für sich.

»Ich muß mit dir reden«, sagte ich. »Können wir irgendwo anders hingehen?«

Sie beugte sich über den Tisch zu mir herüber. Ihre Augen strahlten. »Nicht, wenn du nur reden möchtest«, erwiderte sie.

»Es ist wichtig.«

Sie lächelte mich ein wenig spöttisch an. »Dann kann ich wohl nicht nein sagen, oder?«

Es war leicht, sich von der Party davonzustehlen, als die Tische abgeräumt wurden und die Leute zu tanzen anfingen. Ich war nervös, aber nur wegen dem, was ich ihr zu sagen hatte. Ich hatte mir fest vorgenommen, daß ich die Worte sagen würde, ohne mich zu verheddern.

Am Ende des hellen Gangs, der vom Restaurant abging, befand sich ein Veranstaltungssaal mit einer Bühne. Catherine zog mich durch die beiden Schwingtüren hinein. In dem Raum standen überall leere Tische und Stühle herum, die alle auf eine Party warteten, die am nächsten Abend oder am Wochenende stattfinden würde. Zu unserer Linken befand sich eine Bar. Über den Zapfhähnen hingen Handtücher mit einem Carlsberg-Aufdruck, und der Getränkekühlschrank war die einzige Lichtquelle. Aber hinter der Bar befand sich eine Tür, und gelegentlich waren Gläserklirren und die leise, undeutliche Stimme eines Mannes zu hören. Ansonsten war es im Raum völlig still. Catherine drängte mich gegen die Wand, und wir küßten uns.

»Du hast aber nicht viel zu sagen«, zog sie mich auf und küßte mich, bevor ich etwas erwidern konnte. »Du schleifst mich von der Party weg, um mir etwas furchtbar Wichtiges zu erzählen, und dann sagst du kein Wort.« Ihre Hände zerrten bereits mein Hemd aus der Hose. »Du hast mich unter falschen Voraussetzungen hergebracht.« Sie fuhr mit den Händen unter mein Hemd, strich mit den Fingern über meinen Rücken und legte sie auf meinen Gürtel. »So nennt man das. ›Falsche Voraussetzungen.‹« Sie schob ihre Hände in meinen Hosenbund. »Ich könnte dich verhaften lassen.« Und dann ließ sie ihre Finger über meine Hüften nach vorne gleiten.

Die Worte waren in mir und sehnten sich danach, ausgesprochen zu werden. Ich packte ihre Schultern, als wolle ich sie schütteln und ihr die Worte ins Gesicht schreien. Aber vielleicht geriet mein Verlangen, ihr zu sagen, was ich empfand, mit dem Verlangen, sie zu berühren, durcheinander.

Der Alkohol in meinem Blut ließ alles vor mir verschwimmen. Ich hatte das Gefühl, als würde die Welt um mich herum meinen Fingerspitzen gehorchen. Ich drehte Catherine langsam um und schob sie von der Türe weg, bis ihr Rücken gegen die Bar stieß.

Ihr langes, rotes Kleid fühlte sich zwischen meinen Fingern wie Wasser an. Es glitt zu Boden und lag wie eine karmesinrote Pfütze vor meinen Füßen. Meine Augen, meine Hände und mein Mund glitten über ihren nackten Körper. Ich lauschte auf Catherines Atem. Im Hintergrund konnte ich gedämpft die Musik der Party hören, die wir verlassen hatten; der Rhythmus der Songs kam mir im Vergleich zum Klopfen meines Herzens langweilig vor.

Jede Kurve ihres Körpers erschien mir perfekt, alles paßte so gut zusammen. Ich ließ meine Finger von ihrem Nacken zu der weichen Haut ihres Halses gleiten. Dann fuhr ich mit den Fingern zwischen ihren Brüsten hinunter bis zu ihrem Bauch. Dabei kratzte ich leicht mit den Fingernägeln über ihre Haut. Ich konnte keine Narben oder Makel, keine Fehler oder Mängel fühlen. Außer die Gänsehaut, die meine Fingernägel hervorgerufen hatten.

Ich küßte die halbmondförmigen Schatten unter ihren Brüsten. Dann kniete ich mich hin und küßte ihren kleinen, gewölbten Bauch. Ich legte meine Hände auf ihre Hüften und drückte sanft ihre Rundungen. Sie fuhr mit den Fingern durch mein Haar und massierte meinen Nacken.

Sie setzte sich auf die Bar und legte sich dann auf die glänzende, hölzerne Oberfläche. Das Licht vom Kühlschrank beleuchtete sie vom Nabel bis zum Hals. Die Schatten, die auf ihren Körper fielen, ließen den Eindruck entstehen, als ob sie mit verführerischer Wäsche bekleidet sei.

»Küß mich hier«, sagte sie mir. »Berühre mich hier. So.« Und ich tat, was sie mir sagte. Ich sah ihr zu, wie sie die Hände über ihren Körper gleiten ließ, und folgte ihnen mit meinen Lippen und Fingern. Sie bewegte sich, um mir zu helfen; hob ihre Hüften hoch und wölbte ihren Rücken. Sie erschauerte leicht, als ein wollüstiges Beben ihren Körper durchlief. Ihr Atem ging stoßweise, wurde schneller, und winzige Schluchzer entfuhren ihr. Ich küßte sie an den Stellen, auf die sie zeigte; manchmal berührte ich sie sanft mit der Zungenspitze, und manchmal saugte ich hungrig an ihrer Haut.

Der Alkohol war vergessen. Ich war betrunken von Catherines Körper. Ich hatte noch nie... Ihre Haut war so unglaublich weich, so unglaublich warm. Ich ließ meine Hände über ihren Körper gleiten, wollte sie überall berühren. Ich wollte sie festhalten, sie am mich pressen und nie wieder loslassen. Nun war ich es, der zitterte. Nun ging *mein* Atem stoßweise. Ich wollte alles von ihr. Ich entdeckte neue Stellen, an denen ich sie küssen konnte. Ihre Handflächen. Ihre Kniebeuge. Die seidige blasse Haut auf der Innenseite ihrer Schenkel...

Ein Geräusch schreckte mich auf. War irgendwo eine Tür aufgegangen? Und ich zog mich von ihr zurück, wie aus einem Traum. Aber sie kicherte nur.

»Wir sind jetzt nicht bei der Arbeit«, sagte sie. »Hier kannst du nicht vor mir weglaufen.« Sie setzte sich auf, schlang ihre Beine um mich und hielt mich fest.

»Und jetzt«, flüsterte sie, »küß mich hier.«

Ich machte einen Schritt nach vorne, und ihre Beine zogen mich zu ihr hin. Ich hatte immer noch das Gefühl, nicht ganz Herr meiner Sinne zu sein. Ich kam mir vor wie betäubt, wie in einem Tagtraum. Hätte sie mich nach meinem Namen gefragt, ich hätte ihn ihr nicht nennen können. Ich konnte außer Catherine nichts anderes sehen, denken oder fühlen.

»Hier«, sagte sie und schob meine Finger an die Stelle, während ihre andere Hand meinen Gürtel aufmachte.

Ich stieg auf das Messinggeländer am Fuß der Bar. Aber ich zögerte. Ich mußte es sagen. Bevor sie mich völlig gefangennahm, bevor ich wegen ihr völlig den Verstand verlor, mußte ich es ihr sagen.

Sie neigte den Kopf zur Seite und runzelte die Stirn.

Ich konnte ihr nicht in die Augen sehen. Ich blickte sie an. Wie sie mit dem Rücken zum Licht saß, war sie beinah nur eine Silhouette, die sich gegen das das bleiche Licht abzeichnete. Aber ich konnte ihr nicht in die Augen blicken. Ich starrte überall hin, nur nicht in ihre Augen.

Dann sagte ich langsam: »Ich glaube, ich liebe dich.«

Und dann hielt sie mich fest und schlang noch enger ihre Beine um mich. Sie legte ihre Arme um mich und ihren Kopf an meine Schulter.

Aber dann hörte ich ein Geräusch. Obwohl ich es diesmal ignorieren wollte. Es stahl mir meinen Traum.

»Liebe mich«, sagte sie. Sie fuhr mir mit der Hand durchs Haar. »Liebe mich«, wiederholte sie. Sie küßte meinen Hals.

Etwas hinter mir bewegte sich. Aus dem Augenwinkel sah ich, wie sich etwas in der Dunkelheit bewegte und die Schatten sich veränderten. Es war wie ein Schlag ins Gesicht, und ich stolperte nach hinten und riß Catherine beinah von der Bar. Sie rang nach Luft.

Ich drehte mich schnell um und benutzte meinen Körper, um Catherines Nacktheit zu verbergen. »Wer ist da?« sagte ich, und meine Stimme klang schwach, so als sei ich noch nicht ganz wach. Ich schaute angestrengt auf die im Halbdunkeln herumstehenden Tische und Stühle. Ich kniff zweimal kurz die Augen zusammen, da ich immer noch alles unscharf sah. »Wer ist da?«

Catherine versteifte sich hinter mir und ließ sich langsam hinter die Bar gleiten. Mein Herz schlug hart in meiner Brust, und ich war wie erstarrt. Einen kurzen Moment lang hoffte ich, daß ich mich irrte, daß mir meine Phantasie einen Streich gespielt hatte. Aber dann trat jemand langsam aus der Dunkelheit hervor.

»Na sieh mal einer an«, flüsterte eine betrunkene, männliche Stimme. Er schmunzelte. »Sieh sich das verdammt noch mal einer an.« Es war Carter. Und noch bevor er vollständig aus dem Dunkeln hervorgetreten war, konnte ich schon sehen, wie er uns beide hämisch anblickte.

Ich hätte Angst haben müssen. Mir hätte klarwerden müssen, daß uns jemand ertappt hatte, aber während ich lässig zwischen den Tischen entlangging, spürte ich nur unendliche Wut. Wut darüber, daß dieses unwirkliche, betörende Gefühl verschwunden war, und dann Haß, als mir all die Bemerkungen einfielen, die er bei der Arbeit über Catherine gemacht hatte.

»Raus hier!« zischte ich ihn an. »Los, raus hier!« Und plötzlich verlor ich die Beherrschung. Mein Schlag war nicht sehr hart, und er wehrte ihn mit einer Bewegung ab, die eher wie ein Salut aussah. Meinen zweiten Schwinger fing er ab.

»Also die Geschichte werden die Jungs bestimmt nicht glauben«, sagte er. Er verdrehte mir das Handgelenk, aber ich ließ nicht zu, daß er den Schmerz in meinen Augen sah. Er verstärkte seinen Griff. Er war groß, aber untersetzt und kräftig wie ein Rugbyspieler. Seine winzig kleinen Augen glänzten und waren leuchtendblau und völlig gefühllos.

Er blickte zu Catherine hinüber, die hinter der Bar stand. Sie bedeckte ihre Brüste mit ihren Armen. »Komm her und hol dir dein Kleid, Cathy.« Er zwinkerte ihr zu. »Jetzt brauchst du doch nicht mehr schüchtern zu sein.«

Catherine sagte kein einziges Wort. Sie starrte ihn wütend an.

»Ich habe die Vorstellung sehr genossen«, sagte er. »Es wurde gerade erst richtig interessant.« Ich versuchte vergeblich, mich aus seinem Griff zu befreien. Er richtete seinen Blick wieder auf mich, und obwohl er hämisch grinste, lag in seinem Blick etwas Bedrohliches. Er feixte angesichts meiner Gürtelschnalle, die lose vor meinem Schritt hin und her baumelte. »Glaubst du, du wärst mit dem interessanten Teil fertig geworden?« Ich konnte den Alkohol in seinem Atem riechen. »Oder bin ich gerade rechtzeitig gekommen, um dir die Peinlichkeit zu ersparen?«

»Verschwinde, Carter.«

»Du hast recht«, sagte er. Er schüttelte den Kopf. »Nein, im Ernst, du hast recht. Ich hätte warten sollen, bis du wenigstens einmal einen weggesteckt hast. Ich meine, es gibt für alles ein erstes Mal, nicht wahr?« Er packte noch fester zu, und die Schmerzen an meinem Handgelenk wurden beinah unerträglich. Gegen meinen Willen entfuhr mir ein Schmerzenslaut. »Ich finde nur nicht, daß es mit einer so tollen Frau passieren sollte.« Sein durchdringender Blick wanderte zu Catherine zurück. »Also, ich könnte dieser Frau ein, zwei Dinge zeigen«, sagte er zu mir. »Sie will sich doch wohl nicht an so einen kleinen Scheißer wie dich verschwenden. Nicht, wenn jemand wie ich sie so gut ficken könnte.«

Ich holte mit meiner freien Hand aus und traf seine Wange. Er zuckte noch nicht einmal zusammen. Er versetzte mir einen kurzen Schlag. Nur einen. Ich spürte sofort einen heftigen Schmerz in meiner Nase und fiel auf die Knie. Blut lief mir über das Gesicht. Er hielt mich immer noch am Handgelenk fest, so daß ich halb in der Luft hing. Er wischte seine blutigen Knöchel an meiner Schulter ab und ließ mich dann los. Ich kauerte mich zusammen und hielt mir die Hände vors Gesicht.

»Es wäre besser für dich, wenn du ab jetzt sehr nett zu mir bist«, sagte er. »Verdammt nett.« Er ging, und ich hörte die Tür hinter ihm zuschwingen.

Mein Mund war voller Blut, und mein Taschentuch war im Handumdrehen tiefrot. Ich wußte nicht, ob er mir die Nase gebrochen hatte. Sie brannte wie Feuer, aber die Blutung wurde schnell schwächer. Blut war auf mein Hemd gespritzt, und ich konnte Tupfer auf dem Boden sehen.

Catherine kam zu mir herüber. Sie hatte sich inzwischen wieder ihr schönes Kleid angezogen. »Bist du in Ordnung?« fragte sie. Sie sah verängstigt aus, und ihr warmes Gesicht war ganz blaß. »O Gott, du siehst furchtbar aus.« Sie rang die Hände und machte immer wieder eine Bewegung, als würde sie sie waschen.

»Mir geht es gut«, sagte ich.

»Ich muß gehen«, sagte sie. »Ich muß dafür sorgen, daß er nichts sagt.«

Ich nickte.

»O Gott, es tut mir leid. Es tut mir so furchtbar leid. Kann ich...?«

Aber ich schüttelte den Kopf. Und nach kurzem Zögern ging sie zur Party zurück. Ich hörte, wie sich die Schwingtür hinter ihr schloß. Ich blieb, wo ich war, bis meine Nase zu bluten aufgehört hatte. Der Schmerz verursachte mir jedoch immer noch Übelkeit. Ich tat mein Bestes, die Flecken auf dem Boden mit meinem Hemdsärmel aufzuwischen. Ich rückte die Handtücher auf der Bar wieder zurecht und ging nach Hause.

Ich saß im Dunkeln in meinem engen Wohnzimmer. Mir war nicht kalt, aber ich hatte das Feuer hochgedreht und meinen Sessel genau davorgestellt. Die unechten Kohlen glühten tiefrot. Vielleicht versuchte ich, meine Wut herauszuschwitzen? Der Fernseher tönte irgendwo im Hintergrund. Ich dachte an Catherine. Ich sagte mir, daß ich auf der Party hätte bleiben müssen, daß ich Carter hätte hinterhergehen müssen. Ich war wütend auf mich, weil ich davongelaufen war. Und da kam mir eine weitere Frage: Hatte er es jemandem erzählt?

Und dieser ersten Frage folgten viele andere. Sollte ich am nächsten Tag zur Arbeit gehen? Wem würde Carter es erzählen? Würde Anthony es herausfinden? Wie würde ich die Beule in meinem Gesicht, mein blaues Auge erklären? Würde Catherine mich verlassen, wenn er es tat? Und ich konnte keine von ihnen beantworten. Mir fiel keine Lösung ein. Ich war in dem Durcheinander meiner Gefühle gefangen; jeder Schritt, den ich tat, endete vor einer leeren Wand. In meinem Bauch nisteten sich tiefe, schmerzhafte Wut und Enttäuschung ein. Ich war mal wieder ausgeschlossen und wartete mal wieder darauf, daß mich jemand anrief und mir sagte, was in *meinem* Leben passierte. Ich fühlte mich hilflos. Und ich kam zu dem Schluß, daß ich am nächsten Tag einfach zur Arbeit gehen mußte. Ich mußte herausfinden, was passierte und was gesagt worden war. Von Catherine, von Carter, von den anderen.

Ich ging ins Bett und versuchte zu schlafen, aber es war vergeblich. Ich wälzte mich bis lange nach Mitternacht herum, gab dann auf, setzte mich vor das Feuer und starrte auf das unechte Glühen. Kurz vor eins schrillte die Klingel. Es war Catherine.

Sie hatte geweint. Ihre Augen waren geschwollen und mit Wimperntusche verschmiert. Die Streifen sahen aus wie schwarze Venen. Ich schob sie in den Sessel, der vor dem Feuer stand, und gab ihr ein Glas Whiskey. Ich war ungeduldig und machte mir Sorgen, und in meinem Bauch machte sich Unruhe breit, aber ich kannte sie zu gut, um sie jetzt zu drängen. Sie streifte den Mantel ab und ließ ihn zu Boden gleiten. Ihr Lippenstift war in den Mundwinkeln verschmiert. »Er hat gedroht, es Anthony zu sagen«, flüsterte sie.

»Carter?«

Sie nickte. Sie starrte in ihren Whiskey und schwenkte ihn sachte im Glas herum, ohne ihn jedoch zu trinken. Sie stellte das Glas ab, und ich nahm ihre Hand und kniete mich vor sie hin.

»Er will, daß ich mit ihm schlafe.« Sie blickte mich nicht an, während sie das sagte. »Er sagt, wenn ich es nicht tue, sagt er es Anthony.«

Ein, zwei Sekunden war ich völlig verwirrt. Ich spürte, wie sich die Haut meines Gesichts vor Unglauben zusammenzog, als ich die Bedeutung der Worte begriff. Dann stieg Zorn in mir auf. »Ich werde ihn umbringen!«

Sie schüttelte schnell den Kopf, drückte meine Hand und zog mich wieder hinunter auf die Knie. »Nein«, sagte sie. »Nein. Vielleicht ist es sowieso an der Zeit, daß Anthony es erfährt.«

Wieder war ich verwirrt. Ich schüttelte den Kopf.

»Vielleicht sollte ich ihn verlassen. Ich bin es leid, mich zu verstecken und ihn zu hintergehen.« Sie sah mir in die Augen. »Ich könnte doch hier wohnen, oder? Bis alles geklärt ist?«

»Ja«, sagte ich und nahm ihre Hand in meine. »Ja. Natürlich kannst du das. Das weißt du doch. Du kannst so lange bleiben, wie du möchtest.« Ich haßte mich dafür, daß mich auf einmal wegen der Situation Hoffnung erfüllte. Bedeutete das etwa, daß sie Anthony wegen mir verließ? Konnten wir jetzt endlich die ganze Zeit zusammensein wie richtige Liebende?

»Es stimmt zwischen uns beiden nicht mehr. Er ist nicht mehr der junge Mann, den ich geheiratet habe.« Sie starrte ins Feuer. »Ich weiß es schon lange, aber ... Er war so leidenschaftlich. Aber nun ist ihm seine Arbeit viel wichtiger. Seine Hypothek und seine Beförderung. Er ist wie ein Vierzigjähriger, obwohl er noch nicht einmal dreißig ist.« Sie blickte mich an. »Werde nie so alt. Versprich es mir.«

Ich nickte. Ich versprach es ihr und küßte sie.

Sie nickte ebenfalls und wandte sich wieder dem Feuer zu. Sie schien über vieles nachzudenken. Der rötliche Schimmer, der ihr auf das sorgenvolle Gesicht fiel, ließ sie in meinen Augen wunderschön aussehen. Ich haßte Carter, und mich erfüllte tiefe Bitterkeit, aber dennoch konnte ich nicht gegen das Gefühl ankämpfen, daß sein Auftauchen möglicherweise einen glücklichen Zufall für mich bedeutete.

Catherine wollte ein paar Sachen von zu Hause holen. Ich wollte sie davon abbringen, aber sie sagte, das Haus sei leer und Anthony bleibe die Nacht über im Club. Sie habe von Anfang an vorgehabt, in meine Wohnung zu kommen, und habe ihm gesagt, sie werde nach der Weihnachtsfeier bei einer Freundin aus dem Büro bleiben. Sie wollte, daß ich mit ihr gehe, und ich zog mich schnell an, während sie ungeduldig bei der Tür wartete.

Wir fuhren in Catherines Auto durch die nächtlichen, leeren Straßen.

»Ich will mir nur so viele Sachen holen, daß ich ihn eine Woche lang nicht mehr sehen muß«, sagte sie mir. »Wenn ich wenigstens eine Woche von ihm fernbleiben kann.« Ihr Fahrstil war unberechenbar; sie ignorierte Verkehrsampeln und wechselte unter lautem Knirschen die Gänge. »Ich hätte das schon vor Monaten tun sollen. Ich hätte ihm klarmachen sollen, was er mir schon seit Monaten antut.«

Ich schwieg. Ich war nervös, aber ich wußte, daß ich heute nacht, morgen nacht und möglicherweise für eine lange Zeit die Frau, die ich liebte, in den Armen halten würde, wenn ich einschlief.

Catherines Haus war dunkel. Sie parkte nicht direkt davor, sondern ein Stück weiter die Straße hoch, da sie sonst unter der Straßenlaterne hätte halten müssen. Sie wollte nicht, daß die Nachbarn sahen, was sie tat. Ich fragte mich, ob sie ebenfalls nicht wollte, daß die Nachbarn sahen, wer ich war. Wir benutzten nicht die Vordertür, sondern gingen hinten herum, nachdem sie nachgesehen hatte, ob Anthonys Auto nicht doch in der Garage stand.

Das Haus lag ruhig und leise da. Catherine machte erst Licht, als wir oben im Schlafzimmer waren und sie die schweren Samtvorhänge zugezogen hatte. Und selbst dann schaltete sie nur die Nachttischlampe an. Sie hob einen Koffer vom Spiegelschrank herunter und öffnete dann Schubladen und Türen, um ihn zu füllen. Sie reichte mir Dinge wie Unterwäsche, Make-up und Schuhe, und ich packte sie so ordentlich wie möglich ein.

Aber ich konnte es mir nicht verkneifen, mich im Raum umzusehen. An der Wand hingen ein Hochzeitsfoto und ein Landschaftsbild. Die Tapete war blaßblau mit einem dezenten Blumenmuster. Das Buch, das auf, wie ich annahm, Anthonys Bettseite auf dem Boden lag, war eine zerfledderte Ausgabe von *Das Schweigen der Lämmer*. Neben dem Bett stand ein Teekocher mit Zeitschaltuhr und ein Radiowecker. Mir wurde bewußt, daß sich Catherine und Anthony in diesem Bett geliebt hatten. Es war ein sehr ordentlich gemachtes Doppelbett aus Pinienholz. Alles wirkte so ansprechend im Vergleich zu meiner kleinen und dennoch leeren Wohnung.

Catherine ging ins Badezimmer, um ihre Toilettenartikel zu packen. Ich versuchte, den Koffer zuzumachen. Ich mußte meinen Kleiderschrank für sie räumen. Und da hörte ich, wie sich an der Haustür ein Schlüssel im Schloß drehte.

»Catherine«, zischte ich mit Panik in der Stimme. »Catherine!«
Ich war so geistesgegenwärtig, das Licht auszumachen und den
Koffer mitzunehmen, als ich aus dem Schlafzimmer eilte. Die
Badezimmertür stand offen, und das Licht fiel hinaus auf den
Treppenabsatz.

Aber Catherine hatte den Schlüssel auch gehört. Sie zerrte mich
ins Badezimmer und schaltete das Licht aus, bevor ich den Ausdruck auf ihrem Gesicht sehen konnte. Sie deutete mir an zu
schweigen, als ich etwas sagen wollte, und umklammerte meinen Arm.

»Ich will ihn nicht sehen«, sagte sie. »Ich kann ihn nicht sehen.«
Der Ton in ihrer Stimme verriet mir, was die Dunkelheit auf
ihrem Gesicht verborgen hatte.

Anthony sprach mit jemandem. Wir konnten die Worte nicht
verstehen, aber seine tiefe Stimme schallte die Treppe hinauf.
Eine weibliche Stimme unterbrach ihn. Und Catherines Nägel
gruben sich in meinen Arm. Die Tür wurde zugeknallt. Sie
kamen die Treppe hoch, und die Frau kicherte betrunken.
Anthonys Worte entpuppten sich als Koseworte und Schmei-
cheleien. Ich konnte Catherine neben mir nicht sehen, aber sie
war reglos wie eine Statue. Ich lauschte auf ihren Atem, aber sie
hielt die Luft an. Sie gingen nur ein paar Zentimeter an uns vorbei ins Schlafzimmer. Catherines Griff an meinem Arm
schmerzte. Sie atmete nun, aber es klang abgehackt und vorsichtig.

Ich wartete darauf, daß sie etwas sagte, daß sie irgend etwas tat.
War sie wütend? Oder war dies nur ein weiterer Grund, unseren
Plan durchzuführen? Wollte sie ihm nun gegenübertreten? Ich
stand völlig stumm neben ihr, während mir all das durch den
Kopf schoß. Kannte sie die Frau? Hatte sie die Stimme
erkannt?

Aus dem Schlafzimmer kam Gelächter. Gelächter und weitere
Koseworte.

Catherine öffnete langsam die Tür. Sie brachte mich erneut zum

Schweigen, als ich zum Sprechen ansetzte, und stieß mich von sich. Sie streifte die Schuhe ab und trat auf den Gang hinaus. Ich sah ihr nach, wie sie in der Dunkelheit verschwand und langsam auf ihr Schlafzimmer zuschlich. Ich hatte nun Angst. Die Überraschung war verflogen, und ich fröstelte. Ich spielte mit dem Gedanken, zu verschwinden. Mir wurde klar, wie unangenehm die Situation nun werden konnte. Aber ich war so nah dran, Catherine für mich zu haben. Also zog ich ebenfalls die Schuhe aus und folgte ihr.

Sie stand vor der Schlafzimmertür. Die Nachttischlampe brannte wieder, und sie achtete darauf, daß der Lichtschein sie nicht erreichte. Dennoch konnte sie genau erkennen, was in ihrem Bett passierte. Ich wußte nicht, ob ich sie berühren sollte, ob sie Trost brauchte. Ich stand da und sah zu. Ich wußte nicht, was ich sonst tun sollte.

Die Frau war klein, blond und hatte große Brüste. Sie lag auf dem Rücken und ließ sich von Anthony ausziehen. Er schien sehr grob mit ihr umzugehen, und seine Hände zerrten betrunken an ihr herum. Seine ungeschickten Finger zerrissen vor Eile ihre weiße Bluse, aber die Frau kicherte nur. Also lachte er auch und riß die Bluse von oben bis unten auf. Dabei sprangen sämtliche Knöpfe ab, und die Frau bekam einen Lachkrampf. Sie versuchte, ihr Gelächter zu ersticken und die Ärmel ihrer Bluse abzustreifen. Darunter trug sie ein weißes, glänzendes Mieder. Anthony rieb durch das seidige Material über ihren Bauch und ihre Brust. Dann stand er auf, ging zu der Kommode hinüber und wühlte in den Schubladen herum. Er kehrte mit einer Nagelschere zum Bett zurück und schnitt die dünnen Träger des Oberteils durch. Die Frau lachte immer heftiger. Sie schlang ihre Arme um Anthonys Hals und küßte ihn auf die Lippen. Er streifte das Mieder nach unten und entblößte die weiche Haut ihres Busens und ihres Bauchs. Er knetete ihre großen formbaren Brüste.

Ich wollte meine Hand auf Catherines Arm legen und sie wegführen. Sicherlich wollte sie das nicht sehen. Aber sie schüttelte zornig meine Hand ab. Ich konnte ihr Gesicht nicht sehen, ich konnte mir nicht vorstellen, wie sie sich fühlte. Sie stand unbeweglich und mit hängenden Armen da. Mir war leicht übel, und ich glaube, es war Angst. Ich wollte weg. Ein Teil von mir sagte mir, ich solle einfach gehen, aber ich konnte Catherine nicht alleine lassen. Ich würde sie nicht alleine lassen, nicht jetzt.

Anthony machte sich nicht die Mühe, der Frau den Rock auszuziehen; er zerrte ihn einfach nach oben. Ihr Schlüpfer war rot, aus Spitze und durchsichtig. Er zog noch nicht einmal seine eigenen Sachen aus; er trug immer noch sein Hemd und sein Jackett, und seine Hosen und Unterhosen hatte er bis zu den Knien hinuntergeschoben. Die Frau spielte an seiner Erektion herum. Sie schob sich vom Bett hoch, stützte sich auf den Ellbogen ab und sprach hinein wie in ein Mikrofon. Ich konnte nicht verstehen, was sie sagte, aber sowohl sie als auch Anthony brachen plötzlich wieder in Gelächter aus. Er hielt ihren Hinterkopf mit beiden Händen, als sie ihn in den Mund nahm und seinen Hintern umklammerte.

Ich war durcheinander und fühlte mich elend. Ich ekelte mich vor mir selber, weil es mich erregte. Was ich da sah, hatte mit Zuneigung und Liebe nichts zu tun. Es war pure Lust. So wollte ich niemals mit jemandem schlafen. So schliefen Catherine und ich nie miteinander.

Anthony drehte die Frau auf den Bauch. Sie protestierte nicht. Er hob ihr Hinterteil in die Höhe, bis sie auf den Ellenbogen und den Knien aufgestützt dahockte und ihre Brüste das Bett berührten. Er zog ihren Schlüpfer zur Seite, beugte sich vor und küßte sie kurz auf den Hintern. Dann richtete er sich wieder auf und drang von hinten in sie ein. Sie keuchte, schnappte nach Luft und preßte sich dann an ihn. Er hielt sie an den Hüften fest, und zog sich wieder ganz aus ihr zurück. Dann stieß er mit einem Grunzen in sie hinein. Er sah sich selber zu, wie er das immer wieder tat. Die Frau versuchte, sich auf die Hände aufzustützen, wurde jedoch immer wieder von seinen Stößen nach unten geschubst.

Er kletterte hinter ihr aufs Bett. Er hing auf ihr wie ein Hund und packte ihre Schultern. Seine Bewegungen wurden schneller und heftiger. Ihr entfuhr ein kleiner erstickter Schluchzer. Die beiden stießen gegeneinander. Er wurde schneller und schneller. Stieß immer wieder in sie hinein. Ihr Schluchzen wurde lauter. Sie konnte nicht mehr mit seinem Rhythmus mithalten. Er zog sie an an den Schultern immer wieder ganz dicht an sich. Sie vergrub ihr Gesicht im Bett. Sein Gesicht war verzerrt, und er biß sich auf die Unterlippe.

Dann war alles ganz schnell vorbei. Sie schrie in die Bettdecke. Er seufzte laut und stieß einen tiefen Atemzug aus. Seine Knie gaben nach, und er fiel beinah rückwärts vom Bett.

Sie veharrten ein paar Sekunden lang regungslos und keuchten atemlos. Sie waren völlig verschwitzt und sahen vor der dezent geblümten Tapete wie ein sündiges Stilleben aus. Dann zog er sich aus ihr zurück und ließ sich ausgestreckt auf das Bett fallen, und sie rollte sich neben ihm auf die Seite. Sie griff in seine Hosentasche und zog eine zerknitterte Schachtel Zigaretten und ein Feuerzeug heraus. Aber sie zündete sich keine an. Sie lag da und starrte zur Decke hoch. Ihre fetten Brüste wogten, während sie versuchte, wieder zu Atem zu kommen.

»Catherine«, flüsterte ich dicht bei ihrem Ohr. Und sie zuckte zusammen und drehte sich abrupt zu mir um, so als hätte sie vergessen, daß ich da war. Obwohl ich immer noch nicht den Ausdruck auf ihrem Gesicht erkennen konnte, nahm ich ihre Hand und machte ihr ein Zeichen, daß wir gehen sollten. Sie gab keine Antwort, ließ sich aber von mir wegführen. Die Frau im Schlafzimmer spielte an Anthonys Penis herum, so als wollte sie ihn noch einmal.

Wir nahmen unsere Schuhe und den Koffer und gingen lautlos nach unten. Catherine ging verlegen neben mir her und wollte mich nicht ansehen. Ich stellte den Koffer auf den Rücksitz ihres

Autos, und wir beide saßen im Dunkeln da. Keiner von uns beiden sprach ein Wort. Ich war mir bewußt, daß ich sie trösten sollte. Daß ich ihr sagen sollte, daß sie nun zumindest wußte, daß sie das Richtige tat, wenn sie ihn verließ. Aber ich wußte nicht, wie ich es sagen sollte. Sie saß regungslos und stumm da. Ich blickte immer wieder zurück, für den Fall, daß sie aus dem Haus kamen.

»Ich hätte nie geglaubt, daß er so etwas tun würde«, sagte sie plötzlich. Sie starrte auf ihre Hände, die in ihrem Schoß lagen. »Das ist einfach nicht der Anthony, den ich kenne.« Sie wandte sich mir zu und blickte mich an. »Er hat mich seit Monaten nicht mehr angerührt. Und doch ist er da oben, mit ihr...«

»Komm«, sagte ich, »wir fahren. Wir sollten von hier verschwinden.«

»Was hat sie, das ich nicht habe? Sie ist nicht besser als ich.«

Ich nahm ihre Hand. »Wir fahren zurück zu meiner Wohnung«, sagte ich.

Aber sie schüttelte hastig den Kopf. »Nein. Nein, ich gehe zurück zu Anthony.«

»Das kannst du nicht. Diese Frau ist dort.«

»Ich lasse nicht zu, daß sie mir meinen Mann stiehlt.«

»Du hast doch gesagt, du wolltest ihn verlassen. Du sagtest, du würdest zu mir kommen.«

Sie schüttelte meine Hand ab. »Er ist mein Ehemann.«

Ich hatte das Gefühl, als würde ich innerlich zugrunde gehen. Ich versuchte wieder, ihre Hand zu nehmen, versuchte sie zu küssen. »Aber ich liebe dich. Ich kann mich um dich kümmern, Catherine.«

Sie stieß mich weg.

Aber ich streckte die Hand nach ihr aus. »Geh nicht zurück zu ihm. Bleib heute nacht bei mir, überlege doch, was du sagst.« Ich haßte den verzweifelten Klang meiner Stimme, aber ich konnte nichts dagegen tun, daß sie immer höher und kindischer wurde. »Ich kann mich um dich kümmern. Du brauchst dir nie Sorgen zu machen, daß ich dich verlasse. Ich liebe dich viel zu sehr. Ich kann mir eine größere Wohnung besorgen. Ich werde immer für dich da sein. Immer. Wir können heiraten. Ich bete dich an.« Aber schon während ich sprach, wußte ich, daß es nicht das war, was sie wollte.

Sie entzog mir sanft ihre Hand. Ohne ein Wort zu sagen, stieg sie aus. Ich sprang aus dem Wagen. Ich mußte unbedingt mit ihr reden, aber sie brachte mich mit einem kurzen Blick zum Schweigen. Wir standen da und starrten uns über das Autodach hinweg an.

Sie hatte mich gefunden, weil sie dachte, Anthony hätte sich in einen leidenschaftslosen, ungefährlichen Mann verwandelt. Ich war ihre Affäre, ihre Gefahr. Aber nun redete ich wie ein Ehemann; ich klang wie der Mann, in den sich Anthony ihrer Meinung nach verwandelt hatte. Wie der Mann, der, wie sich herausgestellt hatte, Anthony ganz und gar nicht war.

Originaltitel: Catherine Would
Deutsch von Jutta Lützeler

Elizabeth Kay
Was hätte sein können

»Hallo«, sagte sie, »ich heiße Misha. Ich soll Ihnen unsere Kultur näherbringen. Ich studiere Englisch, und ich hoffe, daß ich Ihnen die Dinge, die ich sage, verständlich machen kann.«
Er lächelte kaum merklich, kein freundliches Lächeln. Dann lehnte er sich auf dem zerbrochenen Rohrstuhl zurück, verschränkte die Arme und beobachtete sie. Sein Ärmel war zerrissen, sie konnte den Flaum rötlicher Haare auf seinem Arm und das blaue, gequetschte Fleisch darunter sehen.
Sie räusperte sich. »Ich wurde hierhergeschickt, um Ihnen einige Fragen über Ihre Ansichten zu stellen. Ich muß ein Formular ausfüllen – hier...« Sie zeigte ihm das Blatt Papier mit den Symbolen auf der einen Seite und den freien Feldern für die Antworten. Er warf einen Blick darauf, machte jedoch keine Anstalten, es an sich zu nehmen.
»Sie wurden vor sechs Wochen gefangengenommen. Ihre Verletzungen haben Sie sich vorher zugezogen.«
Er hob sarkastisch eine Augenbraue. Sein Blick war ruhig und gleichmäßig.
Sie sah verwirrt hinunter auf ihren Schoß. »Ich wurde hierhergeschickt, um Sie zu unterrichten«, sagte Misha. »Damit Sie die Dinge aus unserer Sichtweise sehen. Dann werden Sie nach Hause geschickt.« Sie blickte auf. Er war so häßlich, darauf war sie nicht vorbereitet gewesen, niemand hatte sie gewarnt. Im

Vergleich zu ihrer war seine Haut wie Alabaster, blaß, ungesund.

Er machte eine kurze abschätzige Kopfbewegung. Es war offensichtlich, daß er kein einziges Wort glaubte.

»Das ist die Wahrheit.« Sie senkte wieder den Blick. Er hatte eine sehr direkte Art, sie anzusehen, und diese Art von Blickkontakt war sie nicht gewöhnt. »Ich soll sechs Wochen lang einmal pro Woche zu Ihnen kommen«, erklärte sie ihm, »und wir sollen uns unterhalten. Sie können auch Fragen stellen. Das ist nicht leicht für mich, Sie sind mein erster Gefangener. Es tut mir leid, wenn ich Ihnen in irgendeiner Weise zu nahe trete.«

Er sagte nichts. Von dem rostigen Dach draußen tropfte Wasser und maß sein Schweigen. Sein Atem ging langsam und gleichmäßig, wie der einer Katze, die in der Sonne döst. Eine Fliege summte um seinen Kopf, aber er machte keine Anstalten, sie zu verscheuchen.

»In Ordnung«, sagte sie. »Wenn Sie nicht mit mir sprechen wollen, werde ich Ihnen von mir erzählen. Das ist mir aufgetragen worden.«

Er streckte die Beine auf dem sandigen Boden aus. Er war barfuß, und sie konnte sehen, daß auch einer seiner Knöchel angeschwollen war. Wenn er aufrecht stünde, wäre er groß. Viel größer als sie.

»Ich heiße Misha. Ich bin zwanzig Jahre alt, und wenn ich meine Studien beendet habe, werde ich drei Jahre lang Dienst tun, bis ich heirate. Dann werde ich einen Haushalt gründen, ein Kind bekommen und fünf Jahre lang Mutter sein. Darauf freue ich mich sehr. Als ich letztes Jahr meine Mutter getroffen habe, hat sie mir gesagt, es sei die . . . die . . .« Sie biß sich auf die Lippe und wußte einen Augenblick lang nicht weiter. »Es gibt kein englisches Wort dafür«, sagte sie schließlich. »Bei uns gibt es ein Wort, das das Gefühl beschreibt, das man empfindet, wenn man eine Pflicht erfüllt, die einem Freude macht.«

Er schien plötzlich festzustellen, daß sie ihn nicht interessierte.

Sein Blick glitt von ihrem Gesicht und wurde abwesend, unstet, als würde er versuchen, die Staubflocken zu zählen, die in dem Sonnenstrahl schwebten, der durch das winzige Fenster über ihren Köpfen einfiel. Sie sprach über ihren Englischkurs, wie wundervoll es war, daß ihr Land den Frauen diese Dinge bot, und wie sehr sie die Gelegenheit freute, ihre Fähigkeiten zu üben. Er blickte jetzt hinauf zur Decke; sie konnte sehen, daß er die Fledermäuse zählte, die dort oben hingen, zusammengedrängt, so klein, daß sie kommen und gehen konnten, wie sie wollten. Sie erzählte ihm, wie gerne sie kochte, wenn sie die Zutaten bekommen konnte; sie fragte ihn, ob er auch Heuschrecken mochte, fritiert und mit Zimt, aber sie konnte ihm keine Antwort entlocken.

Sie versuchte, dorthin zu sehen, wo er hinsah, hinauf zu dem kleinen Quadrat Himmel, das als Fenster diente, zu dem Himmel, der mit Bambusstäben vergittert war. Als sie hinaufsah, flog ein Schwarm Gänse vorbei, die aufgeregt schrien. »Sehen Sie«, sagte sie, »das ist ein gutes Omen. Sieben Gänse, eine Anführerin, drei auf jeder Seite. Das heißt, Sie werden siebzig Jahre alt, denn die Gänse sind gleichmäßig aufgeteilt, und sie haben Ihr Fenster als Rahmen gewählt.« Sie sah, daß sein Blick einen kurzen Moment lang zum Fenster glitt. Dann erregte eine Eidechse seine Aufmerksamkeit, die mit Saugfüßen an der Wand klebte, die Zehen gespreizt wie die Finger eines Dämons.

Als der Wärter kam und sie abholte, fühlte sie sich wie eine Versagerin, und sie wußte, daß ihr Vorgesetzter nicht zufrieden sein würde. Sie verabschiedete sich, aber er sah sie nicht einmal an, als sie den Raum verließ.

»Denk über ihn nach«, sagte ihr Vorgesetzter, »versuch, seine Gedanken zu erraten. Du hast damit keine Erfahrung, du bist noch jung. Ich bin bereit, dir noch eine Chance zu geben, aber nächste Woche mußt du ihm etwas entlocken.«

Sie verneigte sich und entfernte sich, um nachzudenken.

Daniel war sehr überrascht gewesen, als Misha durch die Tür getreten war, obwohl er es nicht gezeigt hatte. So ein hübsches Mädchen, klein, schmal, das schwarze Haar um den Kopf geflochten und mit einem Stück Band festgebunden. Er hatte Prügel erwartet, keine politisch korrekte Lektion von einem schmalen Wesen mit dunklen Augen und einer leisen Stimme. Er glaubte nicht, daß sie wiederkommen würde. Und dann begann er zu wünschen, daß sie käme, denn man konnte nicht unendlich lange Kakerlaken zählen oder Melodien komponieren, die mit dem Regen harmonierten. Und wie es regnete. Tag für Tag, immer gleich, ein wolkenloser Morgen, ein schwüler Nachmittag, abends Gewitter. Und dann das Unvermeidliche, als hätte das Wetter beschlossen, die Tafel reinzuwaschen und von vorn zu beginnen. Er versuchte, sich Misha nackt vorzustellen, aber irgendwie kam ihm das unangemessen vor, und er ließ es sein.

Sie verbrachte die Woche so, wie ihr Vorgesetzter es empfohlen hatte, und dachte nach. Ihr Gefangener war wahrscheinlich darauf gedrillt, nichts preiszugeben, aber sie wollte keine militärischen Einzelheiten erfahren. Sie wollte seine Herkunft, seine Heimat, seine Familie, sein Leben. Sie wollte ein vollständiges Bild, damit sie ihn dazu bringen konnte, es auseinanderzunehmen, bis nichts mehr davon übrig war. Dann konnte sie es durch etwas anderes ersetzen. Man hatte sie gelehrt, zu zerstören und dann neu wieder aufzubauen. Aber sie fragte sich allmählich, ob sie nicht bauen mußte, bevor sie zerstören konnte. Wenn er ihr nichts geben würde, mußte sie zuerst etwas geben. Und ihre recht direkte und sachliche Berichterstattung über ihre Tätigkeiten hatte ihn vollkommen ungerührt gelassen.

Er saß auf dem gleichen Stuhl, mit ruhiger Verachtung. Die Schwellung an seinem Auge und an seinem Wangenknochen ließ nach, und das Haar in seinem Gesicht war jetzt ein Mittelding zwischen Stoppeln und Bart.

»Hallo«, sagte sie.

Er nickte.

Es war eine Reaktion. Ihre Miene hellte sich auf, und sie suchte in ihrer Hose nach der Papaya, die sie ihm mitgebracht hatte. Sie wußte, daß es gefährlich war; aber sie mußte ihm etwas anbieten, um sein Vertrauen zu gewinnen. Sie legte die Frucht auf den fleckigen Holztisch, der zwischen ihnen stand.

Naiv, dachte er, sie ist so naiv. Er nahm sie nicht. Er hatte sich mit seiner Hoffnungslosigkeit so gut arrangiert, er hatte sich allmählich auf den Tod vorbereitet, sich betäubt; er wollte nicht, daß dieser Prozeß sich umkehrte.

»Mögen Sie keine Papayas?« fragte sie.

Er lächelte ein wenig. Er hatte seit sechs Wochen nichts als Reis und Bohnen gegessen. Und er wußte plötzlich, daß er verlor, denn ihre Unbedarftheit weckte wieder etwas in ihm.

Sie wollte die Frucht wieder wegnehmen; der Wärter durfte sie auf keinen Fall sehen. Als sich ihre Hand darum schloß, schloß sich seine Hand um ihre. Sie bemerkte, daß einer seiner Finger nicht richtig geformt war, verdreht. Sein Griff war sanft, aber fest. Wieder dieses leichte Lächeln und ein kurzes Kopfschütteln.

»Sie müssen sie jetzt essen«, sagte sie.

Sie hatten kein Messer. Er mußte die Schale mit den Zähnen zerbeißen und dann die Daumen in die Frucht graben und sie so aufreißen. Seine Bewegungen waren sparsam, beherrscht. Er beobachtete sie, während er aß, aber er beeilte sich nicht, und als er fertig war, wischte er sich den Mund mit dem Handrücken ab. Das schwarze Blut war von seinen Lippen verschwunden. Sie konnte eine Narbe sehen, rosig und frisch; er war nicht mehr ganz so häßlich.

»Wie heißen Sie?« fragte sie.

Er überlegte einen Augenblick. Dann sagte er: »Lazarus.«

Das war das erste Mal, daß er gesprochen hatte. Seine Stimme war überraschend sanft. Sie wollte ihn noch mehr sagen hören, und sie überlegte, welche Frage sie als erstes ausprobieren sollte. Das leise Lächeln war zurückgekehrt, und einen Augenblick lang hatte sie das Gefühl, daß er genau wußte, was sie dachte. Daß er solche Spiele schon früher gespielt hatte und daß er immer gewonnen hatte.

»Lazarus«, sagte sie und genoß den Klang. Ihr Vorgesetzter würde zufrieden sein.

Plötzlich schien er eine Entscheidung zu fällen, und er sagte: »Wie alt bist du noch mal?«

»Zwanzig.«

»Verheiratet?«

Sie lachte. »Man heiratet doch erst mit fünfundzwanzig.«

Er sah überrascht aus. »Was macht ihr bis dahin?«

»Wir studieren.«

»Das habe ich nicht gemeint.«

Ihre Augenbrauen zogen sich verwirrt zusammen. »Ich verstehe nicht.«

»Hast du einen Freund?«

»Nein, natürlich nicht.«

Er schüttelte den Kopf, genauso verwirrt wie sie.

»Sie müssen verheiratet sein«, sagte sie. »Sie sind alt.«

»Ich bin dreiunddreißig«, sagte er, »ich bin nicht *alt*. Und nein, ich bin nicht verheiratet.«

»Warum nicht? Haben Sie ein Verbrechen begangen?«

»Was?«

»Haben Sie etwas Unrechtes getan?«

»Nein«, sagte er, »ich bin Paläontologe. Paläontologen machen eigentlich nichts weiter als Sachen ausgraben und in Museen sitzen, um sie zu identifizieren. Und offenbar versehentlich Grenzen überqueren.«

Er merkte, daß sie ihm nicht mehr folgen konnte. Ihr Gesicht nahm einen verständnislosen Ausdruck an. »Bitte«, sagte sie,

»ich glaube, wir sollten das Thema wechseln. Erzählen Sie mir von Ihrem Land.«

Er begann zu reden, zunächst langsam; er hatte seit einigen Monaten kein Englisch mehr gesprochen. Er beschrieb sein Haus in dem Bewußtsein, daß er gewisse Dinge beschönigte, den Garten größer machte, eine Veranda hinzufügte, einen Teich aushob.

»Haben Sie Fische darin?«

»Ein paar.«

»Zum Essen?«

Er lachte. »Nein. Zum Anschauen.«

»Warum?«

»Weil sie schön sind«, sagte er, und er fing an, seine imaginären Fische zu beschreiben, ihnen Persönlichkeiten und Stammbäume zu verleihen. Er übertrieb immer mehr, bis seine Fische schließlich erstaunliche Meisterleistungen im Synchronschwimmen vollbrachten und zu ihm kamen, wenn er sie rief, und er gab ihnen ausgefallene Namen, Darwin und Kopernikus und Schopenhauer.

Sie erzählte ihm von ihren Glühwürmchen, daß jedes von ihnen auf etwas andere Weise funkelte und jeden Tag an der gleichen Stelle schlief.

Sein Lächeln wurde breiter. Er hatte nicht erwartet, daß sie so rasch in die Tiefe der Sache vordringen würde. Dann fragte er sich, ob sie das überhaupt ernst meinte. Ihr Gesicht war ausdruckslos. Er war sich nicht sicher.

»Züchtest du Glühwürmchen?« fragte er sie.

»Wie bitte?«

»Züchten. Paaren. Junge kriegen.«

Sie war wieder verwirrt. »Sie machen es von selbst.«

Er lachte. Es war das erste Mal, daß sie ihn lachen hörte, und es machte ihn weniger fremd, ihr ähnlicher.

»Es gibt zwei Arten«, sagte sie. »Eine ist wie ein Käfer, und eine ist wie ein Tausendfüßler.«

»Männlich und weiblich.«

»Nein, zwei verschiedene Arten.«

»Das Glühwürmchen *ist* ein Käfer«, sagte Daniel. »*Lampyris noctiluca.* Es ist sexuell dimorph.« Er wußte, daß sie ihm diesmal nicht folgen konnte, und das genoß er. »Sowohl bei *Photuris* als auch bei *Lampyris* hat die Leuchtkraft eine sexuelle Bedeutung.« Er ließ sie eine Weile darüber nachgrübeln, dann kam er sich schäbig vor. »Das Männchen unterscheidet sich vom Weibchen«, schloß er lahm.

»Oh«, sagte sie.

»Genauso wie ich mich von dir unterscheide.«

»Nicht sehr. Sie sind größer, und Sie haben Haare im Gesicht.«

Er wollte gerade sagen: Ich habe keinen Busen; aber sie war so schmächtig, daß er sich gar nicht sicher war, ob sie unter der formlosen grauen Baumwolle Brüste hatte, darum sagte er nichts. Aber es war überraschend anregend, über die Unterschiede zwischen ihnen zu sprechen, und er wollte nicht damit aufhören. Er hatte seit mehr als sechs Monaten mit keiner Frau geschlafen; Angst und Mangel an Nahrung hatten seine Gedanken in andere Richtungen gelenkt.

»Und das sind die einzigen Unterschiede?« fragte er lächelnd.

Sie sah ihn an und begriff nicht. »Ja. Natürlich.«

Sie meinte das ernst. Sein Lächeln verschwand. »Mit wem bist du aufgewachsen?« fragte er.

»Meinen Schwestern.«

»Was ist mit deinem Vater?«

»Wenn wir fünf Jahre alt sind, sehen wir unsere Väter nicht wieder«, sagte sie. »Sie ziehen in den Krieg.«

»Hattest du männliche Lehrer? In der Schule?«

Sie lachte. »Was für eine dumme Frage. Alle Lehrer sind Frauen.«

»Und die Schüler?«

»Meine Schwestern.«

Er begriff, daß das ein Oberbegriff war. Sie meinte keine Bluts-verwandten. »Was ist mit Jungen?«

»Sie haben eigene Schulen, Häuser, Lehrer. Wir treffen uns zum Gottesdienst. Ich weiß, wie Männer aussehen.«

»Ohne Kleidung?«

Sie errötete zutiefst.

»Du weißt es nicht, nicht wahr«, sagte er. »Mein Gott. Und die wollen die Welt beherrschen.«

»Wie bitte?«

»Deine Leute, die verdammten . . .« Er hielt inne. Beschimpfungen würden nichts nützen. Er erwartete nicht, noch viel länger zu leben, und er wollte das nicht an dieser vollkommen unschuldigen Person auslassen. Eine Kleinigkeit, aber Kleinigkeiten werden wichtig, wenn man nichts anderes hat, mit dem man sich beschäftigen kann. »Sag mal«, fragte er, »was für einen Mann wirst du wohl einmal heiraten? Oder kennst du ihn schon?«

»Natürlich nicht«, sagte sie. »Er wird mir am Tag davor vorgestellt werden. Wir sind Fatalisten. Was geschieht, geschieht. Wir grübeln nicht über die Vergangenheit nach oder über das, was hätte sein können. Ich hoffe, daß er gut zu mir sein wird. Das ist alles.«

»Das hoffe ich auch«, sagte Daniel.

Sie sah ihn an, und sie wußte, daß er etwas anderes meinte. »Wie seltsam«, sagte sie, »daß Sie etwas über die Ehe wissen, das ich nicht weiß, obwohl Sie selbst nicht verheiratet sind. Und ich dachte, ich wäre hier, um Sie zu unterrichten.«

»Um von Glühwürmchen zu Menschen überzugehen«, sagte er, »was weißt du darüber, wie Babys entstehen?«

Sie errötete wieder. »Wenn ein Mann und eine Frau verheiratet sind, liegen sie nebeneinander. Und danach beginnt die Saat zu wachsen.«

»Sie liegen nebeneinander.«

»Ja.«

»Großer Gott«, sagte er.

»Lazarus«, sagte Misha, »ich habe Sie irgendwie enttäuscht.«
Er schüttelte den Kopf. Und dann kam der Wärter und nahm sie mit.

In der folgenden Woche mußte er ständig an sie denken. Er führte seine routinemäßigen Übungen mit der üblichen Gewissenhaftigkeit aus; so hatte er etwas zu tun, doch trotzdem ging sie ihm nicht aus dem Kopf. Es war kein sexuelles Verlangen, es war das Bedürfnis, ihr etwas zu bedeuten, denn er wußte, es würde einen anderen Gefangenen geben, wenn er fort war, und dann wieder einen anderen. Er war nur der erste in einer langen Reihe. Im Lager gab es genug von ihnen, er sah sie nur niemals. Er hörte sie jedoch; das Weinen in der Nacht, das Flehen, das plötzliche Anschwellen von Flüchen. Es hatte auch Schüsse gegeben, draußen auf dem Hof. Er hatte im Vorübergehen alles sehr sorgfältig beobachtet, mehr als letzten Schauplatz denn als Fluchtweg. Ein sonnenverbranntes, schmutziges Viereck, gesäumt von Stacheldraht und Holzgebäuden, riesige Vögel, die im Abfall scharrten, eine einzelne Wasserpumpe, eine Wäscheleine, die zwischen einer der Hütten und dem rohen Pfahl gespannt war, der in der Mitte stand. Um ihn herum war der Sand dunkel verfärbt.

Er wunderte sich über die Brutalität eines Regimes, das seine Wäsche an einem Exekutionsort aufhängen konnte und ein unbedarftes Mädchen schickte, um jemanden zu befragen, der vielleicht ein Psychopath war. Er hätte ihr auf besonders häßliche Weise erzählen können, worum es im Leben ging, hätte sich daran aufgeilen können, wenn er der Typ dafür gewesen wäre. Dann fragte er sich, ob es vielleicht in Wirklichkeit eine äußerst subtile psychologische List war; wenn sie keine Ahnung von Sex hatte, würde sie nicht flirten. Sie würde den potentiellen Vater ansprechen, der in ihm steckte, er würde sie beschützen wollen, indem er ihr Informationen lieferte. Das Problem war, daß er keine hatte. Er war kein Söldner, er war Akademiker, der einen miesen Führer angeheuert hatte und in die falsche Richtung gelaufen war. Und der Führer hatte zwei Männer getötet, bevor er selbst gestorben war.

»*Lazarus*«, sagte Mishas Vorgesetzter zu ihr und lächelte. »Das glaube ich kaum. Lazarus ist eine Gestalt aus ihrem heiligen Buch, ein Mann, der von den Toten auferstanden ist. Ich glaube, er hat sich einen Scherz erlaubt.«

»Sie meinen, er hat gelogen.«

»Nimm es dir nicht so zu Herzen. Zuerst wollte er gar nichts sagen. Jetzt spricht er, aber er täuscht dich. Das ist ein Fortschritt. Jetzt mußt du versuchen, ihm die Wahrheit zu entlokken. Hat er sein Land in irgendeiner Weise kritisiert?«

»Nein.«

»Hat er irgend etwas Positives über uns gesagt?«

»Nein.«

»Such dir ein Thema aus. Gibt es irgend etwas, über das er hat reden wollen?«

»Ehe«, sagte Misha.

»Das ist verboten«, sagte ihr Vorgesetzter. »Du mußt etwas anderes finden.«

In dieser Nacht saß sie allein in ihrem winzigen Zimmer und überlegte, was ihm Freude bereiten könnte. Er hatte keine Reaktion gezeigt, als sie über die Freude der Pflicht gesprochen hatte. Es würde schwer sein; sie würde ihn fragen müssen.

Die Schwellung in seinem Gesicht war beim nächsten Treffen vollständig verschwunden. Die Haut war noch immer seltsam verfärbt, bläuliche und gelbe Stellen, rote Linien und Flecken, aber die Form war wieder symmetrisch.

»Hallo, Misha«, sagte er, sobald sie die Zelle betrat. Er saß ihr wie üblich gegenüber, eine Hand ruhte leicht auf dem Tisch, die andere auf seinem Schenkel. Der Flaum in seinem Gesicht war jetzt ein richtiger Bart, der ihr nicht gefiel. Er sah dadurch ganz anders aus, fand sie. Diesmal hatte sie ihm etwas getrockneten Fisch und eine Banane mitgebracht, und er aß wie beim letzten Mal, langsam, bewußt, den Blick auf sie gerichtet.

»Ich wünschte«, sagte sie, »Sie würden sich rasieren.«

Er lächelte. »Dann sag ihnen, sie sollen mir einen Rasierer geben.«

Es war leichter, ihm in die Augen zu sehen. Die Ablehnung, die zu Anfang dort gewesen war, war verschwunden. »Mein Vorgesetzter sagt, daß Sie mich angelogen haben«, flüsterte sie. Es war schrecklich, jemandem so etwas ins Gesicht zu sagen.

»Ja«, sagte er ohne Bedauern. »Ich heiße Daniel. Doktor Daniel Murray. Ich bin Wissenschaftler, ich bin dreiunddreißig, und ich habe noch nie mit einem Gewehr geschossen. Ich möchte zurück nach Hause, doch ich weiß, daß das nie geschehen wird. Ich weiß nichts über militärische Einrichtungen. Weitere Informationen kann ich dir nicht liefern.«

»Doch«, sagte sie. »Ich möchte wissen, was Ihnen an Ihrem Land mißfällt.«

Er lachte. »Alles.«

Sie starrte ihn an. »Alles?«

»Bis auf eine Sache.«

»Und welche?«

»Oh, Misha«, sagte er, »das sollte ich dir nicht sagen müssen.«

»Ist es etwas, was mit Ehe zu tun hat?«

»Es ist etwas, das mit dem Leben an sich zu tun hat.«

»Oh«, sagte sie, »dann ist es in Ordnung. Mir wurde nur gesagt, ich dürfe mit Ihnen nicht weiter über die Ehe sprechen.«

Er legte beide Arme auf den Tisch und bettete seinen Kopf darauf. Er hatte nicht geplant, wieder auf dieses Thema zurückzukommen. Es schien einfach so zu passieren, dieses mangelnde gegenseitige Verstehen war so grundlegend, daß er keinen Weg sah, über irgend etwas zu sprechen, bevor es nicht beseitigt war.

»Sagen Sie mir«, bat sie, »was ist es, das ich nicht weiß?« Irgendwie wußte sie, daß er ihr die Wahrheit sagen würde, und ihr Vorgesetzter wollte die Wahrheit. Wenn er ihr die eine Sache verraten könnte, die dort, wo er herkam, besser war, dann könnten sie zu den Dingen übergehen, die schlechter waren. Wahrscheinlich irrte er sich sowieso: Man hatte ihr gesagt, daß Gefangene ein sehr subjektives Bild ihrer eigenen Kultur hatten.

Daniel fragte sich, wo um alles in der Welt er ansetzen sollte. Was für eine vollkommen absurde Situation! Schließlich begann er mit der Papaya und den kleinen schwarzen Samen im Inneren. Von Früchten gingen sie über zu Fröschen. Es war ihr absolut klar, daß Frösche Kaulquappen erzeugten, wenn sie nebeneinander lagen. Er erklärte ihr, was wirklich geschah, und sie schien das ohne große Probleme zu akzeptieren.

Es wurde schwieriger, als sie zu Säugetieren kamen. Zu Anfang wählte er Schafe, da das seinem Sinn für Humor entsprach. Wieder hatte sie einfach angenommen, daß der Bock sich an den Schafen rieb. Als er sie fragte, ob sie jemals gesehen habe, wie ein Bock ein Schaf bestieg, sagte sie: »Oh, Sie meinen, wenn sie zusammen spielen.«

»Sie spielen nicht«, sagte er.

»Sie scheinen sich zu vergnügen«, entgegnete sie.

Er verspürte einen unbändigen Drang zu lachen, den er aber unterdrückte. Er fragte sie, ob sie jemals einen körperlichen Unterschied zwischen einem Bock und einem Schaf festgestellt habe. Sie führte nur die Hörner an, da die viele Wolle verhinderte, mehr zu sehen.

»Habt ihr keine Hunde?« fragte er, allmählich verzweifelt. Sie hatten Hunde. Und die Hunde spielten auch. Und ja, ein Rüde hatte etwas unter seinem Schwanz, und Hündinnen hatten Brustwarzen, mit denen sie ihre Welpen säugten. Brustwarzen schienen kein Problem darzustellen.

Er erklärte ihr, was die Hunde taten, wenn sie spielten.

Ihr Mund öffnete sich weit, und sie starrte ihn entgeistert an.

Er hatte das Gefühl, er sei die Sache ungeschickt angegangen, und machte sich stillschweigend Vorwürfe.

Und dann gelang ihr zu seiner Überraschung der Gedankensprung von Hunden zu Menschen, ohne daß er ein weiteres Wort sagte. Er sah, wie sie die Augen aufriß und den Blick unter seine Gürtellinie senkte. Aber der Tisch war im Weg, und als sie die Augen hob, trafen sich ihre Blicke.

»Es tut mir leid«, sagte er, »ich habe es sehr schlecht erklärt.«

Sie starrte ihn nur an.

»Wie soll ich es ausdrücken«, sagte er, »es ist keine schreckliche Erfahrung, Misha. Es ist die schönste Sache auf der Welt.«

Sie schüttelte den Kopf.

»Glaub mir.«

»Das kann ich nicht. Ich dachte, Sie wären so wie ich. Aber das sind Sie nicht. Sie haben . . .« Ihr Blick wanderte; wieder war der Tisch im Weg. Sie schürzte die Lippen. »Zeigen Sie es mir. Ich will es selbst sehen.«

»Was?«

»Zeigen Sie es mir.«

Jetzt sah er entgeistert aus. Das hatte er ganz und gar nicht erwartet.

»Sie müssen es tun«, sagte sie schlicht. »Es ist Ihre Pflicht, schließlich sind Sie in dieser Sache mein Lehrer.«

Daniel stand auf. Ja, er konnte sich weigern, aber was unter anderen Umständen das Richtige war, war in dieser Situation nicht das Richtige. Er hatte es selbst so weit gebracht. Er trat vom Tisch zurück. Er trug nur eine Baumwollhose und ein Hemd. Er konnte sich ausmalen, wie er nur im Hemd dastand, dünner als je zuvor, alles schlotternd, und die Vorstellung war lächerlich. Er zog zuerst das Hemd aus.

Sie saß ganz still und beobachtete ihn. Sie konnte die goldenen Haare auf seiner Brust sehen, die Muskeln, die darunter gerade zu erkennen waren. Die Venen entlang seiner Arme und die Narben. Überall waren Narben. Er löste das Band, das die Hose hielt, und ließ sie auf den Boden fallen, und dann war er vollkommen nackt. Ihre Augen wanderten über seinen ganzen Körper, stellten die Unterschiede fest. Seine Hüften schienen nach innen zu sinken, sie konnte die Knochen sehen. Besonders genau musterte sie seine Genitalien, aber sie konnte nicht genau erkennen, was wohin gehörte. Sie stand auf und ging zu ihm hinüber, um genauer hinzusehen.

Er schloß die Augen, und seine Brauen zogen sich zusammen, als würde er einem komplizierten Gedanken nachgehen. Sie streckte einen Finger aus und berührte seinen Penis, sehr sanft, direkt an der Spitze. Er zuckte und begann zu wachsen.

»Misha«, sagte er leise, »wenn du das tust, werde ich eine Erektion bekommen.«

»Ich wollte es nur berühren. Habe ich Ihnen weh getan?«

Er holte tief Luft. »Nein.«

Aber er konnte die Erektion nicht bekämpfen, und er wagte nicht, die Augen zu öffnen, denn er glaubte, er könne ihr nicht ins Gesicht sehen. Er versuchte, an etwas anderes zu denken, an die Insektenstiche an seinen Beinen, das Jucken jede Nacht, aber er war zu keinem zusammenhängenden Gedanken fähig. Er wußte, sie würde ihn wieder berühren, er konnte ihre Nähe spüren, ihren Atem hören, wußte, wie fasziniert sie war, die Frage war nur, wann. Die Erwartung machte es noch viel schlimmer, und er wußte, daß er mittlerweile den härtesten Ständer hatte, den er je gehabt hatte.

»Kann ich ihn anfassen?« fragte sie.

O Gott, nein. Aber er konnte nicht sprechen. Ihre Finger schlossen sich um ihn. Eine Weile spürte sie ihn einfach, ergründete Form und Beschaffenheit, und dann fuhr sie mit der Hand den Stamm hinunter. Er *mußte* sprechen. »Das darfst du nicht«, flüsterte er, und sie ließ sofort los. Er öffnete die Augen.

»Es macht Ihnen Freude, nicht wahr?« sagte sie.

»Ja. Sehr große. Das kannst du dir nicht vorstellen.«

»Haben Sie es getan? Mit einer Frau?«

»Ja.«

»Mehr als einmal?«

»Schon oft.«

»Aber Sie sind nicht verheiratet.«

»Man muß dazu nicht verheiratet sein«, sagte er. »Man macht es zum Spaß.« Doch das klang viel zu trivial, und er verfluchte sich erneut. Er zog sich wieder an und schlang sich die Schnur fest um die Taille.

»Warum sollte es Spaß machen?«

Er mußte nicht fragen, ob sie sich niemals selbst berührt hatte. Er wußte, daß sie das nicht getan hatte. Sie war irgendwie durchscheinend, zerbrechlich, noch unverdorben. »Weil du die gleiche Art von Freude verspüren würdest«, sagte er. »Wenn es richtig gemacht wird.«

Sie sah nachdenklich aus, ging zurück zu ihrem Stuhl und setzte sich wieder. Er setzte sich auch. Wieder stand der Tisch zwischen ihnen. »Das ist also diese Sache, die Sie haben«, sagte sie, »und die wir nicht haben.«

»Ich weiß nicht«, sagte er, »wie eure Gesellschaft aufgebaut ist. Arrangierte Ehen können sehr gut funktionieren.«

»Oder auch nicht«, entgegnete sie. »Wenn es nicht richtig gemacht wird.«

Er kam sich vor wie die Schlange im Garten Eden. Er hatte versucht zu erklären, und das hatte dazu geführt, daß er die Saat des Zweifels und des Entsetzens gesät hatte. Er hätte am liebsten den Kopf gegen die Wand geschlagen. Als der Wärter kam, um sie abzuholen, war er erleichtert.

Später am Abend, als der Regen kam, weinte er. Er fühlte sich, als hätte er sie entjungfert, ohne daß sie begriff, was er tat, und somit ohne ihr Einverständnis. Und noch später masturbierte er, wobei er daran dachte, wie es hätte sein können, wenn er sie nicht gehindert hätte.

Ihm fiel ein, daß er *Das darfst du nicht* gesagt hatte und daß das einen unbeabsichtigten Verweis beinhaltet hatte. Er wünschte, er hätte sich besser ausgedrückt. Dann tilgte er seine Äußerung aus ihrer Begegnung und ließ sie weitermachen, stellte sich vor, wie er dort stand, nackt, und sie unterwies, in dieser Sache ihr Lehrer war. Er sagte ihr, wie sie ihn berühren, wie die Vorhaut bewegen, wie sie mit den Fingern sanft um die Eichel fahren sollte. In Gedanken hörte er, wie seine Stimme stockte und versagte, als er das erklärte; seine Hand vollführte, was er sich ausmalte, wurde zu der ihren, erforschte sich selbst und seine Reaktionen, als täte er es zum ersten Mal. Die Spannung stieg, und er bekämpfte sie, noch nicht, noch nicht. Er sagte ihr, wie es sich anfühlte, in einer Frau zu sein, wie feucht es war, wie Speichel; sah zu, wie sie ihre Hand an den Mund hob und ihre Finger leckte, seine Finger leckte, spürte, wie die Finger sich wieder um ihn schlossen, wie sie griffen, glitten, simulieren, stimulieren. Er sah, wie ihr Gesicht ihn beobachtete, seine Reaktionen kennenlernte, wie ihre Leidenschaft mit der seinen wuchs, heftiger wurde, schneller wurde. Er stellte sich vor, wie er die Augen schloß und ihr sagte, sie solle es schneller machen, schneller, hörte, wie seine Stimme rauh und eindringlich wurde. Spürte, wie seine Muskeln sich verhärteten, und hörte sich stöhnen, als der Augenblick kam. Die Schweißtröpfchen in seinem Nacken, der köstliche Schmerz, der sich von seinen Lenden aus erstreckte, der Genuß zu wissen, daß er im nächsten Augenblick jegliches Bewußtsein verlieren würde.

Dann sah er sich plötzlich so, wie sie ihn sehen würde, nicht mehr der ruhige, beherrschte Fremde mit der sanften Stimme, sondern ein männliches Tier, im Bann gehalten von etwas, das sie noch nicht verstand, und er hielt inne.

Er versuchte der Misha in seinem Kopf zu erklären, daß alles in Ordnung sei, daß es für jeden so war, diese Konzentration des

Bewußtseins vor der endgültigen Erlösung. Daß es so körperlich war, daß es nicht durch schickliches Verhalten gebändigt werden konnte, er wollte schreien, seinen Kopf zum Mond emporrecken und heulen, und er wollte, daß sie ihn hörte.

Und er wollte in ihr sein.

Allein der Gedanke daran reichte aus, um ihn beinahe zum Orgasmus zu bringen; wieder wurde er zu ihr, und ihre Hand wurde seltsam erfahren. Als er ejakulierte, wußte er nicht, wer er war.

Und dann schämte er sich.

»Wir brauchen genauere Angaben, Misha«, sagte Mishas Vorgesetzter. »*Alles* sagt uns gar nichts. Er haßt alles an seinem Land. Du mußt ihn dazu bringen, daß er sagt, was. Du hast ihn jetzt so weit, daß er aufrichtig spricht – du machst gute Arbeit. Aber ich will eine Liste.«

»Kann er einen Rasierer bekommen?«

»Nein. Aber wenn dich sein Anblick stört, werde ich dafür sorgen, daß er etwas hergerichtet wird.«

Sie verneigte sich.

Misha hatte zum ersten Mal im Leben Informationen zurückgehalten. Letztendlich hatte alles, was Daniel gesagt hatte, mit Ehe zu tun gehabt, und dieses Thema war verboten. Sie beobachtete weiterhin die Hunde auf der Straße, aber sie entdeckte keine, die es taten. Sie stellte auch fest, daß sie die Konturen von Männerkörpern genauer betrachtete. Es war nicht leicht, denn alle trugen die gleichen formlosen Baumwollhosen wie sie selbst, aber gelegentlich . . . Sie konnte nicht glauben, daß ihr nie zuvor etwas aufgefallen war.

Als sie zum vierten Mal in seine Zelle gebracht wurde, stellte sie fest, daß er sich rasiert hatte. Seine Kleidung war sauber, und sein Gesicht hatte wieder die richtige Farbe, wenn auch ein wenig käsig; er war beinahe schön. Er schien sich zu freuen, sie zu sehen, aber er wirkte erschöpft. Sie schenkte ihm eine Mango und etwas Schafskäse.

»Ich brauche eine Liste«, sagte sie, »mit den Dingen, die Sie hassen. Genaue Angaben.«

»In Ordnung«, sagte er. »Wenn wir das erledigt haben, können wir dann über andere Sachen reden?«

Die Liste erledigen? Sie konnte es kaum glauben. Sie leckte an ihrem Bleistift.

»Zuviel Verkehr, zuviel Umweltverschmutzung, korrupte Regierung, Ungleichheit...«

»Langsam, langsam«, rief sie.

Er sah zu, wie sie eifrig kritzelte, ließ sie aufholen, bis er seine Tirade fortsetzte. Und es war wirklich eine Tirade. Er wetterte gegen eine Regierung, die nichts tat, um für seine Freilassung zu sorgen, die zu Hause ständig seine Gelder gekürzt hatte, die Arm und Reich als zwei verschiedene Rassen ansah und die Umwelt als finanzielle Ressource. Er stieß eins nach dem anderen hervor, und sie schrieb alles auf. Als sie das Ende der Seite erreicht hatte, blickte sie mit funkelnden Augen zu ihm auf.

»Danke«, sagte sie, »vielen, vielen Dank.«

Er lächelte. Nun hatte er ihr doch etwas gegeben.

»Sie müssen unterschreiben«, sagte sie.

Er unterschrieb. Er würde in Kürze tot sein, was hatte es schon für eine Bedeutung. Aber er hatte es ehrlich gemeint. Jedes einzelne Wort.

Sie legte den Bleistift nieder und lächelte ihn an. »Worüber möchten Sie sprechen?«

»Über dich.«

»Ich bin nicht sehr interessant. Ich bin ganz normal.«

»Ich habe dich verletzt.«

»Nein, das haben Sie nicht.«

»Doch«, sagte er. »Ich hätte dir das alles letzte Woche nicht erzählen sollen, es stand mir nicht zu, das zu tun, ich habe dir alles ruiniert.«

»Nein«, sagte sie. »Ich bin froh, daß Sie mir die Augen geöffnet haben. Vielleicht…« Sie sah ihn an. Er konnte erkennen, daß sie mit etwas kämpfte. »Vielleicht gibt es auch noch andere Dinge.«

»Vielleicht.« Aber er wollte nicht noch mehr zerstören.

»Was gefällt Ihnen an unserer Kultur?«

»Ich weiß nichts über eure Kultur.«

Sie begann, Dinge aufzuzählen.

»Psst«, sagte er und legte ihr die Finger auf die Lippen, »das lassen wir uns für das nächste Mal.«

»Worüber sollen wir dann jetzt sprechen?«

»Ich möchte dir sagen… es ist ziemlich schwierig… ich möchte dir erklären…« Er fand keine Worte. Er wollte sichergehen, daß sie wußte, was sie erwartete, wenn sie heiratete. Daß sie selbst auch etwas davon hatte. Und je länger er darüber nachdachte, desto mehr wollte er auf Worte ganz verzichten und es ihr einfach zeigen. Er beugte sich über den Tisch und ergriff ihre rechte Hand. Sie war klein und zierlich, aber sie kannte harte Arbeit. Die Haut war rauh und schwielig, und einige Nägel waren abgebrochen. Er drehte sie um und fuhr mit den Fingern über die Handfläche, zwischen ihre Finger, bis zur Innenseite ihres Handgelenks. Sie machte sich nicht los.

»Du mußt wissen«, sagte er, »daß gewisse Dinge… dir Freude bereiten können.«

Sie lächelte einfach und legte ihre andere Hand auf den Tisch, die Handfläche nach oben gewandt. Da begehrte er sie sehr. Aber er malte das gleiche Muster auf ihre linke Hand und hielt am Handgelenk inne.

»Das ist schön«, sagte sie, als spräche sie von einem neuen Rezept.

»Wie lange haben wir?« fragte Daniel. Sagte er das wirklich? Hatte er das auch gut durchdacht?

»Ich weiß nicht. Fünf Minuten vielleicht.«

»Und beim nächsten Mal, wie lange da?«

»Zwei Stunden.«

»Kannst du länger kommen?«

»Wollen Sie mich länger?«

Großer Gott, dachte Daniel. »Ja.«

»Ich werde fragen. Jetzt machen Sie noch etwas, das mir Freude bereitet.«

»Steh auf.«

Sie stand auf. Er ging um den Tisch herum und legte ihr die Hände auf die Schultern. »Darf ich dich küssen?«

»Wie Kinder es tun?«

»Nein«, sagte er, »ganz und gar nicht wie Kinder«, und er begann, es ihr zu zeigen, erst sehr sanft, wobei er sich zwang, die Hände auf ihren Schultern zu lassen. Er spürte, daß sie anfänglich Widerstand leistete und sich dann allmählich entspannte. Sie hörte die Schritte des Wärters eher als er, und sie wich zurück. Er ging wieder zu seinem Stuhl, und sie verabschiedeten sich beiläufig.

Die ganze nächste Woche war Daniel hin und her gerissen zwischen Erwartung und Furcht und wiederum Erwartung. Es war ein Teufelskreis – er wollte mit ihr schlafen, wußte, daß er es nicht durfte; dann fiel ihm ein, daß das nächste Mal das letzte Mal war, daß er sie mit Sicherheit wiedersah. Er versuchte, an andere Dinge zu denken, aber es war vergeblich, er entdeckte ihr Gesicht in jedem Schatten, hörte ihre Stimme in jedem Windhauch draußen. Er wußte, daß er auf der anderen Seite des Tisches bleiben und über Krieg und Gesellschaft plaudern sollte, aber er vertraute nicht darauf, daß er das tun würde.

Mishas Vorgesetzter war sehr zufrieden mit ihr. Er gewährte ihr die zusätzliche Stunde, um die sie gebeten hatte; sie gereichte ihren

Lehrern zur Ehre, ihr Enthusiasmus wurde zur Kenntnis genommen. Sie wußte sehr wohl, daß ihr Schweigen die Wahrheit verdrehte, aber ihre Loyalität begann umzuschwenken. Sie fragte, was mit ihm geschehen würde, wenn sie mit ihm fertig war. »Er wird natürlich freigelassen«, sagte der Vorgesetzte – aber jetzt, wo sie selbst festgestellt hatte, wie leicht es war zu lügen, wußte sie nicht, ob sie seinen Worten glauben konnte, obwohl er so viel älter war als sie. Eine gewisse Traurigkeit schien sie zu überkommen, die nicht verging, bis sie ihren Gefangenen wiedersah.

Als sie kam, war er sehr selbstbeherrscht. Er hatte alles sorgfältig abgewogen, verschiedene Standpunkte eingenommen, war in verschiedene Rollen geschlüpft, hatte andere Perspektiven erforscht. Angenommen, sie würde schwanger werden. Der Gedanke war schrecklich anregend und absolut furchtbar. Es war durchaus möglich, daß man sie einfach erschießen würde. Er würde es nicht tun. Er saß auf der anderen Seite des Tisches, die Beine übereinandergeschlagen, die Arme verschränkt, und riß sich zusammen. Sie trug heute ein Kleid, ein einfaches Baumwollhemd, das ihr bis auf den Spann hinabreichte. Dort, wo es zwischen ihren Schenkeln lag, konnte er die Konturen ihres Körpers recht genau erkennen.

»Ich muß das Formular ausfüllen.«

Er nickte. »Erfinde einfach etwas. Ich werde unterschreiben. Alles, was du willst. Mach es einfach.«

Sie begann, Dinge vor sich hin zu sagen und sie aufzuschreiben. Er nickte jedes Mal, doch die Sätze kamen ihr falsch vor. »Jedes Kind führt in der Staatsbürgerschule ein glückliches Leben.« Man hatte ihr gesagt, daß sie ein glückliches Leben führe. Aber tat sie das wirklich? Hatte die Berührung eines anderen Menschen nicht Erinnerungen an eine frühere Zeit geweckt, als jemand sie in den Armen gehalten hatte und Schlafengehen nicht bedeutet hatte, daß fünfzig kleine Mädchen einstimmig ihre Andacht verrichteten? Sie begann zu stocken.

»Komm schon«, sagte Daniel, »was ist los?«

Sie sah ihn an, den Tränen nahe, und er begriff, was er angerichtet hatte.

»Du glaubst das alles nicht mehr, nicht wahr«, sagte er, »ich habe dir auch das genommen. Füll das Formular aus, Misha, du mußt es tun.«

»Eine mit Beratung arrangierte Ehe ist die beste Grundlage für eine Familie.« Sie schrieb das durch einen Tränenschleier auf und ging zum nächsten Punkt über.

Als sie fertig war, saßen sie einfach da und sahen einander an.

»Es macht keinen Sinn, so zu tun, als würde ich dich nicht begehren«, sagte Daniel. »Das tue ich. Aber . . . o Gott. Ich habe schließlich die Erfahrung, ich sollte entscheiden können, was das Beste ist. Und damit meine ich das Beste für dich, nicht für mich. Ich bin ein toter Mann, Misha, und ich will dich nicht mit ins Verderben reißen.« Plötzlich lachte er. »Hör zu«, sagte er, »Gottes Geschenk an die Frauen. Was für eine Selbstgefälligkeit.« Aber er wußte, daß er sie erregen konnte, und er wußte, daß es für sie beide eine Katastrophe wäre, wenn er das täte.

»Sie glauben, daß man Sie töten wird, nicht wahr«, sagte sie.

»Ja.«

Sie biß sich auf die Lippe. »Mein Vorgesetzter sagt, daß ich gute Arbeit leiste. Ich werde nicht mehr so gründlich durchsucht. Ich könnte Ihnen ein Messer bringen.«

»Ich weiß nicht, ob ich eins gebrauchen könnte.« Er wußte, wenn es darauf ankäme, würde er zu lange zögern. Mit einem Skalpell konnte er ohne Schwierigkeiten umgehen, er hatte seinerzeit viele Geschöpfe seziert – aber sie waren tot gewesen. Lebendiges Gewebe aufzuschneiden war etwas anderes. Er sah genau vor sich, wie er sich vorstellte, den ersten Schnitt zu machen, sich ausmalte, was passieren würde, den Stoß, die Drehung, das Fortziehen berechnete. Und es vorzog, selbst zu sterben.

»Ich möchte Ihnen trotzdem eins bringen.«

»Sei vorsichtig.« Wenn es ihr Freude machte, sollte sie es tun.

Sie redeten eine Weile über Allgemeines. Er stellte fest, daß sie nichts über Evolution oder die Entstehung des Menschen wußte; es war ihr nie in den Sinn gekommen, sich zu fragen, warum die Dinge so waren, wie sie waren. Er erzählte von seiner Arbeit, dem Museum, seinen Kollegen, den Orten, an denen er gewesen war. Sie hatte keine Ahnung von Geographie, und sie kannte keine Geschichte außer der ihres Landes. Sie war sehr gut in Mathematik, und sie liebte Musik. Sie war sowohl im bewaffneten als auch im unbewaffneten Kampf ausgebildet, und sie kannte die Sprache der Blumen.

»Was kommt nach dem Küssen?« fragte sie plötzlich, als sei das ein seltsames neues Ritual, das sie richtig lernen wollte.

Sie sah, wie er zu seiner Matratze blickte, ein schmales, mit Baumwolle bezogenes Stück Stroh in der Ecke auf dem Boden. Sie stand auf und ging hinüber. Dann kniete sie nieder und ging auf alle viere, wobei sie sich das Kleid über die Schenkel zog.

»So? Wie Hunde?«

Sie hatte nicht die geringste Vorstellung davon, was sie ihm antat. »Manchmal«, sagte er.

»Wie sonst?«

»Auf dem Rücken, auf der Seite, auf dem Bauch . . . o Gott, auf jede mögliche Art.«

»Wie lange dauert es?«

Sie bemerkte, daß er ganz still saß, als könne ihn die leiseste Bewegung schmerzen.

»Unterschiedlich«, sagte er.

»Zehn Sekunden? Zwei Minuten?«

»Länger.«

Sie wirkte überrascht. Er bewegte sich nicht, aber er beobachtete sie so durchdringend, daß ihr ein wenig unbehaglich zumute wurde. »Haben Sie eine Erektion?« fragte sie, stolz darauf, daß sie sich das Wort gemerkt hatte.

»Ja.«

»Das bedeutet, daß Sie es tun wollen, nicht wahr?«

»Mein Körper will es.«

»Aber Ihr Geist nicht.«

Er gab keine Antwort.

»Woher weiß ich, ob mein Körper es will?«

»Du wirst feucht«, sagte er, »zwischen den Beinen.«

»Sie meinen, es tropft aus meiner Blase?«

Er lachte, froh über die Gelegenheit, ein wenig von der Spannung abzubauen, dann wollte er sie an sich drücken. »Nein, Misha, es kommt aus der anderen Öffnung.«

»Oh.«

Und dann zog sie einfach das Hemd hoch, beugte sich vor und betrachtete sich. Er spürte ein Verlangen, das heftiger war, als er es je gekannt hatte, und er wandte sich ab.

»Was ist?« fragte sie. Sie hatte sich wieder hingesetzt und sah ihn an. »Ich habe nichts gesehen.«

Er schluckte. »Berühr dich«, sagte er. »Du kannst es fühlen.«

Sie wirkte entsetzt. »Das ist unrein.«

»Nein«, sagte er mit einem leichten Kopfschütteln.

»Wieder eine Lüge?«

»Wieder eine Lüge. Wirklich.«

Sehr zögerlich hob sie wieder das Hemd und legte sich die Finger zwischen die Beine.

»Du mußt auch deine eigene Anatomie kennenlernen«, sagte er. Ihr Gesicht sah ein wenig überrascht aus, aber sie hatte ihre Finger nicht weggenommen. Er saß da, litt, beobachtete sie. Das wäre eine anständige Lösung. Ihr zeigen, wie man es sich selbst machte. Und es dann auch selbst tun, blind, verzweifelt, wenn sie fort war. Halt aus, flehte er stumm, du kannst warten. Aber er war sich nicht sicher, daß er das konnte.

»Wenn du ein wenig reibst«, sagte er, »wirst du allmählich die gleiche Freude empfinden, die ich empfunden habe, als ich ... als du mich berührt hast.«

Sie probierte es aus, wobei sie ihn beobachtete. Er sah, wie ihr Gesicht ausdruckslos wurde, als sie das Gefühl verspürte, hörte, wie ihr Atem ein wenig schneller wurde. Dann hörte sie auf.

»Wenn du weitermachst«, sagte er, »wirst du einen Höhepunkt erreichen. Danach wirst du dich sehr entspannt und glücklich fühlen.«

»Tun Männer das auch?«

»Ja.«

»Zeigen Sie es mir.«

Er zögerte. Er hatte das Gefühl, daß dieser Kompromiß einen grundlegenden Haken hatte, aber er konnte nicht entdecken, wo er saß. Vielleicht war es, daß sie schließlich seine Schutzlosigkeit sehen würde. Er hatte ihr gegenüber bislang keinerlei Verletzlichkeit gezeigt, er wollte von ihr kein Mitleid oder irgendein anderes Gefühl, das darauf folgen könnte. Doch im Augenblick des Orgasmus würde sie ihn von einer anderen Seite sehen. Er schüttelte den Kopf.

Sie stand auf und ging rastlos auf und ab. Schon wieder hatte er in ihr ein Bedürfnis geweckt. Er fühlte sich, als würde er unaufhörlich die falschen Entscheidungen treffen, und er hätte am liebsten geschrien. Und dann war in der Ferne Donner zu hören, der Regen setzte ein, und das war kein erfrischendes Geräusch, sondern erinnerte ihn an seine Gefangenschaft und daran, was sie zu einer anderen Zeit an einem anderen Ort tun würden. Er schlug mit der Faust auf den Tisch, und sie fuhr herum und starrte ihn an. Zum ersten Mal sah sie, daß er eine gewaltsame Handlung vollführte.

»Ich glaube«, sagte sie, »Sie könnten ein Messer gebrauchen, wenn Sie müßten.«

»Bring mir eins«, sagte er. »Beim nächsten Mal.« Aber er wußte, daß er es nur gegen sich selbst richten könnte.

Sie beschrieb ihm die Gegend um das Lager. Hauptsächlich Dschungel, mit gelegentlichen Lichtungen, auf denen es Dörfer und hier und da etwas Landwirtschaft gab. Sie beschrieb ihm, wie er den Fluß finden würde, der ihn ans Meer bringen würde – er könnte sich zur Küste durchschlagen und die Hauptstadt erreichen, in der er sich an seine Botschaft wenden könnte. Er spielte mit, plante Fluchtrouten, lernte die Namen von Dörfern, in denen er Hilfe finden würde, merkte sich Orientierungspunkte.

Plötzlich stand sie auf, sah ihn an, ging wieder auf und ab, wie sie es vorher getan hatte, und blieb dann stehen. Sie starrte sein Gesicht durchdringender an als je zuvor. Er spürte, wie sich sein Magen zusammenzog. »Was ist?« fragte er mit etwas unsicherer Stimme.

»Ich will, daß Sie mich noch einmal küssen«, sagte sie, »es war schön.« Sie kam auf ihn zu, setzte sich auf seinen Schoß und legte die dünnen Arme um seinen Hals.

Es war hoffnungslos; ihr Körper war an den seinen gepreßt, er konnte alles an ihr spüren. Sein Mund fand den ihren, und er fing an, sie leidenschaftlicher zu küssen als zuvor, und als sie reagierte, fühlte er, wie seine Selbstbeherrschung wich. Er legte ihr die Hand auf den Schenkel und begann ihn zu streicheln, bewegte sich von der Außenseite ihres Beines langsam nach innen. Sie drängte sich an ihn und seufzte; dann berührte ihre Zunge wieder die seine, und ihr Busen lag an seiner Brust. Er spürte seine Erektion, und dann war ihre Hand da. Sie befühlte ihn durch die Baumwolle, ganz sanft, ganz vorsichtig. Er erinnerte sich daran, wie er vor einigen Tagen auf seiner Matratze gelegen hatte und heulen wollte; das wollte er jetzt auch. Sein ganzer Körper verzehrte sich vor Verlangen, und er küßte sie mit weniger Zurückhaltung, als ihm lieb war. Ihr Hüftknochen grub sich in seinen Magen; sie befanden sich in einer unglücklichen Position. Er schob sie von seinem Schoß, hob sie hoch und trug sie hinüber zu der Matratze. *Nein*, sagte eine Stimme in seinem Kopf. Er kniete sich neben sie, holte tief Luft und sagte: »Wir dürfen nicht. Wir dürfen wirklich nicht.«

Sie wirkte verwirrt, dann spreizte sie die Beine und berührte sich mit den Fingern. »Warum nicht«, sagte sie, »ich bin feucht.«

Er legte die Arme um sie und drückte sie an sich. »Nein«, sagte er. »Es ist nicht richtig.« Sie saßen eine Weile so da, ohne etwas zu sagen, und dann setzten sie sich wieder einander gegenüber an den Tisch.

Und plötzlich kam der Wärter zurück, und sie war fort. Er hatte seine zusätzliche Stunde gehabt, und er hatte nicht mit ihr geschlafen. Er wollte stolz auf sich sein, aber er war es nicht.

Er betrachtete die Narben an seinen Armen, den verdrehten Finger, den sie ihm gebrochen hatten und den er nicht hatte richten können. Er zählte seine Rippen und die Knochen an seinen Füßen. Er fuhr sich mit den Fingern über die Brandwunde an seinem Rücken, die nicht heilen wollte, und er wußte, daß es kein glückliches Ende geben würde. Noch ein Besuch, und irgendwann danach würde es geschehen.

Er ließ sein Leben an sich vorüberziehen, die kleinen Entdekkungen, die er gemacht hatte, die Freunde, die er zurückgelassen hatte, die Frauen, die er geliebt hatte. Ihre Erfahrung, ihre Kenntnisse, ihr Können im Bett. Keine von ihnen hatte ihn je so bewegt wie Misha. Er wünschte, er hätte auf seinem Gebiet einen größeren Beitrag geleistet, etwas Wichtiges entdeckt. War die Verführung eines jungen Mädchens alles, was von ihm bleiben würde? Er versuchte, sie sich in westlicher Kleidung vorzustellen, wie sie Gin und Tonic trank und über das Wetter plauderte. Es klappte nicht. Sie war ein Teil von etwas anderem, sie paßte nicht dorthin; die kleinen Täuschungen, die zum alltäglichen Leben gehörten, die mangelnde Zielsetzung, die Besessenheit mit dem Trivialen würden sie abstoßen. Er lag auf der Matratze, starrte an die Decke, lauschte dem Regen.

»Gute Arbeit, Misha«, sagte Mishas Vorgesetzter. »Du hast den ganzen Fragebogen in fünf Wochen ausgefüllt statt in sechs. Du hast dir einen Glückwunsch verdient.«

Misha erstarrte. Ihr war nie der Gedanke gekommen, daß sie

ihre letzte Woche mit Daniel verwirken könnte, wenn sie ihre Arbeit zu gut machte. »Gibt es nichts mehr, was ich ihn fragen soll?« sagte sie in der Hoffnung, daß weder ihr Gesicht noch ihre Stimme etwas verrieten.

»O doch«, sagte der Vorgesetzte. »Jetzt gehen wir erst richtig ans Werk.«

Sie sah zu ihm auf, ohne zu verstehen.

»Du hast sein Vertrauen gewonnen«, sagte der Vorgesetzte. »Jetzt mußt du ihn über die militärischen Einrichtungen ausfragen.«

»Er ist Paläo... Paläontologe«, sagte sie. »Er ist Wissenschaftler. Er gräbt die Knochen von Drachen aus. Er ist kein Söldner.«

»Du irrst dich, Misha«, sagte der Vorgesetzte. »Er hat zwei von unseren Männern getötet.«

»Nein.«

»Ich wiederhole, du irrst dich. Er weiß, wo die Waffenlager sind, auf der anderen Seite. Jetzt mußt du ihn zum Reden bringen. Ich werde dir erklären, wie du es zu tun hast, wie er wahrscheinlich reagieren wird, wie du ihn durchschauen kannst. Denk dran, Misha: er würde dich ohne Zögern töten, wenn er die Möglichkeit dazu hätte.«

Benommen verließ sie die Hütte des Vorgesetzten und überquerte den Hof. Zum ersten Mal wunderte sie sich über den braunen Sand an dem Pfosten. Als sie an diesem Abend in der Küche half, stahl sie das Messer, mit dem sie Sellerie geschnitten hatte, aber sie wußte noch nicht, ob sie es ihm geben würde. Sie nahm es mit nach Hause. Der Heimweg dauerte eineinhalb Stunden und führte über einen Dschungelpfad voll blühender Ranken und hektisch summender Insekten. Auf dem ganzen Rückweg befühlte sie das Messer, betastete die Klinge, berührte die Spitze. Sie stellte sich vor, wie er sie damit stach.

Er bemerkte ihre Veränderung in dem Augenblick, in dem sie durch die Tür kam. Sie war irgendwie distanziert, förmlich, und als sie sich ihm gegenüber hinsetzte, sah sie ihm nicht in die Augen. Er wartete.

Sie legte ein weiteres Blatt Papier auf den Tisch. »Ich wurde angewiesen«, sagte sie, »Sie zu fragen, wo sich auf der anderen Seite die Waffenlager befinden.«

»Was?«

»Ich wurde angewiesen, Sie zu fragen . . .«

»Ich habe dich schon verstanden«, sagte er knapp, »ich konnte es nur nicht glauben.«

»Sie haben zwei Männer getötet«, sagte sie mit flacher, lebloser Stimme, »Sie haben mich angelogen.«

»Nein. Mein Führer hat die beiden Männer getötet.«

Sie sah zu ihm auf. Er war absolut regungslos, die Augen auf ihr Gesicht geheftet.

»Mein *Führer* hat die beiden Männer getötet«, wiederholte er eindringlich.

»Man hat mir gesagt, daß Sie das behaupten würden.«

Er lächelte, das häßliche Lächeln, das sie am ersten Tag gesehen hatte. Dann lehnte er sich auf seinem Stuhl zurück, verschränkte die Arme und starrte zu Boden. Sie versuchte es mit jeder Methode, die ihr Vorgesetzter vorgeschlagen hatte. Sie sagte ihm, das von ihm unterzeichnete Dokument würde an die Zeitungen seines Landes geschickt werden. Es war ganz offensichtlich, daß ihm das gleichgültig war. Sie sagte ihm, wie viele Menschen sterben würden, wenn sie die Waffen nicht finden und zerstören könnten. Er zeigte keine Reaktion. Und schließlich zwang sie sich, ihm zu sagen, wie schlecht sie dastehen würde, wenn er ihre Fragen nicht beantwortete. Er hob den Blick nicht. Dann schob sie ihm das Messer heimlich unter dem Tisch zu, öffnete seine Finger und drückte ihm den hölzernen Griff in die Hand.

Er schloß die Augen, doch er nahm das Messer. Sie saßen da,

ohne zu sprechen. Dann sagte sie sanft: »Denken Sie an mich. Wenn Sie frei sind.«

Wieder wunderte er sich über ihre Naivität, denn selbst wenn es ihm gelänge, aus dem Lager zu fliehen, waren die Chancen, daß er die Küste erreichte, äußerst gering. Er fragte sich, ob sie zu ihrem eigenen Schutz wieder ihre Ideologie angelegt hatte, ob sie begriffen hatte, daß sie ohne sie nicht bleiben konnte, wo sie war. Dann fragte er sich, ob sie belauscht wurden.

Die Tür öffnete sich, und Mishas Vorgesetzter kam herein, in Begleitung eines Wärters. Misha stand sofort auf und verneigte sich. Daniel blieb auf seinem Platz. Der Wärter stieß seinen Revolver in Daniels Richtung, damit er sich erhob.

Daniel rührte sich nicht. Der Wärter zerrte ihn empor. Es entstand der flüchtige Eindruck von Masse, hinter der nur wenig Geisteskraft steckte – in dem Gesicht fielen nur die schlechten Zähne und die unheimlichen Augen auf, das eine milchig-weiß, das andere schwarzblau.

Der Vorgesetzte lächelte, nahm Mishas Notizen und sah sie durch. Er war ein Mann mittleren Alters, grauhaarig, er hatte das Auftreten einer wichtigen Persönlichkeit. Er hob die Augenbrauen und sah sie tadelnd an.

»Nichts«, sagte er und hielt ihr das Blatt unter die Nase.

Misha sagte etwas in ihrer Sprache, aber so schnell, daß Daniel nichts verstehen konnte.

»Nein, nein«, sagte der Vorgesetzte, »wir werden alle Englisch sprechen. Das ist höflicher.« Er wandte sich an Daniel. »Ich möchte mich Ihnen vorstellen. Mein Name ist Lin-Dah.«

Daniel unterdrückte ein Lächeln. Er wollte sagen: das ist ein Mädchenname, aber er wußte, daß das nicht ratsam war.

»Sie behaupten, daß Sie Doktor sind«, murmelte Lin-Dah.

»Nicht der Medizin.«

»Ah. Also können Sie das nicht beweisen, indem Sie Blinde sehend machen?« Er lächelte dem Wärter zu, der grinste, obwohl er offenbar kein einziges Wort verstanden hatte.

»Nein. Ich bin kein Arzt.«

»Sie sind Soldat«, sagte der Vorgesetzte.

»Ich bin Wissenschaftler.«

Der Vorgesetzte schüttelte belustigt den Kopf. »Ich weiß, daß Misha Ihnen erklärt hat, was wir erfahren möchten. Ich rate Ihnen dringend, es mir zu sagen.« Er sprach fließend Englisch, einwandfrei, mit nur leichtem Akzent.

»Ich bin in keiner Armee«, sagte Daniel langsam. »Ich *kann* Ihnen nicht sagen, was Sie wissen wollen.«

»Sie haben die Folter gut ertragen«, sagte Lin-Dah, »Sie sind gut ausgebildet, mein Freund.«

Daniel merkte, daß Misha den Vorgesetzten erst ungläubig, dann entsetzt ansah. Ihre Augen glitten hinüber zu Daniels Armen und dann zu dem gebrochenen Finger, und ihr Gesicht schien irgendwie zu erstarren.

»Bewundernswert ausgebildet«, fuhr der Vorgesetzte fort. »Aber Sie sind nicht mehr Sie selbst, nicht wahr? Sehen Sie sich an. Dünn, schwach, vielleicht auch krank. Niemand wird Ihnen vorwerfen, wenn Sie reden.«

»Sie können mir glauben«, sagte Daniel, »wenn ich etwas wüßte, hätte ich es Ihnen beim letzten Mal gesagt.«

»Ich glaube Ihnen nicht«, sagte Lin-Dah.

Er nickte dem Wärter zu. Der Wärter packte Misha am Haar und zerrte sie zu der Matratze. Sie schrie auf; er preßte ihr die Hand auf den Mund und kniete sich über sie. Dann sah er hinüber zu dem Vorgesetzten und wartete. Er hatte noch immer den Revolver in einer Hand.

Daniel war aufgesprungen und machte einen Schritt vorwärts, als der Revolver zu ihm schwenkte. Er blieb stehen.

»Setzen Sie sich«, sagte Lin-Dah.

Daniel stand unschlüssig da.

»Setzen Sie sich«, wiederholte der Vorgesetzte sanft, und er nickte dem Wärter kurz zu. Der Wärter schlug Misha ins Gesicht und sah Daniel an.

Daniel setzte sich.

»Das ist eine wunderbare Methode«, sagte Lin-Dah. »Die Abstände zwischen den Besuchen sind besonders wichtig, sie bieten Zeit, um ein wenig zu träumen... oder auch ein wenig mehr. Und sie ist vollkommen unschuldig, sie hatte keine Ahnung, daß wir bereit sein würden, sie zu töten, damit Sie reden. Ganz offensichtlich. Also – ich höre. Erst ihre Jungfräulichkeit und dann ihr Leben; beides liegt in Ihrer Hand.«

»Ich weiß gar nichts!« schrie Daniel. »Gütiger Gott, glauben Sie mir, ich würde es Ihnen sagen. *Ich würde es Ihnen sagen.*«

Er sah, wie der Wärter Misha das Kleid bis zur Taille hinaufschob. Der Vorgesetzte lächelte. Der Wärter zog seine Hose hinunter, mit einer Hand, die andere Hand, die die Pistole hielt, deutete noch immer auf ihren Mund. Daniel sah hinüber zu Lin-Dah. Er schien nicht bewaffnet zu sein, und sein Lächeln wurde breiter. Er schob eine Hand in die Hosentasche.

Großer Gott, dachte Daniel, er geilt sich daran auf. »Sie widerlicher Scheißkerl«, zischte er, »Sie ist eine der Ihren.«

Der Vorgesetzte lachte, aber er sah Daniel nicht an, er beobachtete Misha. »Alle Systeme mißbrauchen die Bevölkerung«, sagte er, »so oder so. Da, wo sie herkommt, gibt es noch viele andere. Wir haben ein Bevölkerungsproblem, sie wird ihrem Land einen Dienst erweisen, ein Maul weniger zu stopfen. Es sei denn natürlich, Sie sagen uns, was Sie wissen.«

»Ich weiß gar nichts«, sagte Daniel verzweifelt, und er begriff, daß das in vielerlei Hinsicht zutraf. Er hatte nicht damit gerechnet, hatte sie nicht durchschaut.

»Kommen Sie her, stellen Sie sich neben mich«, sagte Lin-Dah, »ich will, daß Sie zusehen. Sie haben ihr alles über das Ficken erzählt, nehme ich an? Das Verhältnis ist ungefähr fünfzig zu fünfzig – die eine Hälfte der Gefangenen erzählt es den Mädchen, die andere Hälfte nicht. Einige versuchen, es ihnen zu zeigen. Nicht viele. Die Folter scheint die notwendigen Utensilien ziemlich lahmzulegen. Wie gesagt, es ist ein gutes System.«

»Ich habe ihr nicht erzählt, daß es auch ein Akt der Gewalt sein kann«, sagte Daniel. Er spürte, wie sich das Messer an seinen Schenkel drückte, als er hinter dem Tisch hervortrat; er fürchtete das, was er vielleicht tun mußte. Der Wärter lächelte sie an und wartete auf ein Signal. Lin-Dahs Blick war abwesend, er schien mit etwas in seiner Tasche zu spielen. Hier draußen ist das wohl kaum Kleingeld, dachte Daniel, überrascht, daß ihm unter diesen Umständen so etwas in den Sinn kam.

Er hörte ein leises Geräusch über ihren Köpfen, eine Art Rascheln, und obwohl er wußte, daß es wahrscheinlich die Fledermäuse waren, mußte er aufblicken. Die Schlange fiel wie ein Stück brauner Pappstreifen von den Dachbalken und wand sich hin und her; der Aufprall, mit dem sie auf dem Boden landete, erinnerte ihn an seine Mutter beim Teigkneten, eine Art dumpfer Schlag. Der Wärter sprang zurück, als sei er gestochen worden – er war sichtlich erschüttert, und er begann, unzusammenhängend zu stammeln, deutete mit dem Finger und zog sich mit der anderen Hand die Hose wieder über die Hüften. Die Schlange stellte sich auf, bereit zur Verteidigung, mit zitternder Zunge; der Wärter wich zurück zur Tür und floh, ohne sie wieder zu schließen. Von ihm blieb nur seine Pistole, dumpf und schwarz auf dem Boden. Misha lag unbeweglich da, die Schlange war nur wenige Zentimeter von ihrem Kopf entfernt und schwankte leicht hin und her. Doch die lidlosen goldenen Augen waren nicht auf Misha gerichtet, sie hatten die Bewegung bemerkt, die der Vorgesetzte in seiner Hosentasche vollführte. Der Mann war jetzt stocksteif und starrte die Schlange an. Versteinert, dachte Daniel, die Bedeutung dieses Wortes habe ich niemals richtig verstanden. Es herrschte absolute Stille, als das Reptil auf Lin-Dah zukroch.

Misha stand auf, sanft, leise, und streckte die Hand nach Daniels Messer aus. Er gab es ihr. Sie bewegte sich ganz langsam hinter die Schlange, bückte sich, hob sie am Schwanzende hoch und schlug sie zu Boden wie eine Peitsche. Sie war höchstwahrscheinlich schon tot, bevor sie auf der Erde aufschlug, aber Misha enthauptete sie mit dem Messer, wohl um ganz sicher zu gehen. Dann hob sie die Pistole des Wärters auf.

Lin-Dah holte tief Luft. Sein Gesicht war gelb geworden, und auf seiner Stirn standen Schweißtropfen. Misha richtete den Revolver auf ihn und sagte etwas, zu schnell, als daß Daniel es hätte verstehen könne. Der Mann öffnete den Mund, dann schloß er ihn wieder. Er war verändert, sein ganzes Auftreten hatte sich gewandelt, er sank in sich zusammen wie eine Pflanze ohne Wasser. Er begann zu sprechen, sanft, elend. Daniel beobachtete ihre Gesichter, versuchte zu erraten, was sie zueinander sagten, doch außer einigen verwirrenden Worten über Vorfahren und Verpflichtungen gelang es ihm nicht. Misha zeigte immer wieder auf die tote Schlange. Schließlich senkte der Vorgesetzte den Kopf.

Misha sagte zu Daniel: »Sie müssen vor ihm hergehen, als ob Sie sein Gefangener wären. Er wird Ihnen die Hände auf dem Rükken zusammenbinden. Ich gehe fünf Schritte dahinter, wie es sich geziemt, aber ich werde Ihr Hemd tragen, und darunter wird der Revolver sein. Es ist äußerst unwahrscheinlich, daß er Schwierigkeiten machen wird, aber wenn er um Hilfe ruft, werde ich ihn töten, und dann wird es das beste sein, wenn ich uns beide auch töte. Ich habe ihm das erklärt. Ziehen Sie Ihr Hemd aus.«

Daniel zog sein Hemd aus und gab es Misha. Sie riß einen der Ärmel ab und gab ihn Lin-Dah. Das Material war sehr dünn, und Lin-Dah fesselte Daniels Hände damit, wie Misha es anordnete. Daniel erwartete zumindest ein boshaftes Zerren, aber da war nichts. Es war, als ob sich der Mann aus Gründen, die Daniels Verstand überstiegen, in etwas gefügt hatte.

»Wenn wir draußen sind«, sagte Daniel, »was geschieht dann?«

»Wir werden den Fluß suchen«, sagte Misha.

Er wunderte sich über ihren Optimismus. Sie waren beide dem Tode geweiht.

Als sie von einem Stacheldrahtzaun zum nächsten gingen, beobachtete er ihre Selbstsicherheit voller Verwunderung. Sie sprach rasch und leichthin mit allen Offiziellen, und sie ließen sie passieren. Lin-Dah sagte sehr wenig, und sein Gesicht war ausdruckslos. Als sie die letzte Umzäunung erreichten, hinter der die Fahrzeuge standen, ging der Vorgesetzte hinüber zu einem der Fahrer und verlangte die Schlüssel für einen Jeep. Der Mann schien diskutieren zu wollen, bis Lin-Dah ziemlich barsch wurde, und dann gab er ihm die Schlüssel ohne ein weiteres Wort.

»Sie werden fahren«, sagte Misha zu Lin-Dah, und sie stiegen ein. Sie hielt den Revolver auf sein Herz gerichtet.

Als sie aus dem Lager und den schmutzigen Weg hinunter fuhren, war Daniel überzeugt, daß er träumte. Es war alles so unglaublich einfach gewesen.

»Wir müssen dieses Fahrzeug loswerden und uns durch den Dschungel schlagen«, sagte Misha. »Es gibt hier viele Sümpfe. Wir werden es in einem davon zurücklassen.«

»Was ist mit dem Fahrer?«

»Wir lassen ihn frei.«

»Misha . . . warum nur hat er die ganze Zeit mitgespielt? Er hat nicht einmal versucht, sich zu wehren.«

»Oh«, sagte Misha, »wissen Sie, es ist schwierig für ihn. Wegen der Schlange.«

»Das verstehe ich nicht.«

»Die Schlange, die vom Himmel fällt, ist ein sehr schlechtes Omen. Darum ist der Wärter davongelaufen. Dann hat die Schlange statt dessen meinen Vorgesetzten ausgewählt. Er muß durch seine Taten einen Vorfahren verärgert haben, und er muß versuchen, das wiedergutzumachen. Darum hilft er uns. Er tut es nicht gern, aber er muß es tun.«

Und als sie nach einer Stunde oder mehr anhielten, kletterte Lin-Dah schweigend aus dem Jeep, verneigte sich vor ihnen beiden und ging davon, ohne sich noch einmal umzublicken.

Misha übernahm das Kommando. Er tat alles, was sie sagte,

blind, automatisch, in dem Bewußtsein, daß nur Adrenalin ihn antrieb. Er erinnerte sich daran, daß er ein Paar Stiefel anziehen mußte, daß sie ihm einen Rucksack gab; er erinnerte sich, daß sie ihre Kleidung gewechselt hatten. Er erinnerte sich, wie er zusah, als der Jeep in grünen Schlamm sank und verschwand. Sie waren eine lange Zeit gegangen, als sie schließlich sagte: »Hier. Das ist die Höhle, von der ich Ihnen erzählt habe. Wir können jetzt schlafen.«

Er legte sich auf seine Decke und schlief, tief und traumlos.

Als sie ihn weckte, schien die Sonne, wie immer am Morgen. Es gab Schmetterlinge, Käfer, Orchideen in Hülle und Fülle, ein sinnlicher Überfluß des Lebens selbst. Sie zeigte ihm den Weg zu einem Fluß, und unterhalb eines Wasserfalls befand sich ein Becken, wechselnde Muster in Türkis, Saphir und Jade. Er legte seine Kleider ab und schwamm. Sie saß am Ufer und sah ihm eine Weile zu, dann wandte sie ihm den Rücken zu und zog sich Hemd und Hose aus. Er erhaschte einen Blick auf sie, winzig, nackt, und dann war sie auch im Wasser, und er schwamm zu ihr hinüber. Sie berührten sich zunächst sehr zögerlich, und dann drückte das Wasser ihre Körper aneinander. Er spürte sie der Länge nach an sich. Er drehte sie herum und ließ sich mit ihr auf der Brust treiben, die Hände auf ihrem Busen. Als sie aus dem Wasser stiegen und sich wieder ans Ufer setzten, wußte er, daß er sie lieben würde. Es war unvermeidlich.

Er ergriff ihr Handgelenk und wiederholte das Muster, das er drei Wochen zuvor auf ihre Handfläche gezeichnet hatte. Sie lächelte, öffnete seine andere Hand und zeichnete das gleiche Muster. Er spürte, wie ihn ein Schauer überkam.

»Manchmal«, sagte er, »kann es ein wenig weh tun. Nur beim ersten Mal. Und nicht lange.«

»Ich habe keine Angst«, sagte sie.

Er hatte erwartet, daß sie Angst haben würde; schließlich war sie am Tag zuvor beinahe vergewaltigt worden, eine gewaltsame Seite des sexuellen Aktes war ohne jegliche Warnung, ohne

Erklärung, ohne Vorbereitung aufgetreten. Er hatte sich selbst als Heiler gesehen, als jemand, der den Schaden, der angerichtet worden sein mußte, langsam überwand, geduldig und sanft und verständnisvoll – doch selbst hier irrte er sich. Er begriff sehr schnell, daß sie ihn genauso dringend wollte wie er sie.

Er breitete seine Kleidung auf dem Boden aus, zwischen den Blumen und den Schmetterlingen, und bettete sie darauf. So unbedingt er sie auch wollte, er würde nichts überstürzen. Sie beobachtete sein Gesicht erwartungsvoll, als würde er etwas Magisches und Seltenes vollführen, ein Wunder. Im Dschungel schrie ein Vogel, gespenstisch, weit entfernt, geheimnisvoll, die perfekte Untermalung. Er begann, ihre Stirn zu küssen, ihre Lider, ihren Hals, ihre Schultern, arbeitete sich tiefer vor, systematisch, geschickt, ganz, ganz sanft. Der Vogel schrie wieder, ein dünner, gepreßter Schrei, er küßte ihre Hüften, ihre Schenkel, ihre Kniekehlen. Die absichtliche Verzögerung seiner eigenen Befriedigung erhöhte alles in einem Ausmaß, das er nie zuvor erlebt hatte; allein der Geschmack ihrer nackten Haut reichte aus, um ihn zum Wahnsinn zu treiben, und es war das schönste aller Leiden, seine Leidenschaft zu bekämpfen. Er arbeitete sich wieder nach oben, zählte ihre Rippen mit seiner Zunge, berührte ihre Brustwarze, leckte sie, rollte sie in seinem Mund herum, spürte, wie sie sich an ihn drückte. Seine Hände bewegten sich zu ihrer Taille, über ihren Bauch; er fuhr die Linie zu ihren Leisten mit dem Daumen entlang, schob ihre Beine auseinander und öffnete die Falten mit den Fingern, streichelte, so sanft er konnte, und stellte fast sofort fest, wie erregt sie war. Er begann zu reiben, sich den Weg zu bahnen, spürte, wie die Spannung stieg, drang schließlich mit dem Finger in sie ein. Doch statt zurückzuweichen, drängte sie sich gegen ihn. Er hörte sie nach Atem ringen, dann gab es keinen Widerstand mehr, und sie zog ihn an sich, als hätte sie Angst, er würde verschwinden, sich auflösen, entweichen. Sie hielten einander einige Augenblicke fest umschlungen, und dann küßte er sie auf den

Mund und rieb die Spitze seines Penis an ihr. Ihr ganzer Körper zitterte, die Sehnen in ihrem Nacken spannten sich, ihre Bauchmuskeln verkrampften sich; sie hielt lange Zeit den Atem an, dann stieß sie ihn krampfartig aus und hielt ihn wieder an. Er wußte, daß sie kurz davor war, und dann dachte er überhaupt nicht mehr, er war in ihr und vollkommen verloren.

Misha konnte die beiden Ereignisse gedanklich ohne Schwierigkeiten voneinander trennen. Die Bedrohung durch den Wärter am Tag zuvor hatte nichts mit dem zu tun, was Daniel heute mit ihr machte. Sie war immer fähig gewesen, Dinge separat zuzuordnen; nur so konnte man existieren – von der Mutter zur Staatsbürgerschule, von dort zur Hochschule, von der Hochschule zum Dienst und vom Dienst zur Ehe. Sie verbannte den Wärter in eine unbedeutende Vergangenheit und gab sich Daniel vollkommen hin. Dieses eine Mal sprachen sie die gleiche Sprache, fließend und eingehend. Ihr Körper erstaunte sie; sie hatte nicht gewußt, daß er zu solcher Leidenschaft fähig war. Seine Finger waren wie Feuer, und überall, wo er sie berührte, schmolz sie dahin. Sie spürte eine Vereinigung, die ihr vollkommen fremd war, die Vorstellung, mit einer anderen Person eins zu werden, war ihr nie zuvor in den Sinn gekommen. Ein Teil von ihr wich, um in ihm weiterzuleben, und ein Teil von ihm würde in ihr leben; sie tauschten Teile ihrer Identitäten aus, es war die seltsamste und wunderbarste Sache, die ihr jemals widerfahren war. Sie wollte, daß es niemals aufhörte, und als es aufhörte, geschah das mit einer so heftigen Schönheit, daß sie vor Staunen verstummte. Sie lagen lange da, ohne zu sprechen.

»Was tun wir jetzt?« fragte er später. Er wußte, daß er schwach und unentschlossen klang, doch er war zu erschöpft, um anders zu klingen. Die Intensität dessen, was zwischen ihnen geschehen war, hatte ihn erschüttert.

»Wir suchen deine Botschaft«, sagte sie, »und fahren in dein Land.« Für sie war alles so einfach.

»Mein Land würde dir nicht gefallen«, sagte er, »es gefällt mir schon nicht.«

»Ich dachte – ich dachte, du würdest das alles erfinden. Mir zuliebe.«

»Nein«, sagte er, »ich habe es absolut ernst gemeint.«

»Dann...« Sie sah ihn mit großen Augen an.

»Wir werden einen Ort finden«, sagte er in dem Bewußtsein, daß es keinen gab. Es gab keinen einzigen Staat, der nicht auf der einen oder der anderen Seite stand – und die meisten standen auf *seiner* Seite. Sie würde ein Nichts sein, nur ein weiterer Immigrant, der die Steuerzahler aussaugte.

Sie liefen viele Tage, folgten einem Strom, von dem sie wußten, daß er schließlich in den Fluß münden würde. Sie begegneten niemandem, und er glaubte allmählich an Glück.

Sie beobachtete ihn, während sie liefen. Er kam ihr jetzt so schön vor, mit seinem strohfarbenen Haarschopf. Er würde überall verdächtig wirken.

Sie wanderten einen breiten, flachen Fluß entlang, der mit verwitterten Felsen durchzogen war. Sie hüpften von einem Trittstein zum nächsten und liefen am Ufer, wann immer es möglich war. Misha ging vor ihm; er war stehengeblieben, um seine Kleidung auszuwringen. Als er aufsah, war sie zu zweit. Er blinzelte und wischte sich die Augen. Jetzt waren es drei. Drei Gestalten, die graue Hemden und Hosen trugen, aufgeregt sprachen und immer wieder zu ihm hinüber blickten. Er stand da, wußte nicht, was er tun sollte, ein leeres Gefühl in der Brust. Misha gestikulierte, diskutierte, die anderen beiden schrien sie an, nicht aggressiv, sondern eindringlich, als gäbe es etwas, was sie nicht verstünde. Dann wandten sich alle drei um und sahen auf die andere Seite des Dschungels.

Die Gestalten, die aus dem Dschungel kamen, wirkten gegen den dunkel werdenden Himmel und die unablässige Regenwand wie Geister, und sie trugen die falsche Uniform. Daniel sah, wie einer der Soldaten sein Gewehr hob, und zwei der grauen

Gestalten wandten sich um und liefen davon. Nach ein paar Schritten blieb eine von ihnen stehen, kehrte zu Misha zurück und zog sie mit sich. Ein Warnschuß pfiff über ihre Köpfe. Daniel ging direkt in die Schußlinie und stand einfach da, wartete, bot ihnen ein Ziel. Keine weiteren Schüsse folgten. Nach einigen ewig währenden Sekunden verschwanden die drei grauen Gestalten im grünen Chaos des Dschungels.

»Hey«, rief eine Stimme, »Doktor Murray! Doktor Daniel Murray! Hey, Leute, wir haben ihn gefunden! Doc, wir sind auf Ihrer Seite!«

Das war nicht das, was er wollte.

Originaltitel: What Might Have Been
Deutsch von Annika Tschöpe

Edgar Allan Poe
Berenice

Mannigfaltig ist das Elend der Erde, grenzenlos aber ist ihre Erbärmlichkeit. Wie ein Regenbogen überspannt sie den weiten Horizont, und vielfältig wie des Regenbogens Farben sind ihre Arten – ebenso bestimmt und ebenso vertraut. Ich sagte: sie überspannt den Horizont wie ein Regenbogen. Wie konnte ich einen Vergleich ziehen zwischen dem Urbild der Schändlichkeit und etwas so göttlich Schönem? Zwischen dem Symbol des Friedens und der Quelle aller Trübsal? Es mag wohl daher kommen, daß in der Ethik zumeist das Böse die Folge des Guten ist, und somit auch der Freude die Kümmernis entspringt. Denn: Entweder leiden wir namenlose Qualen bei dem Gedanken an entschwundenes Glück, oder wir erdulden Seelenpein um die Verzückungen, die wir zu erleben hofften.

Mein Taufname ist Egaeus; mein Familienname bleibt besser ungenannt. Doch gibt es weit und breit im Land keine Türme und Zinnen, die ehrwürdiger ins Land hinabblickten als die meines düsteren, grauen Stammschlosses. Man hat meiner Familie die Fähigkeit des Geistersehens zugesprochen, und tatsächlich gab es manch seltsame Einzelheiten in der Bauart unseres Familienschlosses, in den Fresken des großen Saales, in der Wandbekleidung der Schlafräume, in der Art, wie die Pfeiler der Waffenkammer behauen waren, doch ganz besonders in der Galerie der alten Meister, im Stil des Bibliothekzimmers und schließlich in der höchst merkwürdigen Auswahl der Bibliothek selbst – es gab, wie gesagt, manch seltsame Einzelheiten, die diese Vermutung nicht unberechtigt erscheinen ließen.

Die Erinnerung an meine früheste Jugend ist gerade mit der Bibliothek und ihren Büchern aufs engste verknüpft, wovon ich später noch mehr berichten will. Meine Mutter starb in diesem Zimmer. Ich selbst wurde dort geboren. Unnötig zu betonen, daß ich schon vorher lebte, meine Seele schon vorher existierte. Sie leugnen es? Nun, wir wollen darüber nicht streiten, da ich selbst davon überzeugt bin. Es liegt mir vollkommen fern, andere überzeugen zu wollen. Ich möchte nur bemerken, daß mir eine dunkle Erinnerung an wesenlose Gestalten, an geisterhafte, bedeutsame Blicke, an schwermütige melodiöse Töne geblieben ist. Eine Erinnerung, die unauslöschlich ist und die mich wie ein Schatten umschwebt, ganz ungreifbar, unbeständig und unbestimmt, eine Erinnerung, von der ich mich ebensowenig wie von einem Schatten befreien kann, solange mich das helle Licht meines Verstandes erleuchtet.

In jenem Zimmer also kam ich zur Welt. Ist es verwunderlich, daß ich, aus der tiefen Nacht eines scheinbaren, doch nicht wirklichen Nichtseins erwachend, mit erstaunten, erschrockenen Augen um mich blickte, da ich mich plötzlich in diesem Zauberland wiederfand, in diesem Märchenschloß, in diesen wunderlichen Gefilden klösterlichen Geistes und mönchischer Gelehrsamkeit? Ist es verwunderlich, daß ich meine Knabenjahre über Büchern hinbrachte und meine Jugend mit Träumereien vertrödelte? Seltsam und verwunderlich ist nur das eine, daß mit der dahineilenden Zeit, als ich – ich wohnte nach wie vor im Stammschloß meiner Väter – in der Blüte meiner Mannesjahre stand, plötzlich der Quell meines Lebens zu versiegen schien und mit den alltäglichsten meiner Gedanken eine höchst merkwürdige, absonderliche Veränderung vor sich ging. Die Tatsächlichkeiten des Alltags muteten mich plötzlich wie Visionen an, während die phantastischen Vorstellungen des Traumlandes nicht etwa nur mein täglich Brot wurden, sondern zum einzigen Zweck und Sinn meines Lebens, zu meinem Leben selbst.

Berenice und ich waren Geschwisterkinder und wuchsen gemeinsam im Schloß meiner Väter auf. Dennoch war unser Leben gänzlich verschieden: ich kränkelte ewig und war schwermütig, sie war lebhaft, anmutig, voll sprühender Lebenskraft; mein Lieblingsaufenthalt war in den Studierstuben des Klosters, der ihre auf den tausend kleinen Wegen der sonnigen Hügel. Ich lebte nur mir selbst und hing mit Leib und Seele meinen trüben, qualvollen Gedanken nach – sie aber huschte sorglos durch das Leben, ohne auch nur einen Gedanken an die Schatten auf ihrem Pfade oder an den Flug der schwarzbeschwingten Stunden zu verschwenden.

Berenice! Deinen Namen wenigstens laß mich rufen! Berenice! ... Schon beim Klang ihres Namens kriechen aus den nebelgrauen Ruinen der Erinnerung tausend wirre Gedanken hervor. Ach, wie deutlich sehe ich sie vor mir, wie deutlich! Sie ist dasselbe fröhliche Sonnenkind von ehedem! Welch strahlende und dennoch phantastische Schönheit! Du Sylphe in den Wäldern von Arnheim! Du Najade ihrer Quellen und Brunnen!

Und dann, ganz jäh, ganz unvermutet, die gräßliche Veränderung, das eisige Erstarren in Schreck und geheimnisvollem Grauen – und jene fürchterlichen Begebenheiten, über die man eigentlich tiefstes Schweigen bewahren müßte. Ganz plötzlich, als wäre ein wütender Samum über sie hergefallen, verdorrte ihr süßer Leib; ein Leiden, ein grauenhaftes Leiden packte sie mit roher Gewalt und zerrüttete sie vor meinen sehenden Augen. Und dieser Teufel der Zerstörung begnügte sich nicht nur mit der Vernichtung ihres Geistes, nein, auch ihr ureigenster Charakter und all ihre kleinen Gewohnheiten fielen ihm in kürzester Zeit zum Opfer, und schließlich zerstörte er auf die heimtückischste, grauenhafteste Art ihre Persönlichkeit, ihr eigenes Ich!

Ach, der Vernichter kam – und ging nach vollbrachter Tat! Sein Opfer aber – wer ist sein Opfer? Ich kenne es nicht ... das ist die Berenice nicht, die ich gekannt habe ...

Aus der endlosen Gefolgschaft der Leiden, die dieser entsetzlichen Krankheit entsprangen, durch die meine Kusine körperlich und geistig in einen so fürchterlichen Aufruhr versetzt wurde, sei vor allem eine besonders quälende, hartnäckige Art von Epilepsie genannt, die nicht selten in einen vollkommenen Starrkrampf überging. Dieser Starrkrampf hatte mitunter eine erschreckende Ähnlichkeit mit der tatsächlichen Auflösung, ließ aber in den meisten Fällen ganz plötzlich nach, so daß die Patientin mit jähem Ruck erwachte.

Meine eigene Geistesgestörtheit – denn man hatte mir gesagt, daß die Eigentümlichkeiten, die ich an mir beobachtete, nur so zu bezeichnen wären –, meine eigene Geistesgestörtheit also machte indessen rapide Fortschritte und nahm allmählich den Charakter einer ganz neuartigen, merkwürdigen Monomanie an, die stündlich zunahm und mich schließlich vollkommen beherrschte. Diese Monomanie – wenn ich sie schon so nennen muß – bestand in einer krankhaften Reizbarkeit jener geistigen Fähigkeit, die man in der Wissenschaft mit dem Wort »Aufmerksamkeit« bezeichnet. Ich bin fast überzeugt, daß man mich nicht verstehen wird, und ich fürchte tatsächlich, daß es unmöglich sein wird, dem Leser einen annähernden Begriff von dem nervös überreizten Interesse zu geben, mit dem ich hinter den gewöhnlichsten Dingen des Alltags herjagte und mich in Betrachtungen und Grübeleien vergrub.

Stundenlang und unermüdlich konnte ich über eine ganz belanglose Randbemerkung oder Darstellung im Text eines Buches nachsinnen; die schönsten Stunden eines Sommertags daran verschwenden, mich in den Anblick eines wunderlichen Schattens zu versenken, der quer über die Wand oder den Boden lief; mich eine ganze Nacht lang der Betrachtung einer ruhig brennenden Lampe oder eines verglimmenden Feuers hingeben;

ganze Tage lang von dem Duft einer bestimmten Blume träumen; ganz monoton irgendein Wort so lange wiederholen, bis der Klang infolge der ewigen Wiederkehr jeden Sinn für mich verloren hatte; das Bewußtsein der Beweglichkeit und tatsächlichen Existenz durch andauernde, absolute Reglosigkeit gänzlich in mir ersticken – das waren einige der häufigsten und harmlosesten Erscheinungen, denen mein krankhaft gestörter Geist unterworfen war und die, wenn auch nicht unvergleichbar mit ähnlichen Fällen, so doch nicht plausibel zu definieren und zu erklären sind.

Ich möchte indes nicht mißverstanden werden. Diese übertriebene, tiefe und krankhafte Aufmerksamkeit, die von an sich ganz nebensächlichen Dingen erregt wurde, darf nicht mit jenem Hang zum Grübeln verglichen werden, der mehr oder weniger allen Menschen eigen ist und dem sich insbesondere Personen mit lebhafter Phantasie gern hingeben. Ja, mein Leiden war nicht einmal, wie man im ersten Augenblick vermuten könnte, der letzte Grad oder Höhepunkt jener Neigung, sondern etwas absolut und grundsätzlich anderes. In dem einen Falle wird der Träumer in der Regel durch eine nicht belanglose Ursache zu seinen Grübeleien verleitet und verliert diesen Ausgangspunkt in einer Wirrnis von Schlußfolgerungen und Suggestionen allmählich ganz aus dem Auge, so daß er schließlich am Ende eines Wachtraumes – der übrigens in den meisten Fällen von Üppigkeit und Pracht erfüllt ist – das incitamentum oder ursprüngliche Motiv seiner Träumereien vollkommen vergessen hat. In meinem Fall hingegen war der erste Ansporn zur Grübelei unbedingt und stets völlig nebensächlich und erhielt erst durch meine mediale und krankhafte Zerfaserung eine unwirkliche und aufgepfropfte Wichtigkeit. Äußerst selten nur ließ ich mich zu Schlußfolgerungen herbei; geschah es aber ausnahmsweise einmal, so ging ich wie im Kreis herum und kehrte mit unglaublicher Beharrlichkeit stets wieder zum Ausgangspunkt zurück. Niemals waren meine Träumereien angenehm oder erfreulich.

Erreichte ich aber schließlich das Ende meiner Grübeleien, so hatte ich die Ursache meiner Betrachtungen nicht nur nicht vergessen, sondern ich hatte jenes unheimlich gesteigerte, krankhafte Interesse in mir erregt, das das deutliche Merkmal der Geistesgestörtheit ist. Mit einem Wort: Von meinen geistigen Fähigkeiten war, wie schon gesagt, die »Aufmerksamkeit« krankhaft überreizt, während die Wachträumer nur zu einer gesteigerten »Betrachtung« neigen.

Wenn die Bücher, die ich zu jener Zeit las, meine Gestörtheit auch nicht gerade verursachten, so trugen sie, wie man unschwer begreifen wird, durch ihren mystischen und mitunter unlogischen Inhalt doch in hohem Maße dazu bei, mich immer mehr in die ungesunden Grübeleien, die eine Folgeerscheinung meiner Krankheit waren, hineinzuhetzen. Ich entsinne mich unter anderem insbesondere der Abhandlung des berühmten Italieners Coelius Secundus Curio: *De Amplitudine Beati Regni Dei;* des großen Werkes von St. Augustin: *Der Gottesstaat* und Tertullians: *De Carne Christi,* in dem der paradoxe Ausspruch vorkommt: »Mortuus est Dei filius; credibile est, quia ineptum est; et sepultus resurrexit; certum est, quia impossibile est«, der mich wochenlang ausschließlich beschäftigte und mich in angestrengtestem, fruchtlosem Nachdenken gebannt hielt.

Es hat somit fast den Anschein, daß mein Geist, den so belanglose Dinge aus dem Gleichgewicht bringen konnten, eine gewisse Ähnlichkeit mit jenem Felsblock im Ozean hatte, von dem Ptolemaios Hephestion erzählt, daß er aller menschlichen Gewalt und sogar dem wilden Ansturm wütender Orkane und tosender Wasserstürze trotzte, jedoch bei der leisesten Berührung mit einer Asphodelos-Blüte bis ins innerste Mark erzitterte. Ein Außenstehender mochte vielleicht der Überzeugung sein, daß die Veränderung im Wesen Berenices, die auf ihr Leiden zurückzuführen war, meiner krankhaften, qualvollen Grübelei stets neue Nahrung gegeben hätte. Das war indes durchaus nicht der Fall, wenn ich auch in meinen klaren Augenblicken tiefen Schmerz ob ihres Unglücks empfand; der vollständige Schiffbruch, den ihr sorgloses, glückliches Dasein erlitten hatte, ging mir tief zu Herzen, und oft saß ich stundenlang da und grübelte voll Bitterkeit über die rätselhaften, geheimnisvollen Mächte nach, die eine so plötzliche, unfaßbare Umwandlung bewirken konnten. Dennoch hatten diese Betrachtungen nichts gemein mit der Idiosynkrasie meiner Geistesgestörtheit; denn sicher wäre es jedem anderen im gegebenen Fall ebenso ergangen wie mir, und er hätte nicht weniger als ich über den so traurigen Fall nachdenken müssen. Freilich befaßte sich mein kranker Geist, seiner Gewohnheit gemäß, hauptsächlich mit den unwichtigeren, aber vielleicht um so erstaunlicheren Veränderungen, die sich im Aussehen Berenices bemerkbar machten, mit der sonderbaren und geradezu entsetzlichen Verzerrung ihrer Persönlichkeit.

Ich hatte sie während der strahlenden Tage ihrer unvergleichlichen Schönheit bestimmt nicht geliebt. Die seltsame Anomalie meines Gemüts ließ meine Gefühle niemals dem Herzen entspringen, und meine Leidenschaften wurden stets nur vom Verstand regiert.

Im frühen Dämmer des werdenden Tages, zu Mittag in den zitternden Schatten des Waldes und nachts in der lautlosen Stille meiner Bibliothek war sie an mir vorbeigehuscht, nie aber hatte ich in ihr die lebendige, atmende Berenice gesehen, sondern stets nur die Berenice eines Traumes; niemals ein irdisches Geschöpf von Fleisch und Blut, sondern stets nur die Abstraktion eines solchen Wesens; nicht ein Ding, dem man Bewunderung zollt, sondern einen Gegenstand, geschaffen zur Analyse; nicht ein Wesen, das man lieben kann, sondern einen Stoff zu sinnlosen, planlosen Grübeleien. Jetzt aber, jetzt zitterte ich, wenn sie bei mir war, und erblaßte, wenn sie auf mich zukam. Nun erst beklagte ich von Herzensgrund ihren Verfall und ihren bejammernswerten Zustand und wurde mir plötzlich klar, daß sie mich seit langem liebte. Und in einer unseligen Stunde sprach ich ihr von Heirat ...

Der Tag, an dem unsere Hochzeit stattfinden sollte, kam heran. Ich saß an einem Winternachmittag, einem jener ganz ungewöhnlich warmen, ruhigen, nebligen Tage, die man Halkyons Beschützer nennt, ganz allein – so glaubte ich wenigstens – in meinem Bibliothekzimmer. Als ich jedoch zufällig aufblickte, sah ich Berenice vor mir stehen.

Lag es an meiner überreizten Phantasie, war es dem Einfluß der nebligen Luft zuzuschreiben oder dem unbestimmten Zwielicht, in das das Zimmer getaucht war, trugen die grauen, düsteren Kleider, die in schweren Falten ihre Gestalt umflossen, Schuld daran, daß mir die Linie ihres Körpers so undeutlich und verschwommen erschien? Ich vermöchte es nicht zu sagen. Sie sprach kein Wort; ich aber hätte um nichts in der Welt auch nur eine einzige Silbe hervorzubringen vermocht. Ein einziger Schauder durchrann meine Glieder. Eine unerträgliche, qualvolle Angst griff mir ans Herz; eine verzehrende Neugier regte sich in meiner Seele. Ich sank in meinen Stuhl zurück, saß atemlos, regungslos da und starrte Berenice unverwandt an. Ach! Wie hager war sie geworden! Wie grauenhaft abgezehrt! Nichts erinnerte mehr an die Berenice von einst, selbst nicht die flüchtigsten Umrisse ihrer Gestalt! Und schließlich irrten meine heißen, entsetzten Blicke über ihr Antlitz.

Ihre Stirn war hoch, fürchterlich bleich und seltsam verklärt. Ihr Haar, das früher tiefschwarz gewesen war, fiel teilweise darüber und beschattete die eingesunkenen Schläfen mit tausend Löckchen von schreiend gelber Farbe, deren phantastischer Anblick in schmerzhafter Disharmonie von dem wehen, schwermütigen Ausdruck ihrer Züge abstach. Ihre Augen waren glanzlos und wie erloschen; sie schienen keine Pupillen zu haben. Unwillkürlich schrak ich vor dem starren, gläsernen Blick zurück und gab mich der Betrachtung der schmalen, eingeschrumpften Lippen hin. Sie teilten sich, verzerrten sich zu einem eigentümlich bedeutungsvollen Lächeln und ließen mich die Zähne meiner so gräßlich veränderten Berenice sehen. Wollte Gott, ich hätte sie nie gesehen oder wäre unmittelbar nachher gestorben!

Das Zufallen einer Tür schreckte mich auf, und als ich um mich blickte, sah ich, daß meine Kusine das Zimmer verlassen hatte. Doch das weiße, schreckhafte Gespenst ihrer Zähne hatte sich festgebissen in meinem Gehirn und war daraus nicht mehr zu bannen. Da war kein Fleckchen, kein Tüpfelchen, keine Zacke ihrer Schneide, die sich während der kurzen Augenblicke, da sie mir zugelächelt hatte, meinem Gedächtnis nicht für ewige Zeiten eingeprägt hätten. Ich sah sie jetzt sogar noch viel greifbarer, als ich sie vorhin gesehen hatte. Ich sah sie hier – ich sah sie dort – überall – überall sah ich diese Zähne – unzweifelhaft – zum Greifen nahe: lang und schmal und unfaßbar weiß, umsäumt von bleichen, fast verzerrten Lippen – ganz so wie in jenem Augenblick, da sie mir zum erstenmal so grauenhaft entgegengrinsten. Und schon war ich die hilflose Beute meines Leidens. Mit blinder Wut fielen meine Gedanken über mich her, vergebens kämpfte ich wider sie an, vergebens suchte ich ihrer fürchterlichen, unwiderstehlichen Gewalt Herr zu werden. Von allen, allen Dingen dieser Welt hatte ich nur noch Interesse für diese Zähne. Ihnen galt mein ganzes Sinnen und Trachten; sie zu besitzen war mein heißester Wunsch, mein einziger Traum. Alle anderen Interessen erloschen – nichts war mir wichtig als nur diese Zähne, nur diese Zähne. Sie allein sah mein geistiges Auge – sie, sie allein gaben meiner Gedankenwelt Inhalt und Sinn. Ich sah sie in jeder Beleuchtung vor mir. Ich wendete sie hin und her. Ich stellte ihre Eigentümlichkeiten fest und verweilte bei ihren Absonderlichkeiten. Ich grübelte über ihre absolute Regelmäßigkeit und sann der Veränderung nach, der sie ausgesetzt waren. Ich schauderte bei der bloßen Vorstellung, daß ihnen ein Empfindungsvermögen innewohnen könnte, daß sie auch ohne Beistand der Lippen irgendwelche Gefühle zum Ausdruck zu bringen vermöchten. Man sagt von Mademoiselle Sallé sehr trefflich: »Que tous ses pas étaient des sentiments«, und bei Berenice war ich überzeugt, que toutes ses dents étaient des idées. – Des idées! Das, das war der wahnsinnige Gedanke, an dem ich zugrunde gehen würde! Des idées! Das war also der Grund, weshalb mich so rasend nach ihnen verlangte! Und plötzlich war mir sonnenklar, daß ihr Besitz, und nur ihr Besitz, mir meine Seelenruhe, meinen Verstand wiedergeben konnte.

Allmählich senkte sich der Abend herab. Die Dunkelheit umfing mich, dauerte und verblaßte am frühen Morgen; ein neuer Tag brach an, und abermals schlich auf leisen Sohlen die Nacht herein – ich aber saß noch immer regungslos in meinem einsamen Zimmer, saß und grübelte unentwegt, ganz in dem fürchterlichen Bann jener Zähne, die in gräßlicher, lebendiger Deutlichkeit in dem wechselnden Licht und Schatten rings um mich einen wilden Reigen tanzten. Doch plötzlich, mitten in meine Grübeleien, ein gellender Schrei, wie nur Schreck und äußerste Seelenpein ihn erpressen. Dann eine Pause. Dann klagendes Stimmengewirr und zwischendurch leise Seufzer und qualvolles Stöhnen. Jäh abgerissen waren meine Träume. Ich sprang auf, riß eine der Türen des Bibliothekszimmers auf und sah draußen im Vorraum eine Dienerin stehen, die mir bitterlich weinend verkündete, daß Berenice gestorben sei. Sie war am Morgen einem epileptischen Anfall erlegen. Schon harrte das Grab ihres armen Leichnams, und die Vorbereitungen zur Bestattung waren getroffen.

Und wieder saß ich in der Bibliothek, allein wie zuvor. Es schien mir, als wäre ich eben aus einem schweren, quälenden Traum erwacht. Ich wußte, daß es Mitternacht war und daß Berenice seit Sonnenuntergang in der Erde ruhte. Was sich aber in der Zwischenzeit begeben hatte, das war fast gänzlich meinem Gedächtnis entschwunden; jedenfalls konnte ich mir keine klare, präzise Vorstellung davon machen. Ich wußte lediglich, daß ich bei der Rückerinnerung ein Grauen empfand, das durch die Unklarheit nur noch gesteigert wurde, daß mich ein Entsetzen schüttelte, das die Ungewißheit nur noch entsetzlicher machte. Es war die furchtbarste Stunde meines Lebens, ein Blatt in der Geschichte meines Daseins, dicht beschrieben mit düsteren, unentzifferbaren, scheußlichen Hieroglyphen der Erinnerung. Vergeblich mühte ich mich, sie zu enträtseln, denn immer und immer wieder gellte mir – gleichsam wie das Gespenst eines verklungenen Tones – der schrille Schrei, der schmerzhaft gellende, durchdringende Schrei einer Frauenstimme im Ohr. Ich hatte irgend etwas Gräßliches getan. Was aber war es? Laut sprach ich diese Frage vor mich hin, und das Echo des Zimmers äffte mich nach: »Was war es?«

Neben mir auf dem Tisch brannte eine Lampe, und dicht davor stand eine kleine Kassette. Sie war durchaus nicht ungewöhnlich, und ich hatte sie schon oft gesehen, denn sie gehörte unserem Hausarzt. Rätselhaft war mir nur, wie sie hierher auf meinen Tisch gekommen war und weshalb mich bei ihrem Anblick ein kaltes Grauen schüttelte. Hierfür eine Erklärung zu finden war vollständig ausgeschlossen. Da fiel mein Blick zufällig auf die aufgeschlagene Seite eines Buches, auf der eine Zeile unterstrichen war. Ich las die merkwürdigen und doch so einfachen Worte des Dichters Ebn Zaiat: »Dicebant mihi sodales si sepulcrum amicae visitarem, curas meas aliquantulum fore levatas.« Weshalb nur sträubte sich beim Lesen dieses Ausspruches mein Haar? Weshalb gerann mir das Blut in den Adern?

Ein leises Pochen an der Tür der Bibliothek schreckte mich aus meinen Betrachtungen auf. Ein Diener kam, bleich wie der Tod, auf den Zehenspitzen herein. Sein Blick war wie vor Schreck erstarrt, und er sprach mit rauher, zitternder und leiser Stimme. Was er sagte? Ich weiß es nicht – ich hörte nur abgerissene Fetzen seiner Sätze. Doch irgendwie kam darin vor, daß ein gellender Schrei die Stille der Nacht durchschnitten habe, daß das

Gesinde zusammengelaufen sei und daß man, nach dessen Ursache suchend, dem Schall des Schreies nachgespürt habe. Dann wurde seine Stimme qualvoll deutlich, und er raunte mir etwas von Leichenschändung, von einem entstellten, in Laken gehüllten Körper zu, der noch atmete, noch pulsierte, noch lebte!

Er zeigte auf meine Kleider; sie waren beschmutzt und mit Blut besudelt. Ich war unfähig, ein Wort zu sagen; er aber hob sanft meine Hand empor: sie trug die Male menschlicher Nägel. Er machte mich auf einen Gegenstand aufmerksam, der an der Wand hing. Mehrere Minuten lang starrte ich ihn an: es war ein Spaten. Entsetzt schrie ich auf, taumelte gegen den Tisch und riß die Kassette an mich. Ich hatte nicht die Kraft, sie zu öffnen – sie entglitt meinen zitternden Händen, schlug schwer auf den Boden auf und zerbrach. Laut klirrend rollten einige zahnärztliche Instrumente auf den Teppich – und mit ihnen zweiunddreißig kleine, weiße, elfenbeinschimmernde Dinger.

Originaltitel: Berenice

Lyn Wood
Der schlichte braune Briefumschlag

Die Lackierung ist wirklich gelungen, dachte Sophie. Der Lastwagen war wie ein riesiger brauner Briefumschlag gestaltet – so ein robuster aus etwas körnigem Papier. Dieser Eindruck entstand natürlich nur, wenn man ihn von der Seite betrachtete, aber die Idee war gut, und Name und Anschrift der Firma standen genau dort, wo sie sein sollten, nicht ganz auf halber Höhe. Und auch die Briefmarke war einwandfrei – in jeder Hinsicht.

Sophie war noch nie alleine getrampt, und auch jetzt tat sie es lediglich, weil sie der Ansicht war, nur so könne sie für einen Artikel recherchieren, an dem sie gerade schrieb. Sie erzählte einer Kollegin von ihrem Vorhaben, vereinbarte, sie zu einer gewissen Zeit anzurufen, um zu bestätigen, daß alles in Ordnung war. Sie trug eine schlichte schwarze Hose – um bloß nicht unnötig zu provozieren. Ihren Regenmantel knöpfte sie bis zum Hals zu und stopfte sich das Haar unter die Mütze, weil sie so maskulin wie möglich aussehen wollte. Tritt energisch auf, redete sie sich ein, du mußt alles unter Kontrolle haben. Wenn du nicht aussiehst wie ein Opfer, wirst du auch keines werden. Gleichzeitig sagte eine hämische kleine Stimme in ihrem Kopf: Wie weit willst du gehen, Sophie? Du behauptest, daß es zu den gängigen weiblichen Phantasien gehört, von einem Lastwagenfahrer aufgelesen zu werden, oder etwa nicht? Wieder einer von deinen unanständigen, lüsternen Artikeln. Von jemandem, den man nie wiedersehen wird, den Verstand weggefickt zu bekommen, ein kleines bißchen Gewalt auf die schnelle. Wie gründlich willst du wirklich ermitteln? Und dann hielt der schlichte braune Lastwagen an, und plötzlich war sie sehr nervös.

»Ich fahre bis rauf nach Manchester«, sagte der Fahrer. Er trug ein schmuddeliges T-Shirt und Jeans und hatte sich seit einigen Tagen nicht rasiert. Eigentlich ziemlich runtergekommen, aber er hatte schöne blaue Augen, und unter den dunklen Stoppeln sah er recht gut aus. Sie hatte schon gehofft, er würde sechzig sein und schlechte Zähne und nur ein Auge haben, denn dann hätte sie eine gute Entschuldigung für einen Rückzieher gehabt.

Sophie holte tief Luft, sagte: »Genau meine Richtung«, und kletterte zu ihm in die Kabine. Er räumte ein paar Zeitungen und Bonbonpapiere beiseite und entschuldigte sich für die Unordnung. Sie beobachtete, wie er anfuhr. Die Leichtigkeit, mit der er die riesige Maschine lenkte, war... nun, sexy. Sie tadelte sich selbst und bemühte sich, objektiver zu denken. Sie fuhren eine Weile schweigend dahin, doch als sie auf die Autobahn abbogen, fragte er sie nach ihrem Namen.

»Sophie«, sagte sie. »Wie heißt du?«

»Jeff.« Das schien genau der richtige Name für einen Lastwagenfahrer zu sein. Er fragte, was sie machte, und sie tischte ihm Lügen auf, behauptete, sie würde in einem Supermarkt arbeiten und erfand eine Wohnung in Brixton und einen Kater namens Albert.

»Freund?« fragte er.

»Peter«, sagte Sophie, obwohl sie sich vor ein paar Monaten von Peter getrennt hatte. Vielleicht wäre es besser, ihn für die Dauer der Fahrt weiterhin existieren zu lassen. Sie redete eine Weile über ihn, wie besessen er von Manchester United war und daß er keine Ahnung von Klempnerei hatte. Klempnerarbeiten waren ein schön ungefährliches Thema, das als sexuelles Abschreckungsmittel nur noch von Krankheiten übertroffen wurde.

Es fing an zu regnen, dann wurde der Regen zu Schneeregen, und der Verkehr nahm zu. Sie fuhren langsamer, eine lange Reihe roter Rücklichter vor ihnen, und die Scheibenwischer schoben den Schneematsch mit einem nervenden Quietschen von der Windschutzscheibe. Sie wurden von einem anderen Lastwagen überholt, der die unsterbliche Aufschrift *Komm in Schwung mit Paolos Pizza* trug.

»Was transportierst du?« fragte Sophie.

Er warf ihr einen Blick zu und zögerte.

»Du wirst doch wohl *wenigstens* wissen, was da hinten drin ist«, sagte sie. Das klang herablassender, als sie gewollt hatte.

»Natürlich«, sagte er.

»Also was?«

»Willst du das wirklich wissen?«

»Deshalb frage ich schließlich.« Sie war äußerst bemüht, energisch zu wirken, was nur dazu führte, daß sie unhöflich klang.

»In Ordnung«, sagte er, »Sexspielzeug.«

Sie riß die Augen auf und ließ die Kinnlade fallen.

Er lachte. »Du hast es so gewollt.«

»Du hättest auch lügen können.«

»Das stimmt.« Er grinste. »Also kein Interesse?«

»Woran?«

»An meiner Ladung. Die meisten Leute sind nämlich sehr interessiert, wenn sie erfahren, was ich mache. Erst tun sie so, als wären sie schockiert; nach einigen Augenblicken fangen sie an zu kichern, dann stellen sie die übliche verstohlene Frage, und ehe man sich's versieht, hat man ihnen einige Heftchen und eine Tube Gleitmittel verkauft.«

»Oh«, sagte Sophie. »Wirklich.«

»Du bist doch wohl nicht prüde, oder?«

»Nein.«

»Es ist bloß ein Job.«

Sie wirkte unbehaglich.

»Ach komm schon«, sagte er, »beruhige dich, du glaubst doch

wohl nicht im Ernst, daß ein Vergewaltiger in einem Lastwagen mit solcher Ladung rumfahren würde.«

»Nein«, sagte sie, »wahrscheinlich nicht.«

»Gut«, sagte Jeff. »Das wäre geklärt. Willst du ein Pfefferminz?« Er grinste wieder. »Oder nimmst du von Fremden keine Süßigkeiten an?«

Sie lachte und nahm eins, und langsam entspannte sie sich. In der Kabine war auf einmal die Sonne aufgegangen, obwohl es jetzt draußen schneite. Während der nächsten fünfzig Meilen lachten sie viel.

Es herrschte jetzt nur noch wenig Verkehr; das Schneetreiben wurde zunehmend stärker. Sie spähte aus dem Seitenfenster – die Felder waren weiß, und auf dem Seitenstreifen bildeten sich Schneewehen. Dann änderte auch die Straße ihre Farbe, und Jeff fuhr immer langsamer. Fünf Minuten später rutschte der Lastwagen von einer Fahrspur zur anderen, und Sophie klammerte sich mit weißen Knöcheln an ihren Sitz.

»Wir halten besser an«, sagte er. »Bald werden die Schneepflüge und Streufahrzeuge unterwegs sein.«

Sie nickte. Es gab wirklich keine Alternative. Er fuhr an den Straßenrand, und eine Zeitlang saßen sie bei laufendem Motor, der die Heizung in Gang hielt, in der Kabine, tranken Tee aus seiner Thermosflasche und aßen Kekse. Bald zeigte sich jedoch, daß die Heizung den extremen Bedingungen nicht gewachsen war.

»Ich glaube, ich kann sie vom Motor aus höher drehen«, sagte Jeff. Er nahm eine Taschenlampe und stieg aus der Kabine. Sophie hörte, wie er draußen hantierte, und dann blieb der Motor ganz stehen. Das abrupte Versiegen des lauwarmen Luftstroms, der unter dem Armaturenbrett hervorgekommen war, kam ihr vor wie ein Windhauch aus der Arktis. Nach einigen Minuten kletterte er kopfschüttelnd wieder hinein.

»Was machen wir jetzt?« fragte Sophie, die überlegte, ob er es wohl mit Absicht getan hatte.

»Wir gehen nach hinten. Da sind Kisten mit Kleidern, Bettwäsche, einige Teppiche, die wir als Decken benutzen können. Irgendwie.«

Wieder schien es keine vernünftige Alternative zu geben.

Er kritzelte eine Nachricht, die besagte, daß Jeff und Sophie im Anhänger waren, und legte sie auf das Armaturenbrett. Seine Umsicht beeindruckte sie, und sie war froh, daß er ihre Anwesenheit bestätigte, indem er ihren Namen auf die Nachricht geschrieben hatte. Sie mußte über ihre Paranoia lächeln, denn es war nicht das erste Mal, daß sie ihre Unternehmungen für eine Story bereute. Journalisten neigten dazu, hinter allem finstere Absichten zu vermuten. Sie warf einen Blick auf ihre Uhr, aber sie mußte ihre Kontaktperson erst in anderthalb Stunden anrufen.

Eine Flasche mit etwas namens Boukha stand hinter ihm in einem Plastikbeutel – die nahm er mit, ebenso den Becher der Thermosflasche und die restlichen Kekse. Dann stiegen sie aus, stapften durch den Schnee, schlossen die Hintertüren auf und kletterten hinein.

Jeff ließ die Taschenlampe durch den Innenraum gleiten und hing sie dann an eine Metallstrebe. Das Licht schwang vor und zurück, so daß die Schatten sich erst in die eine, dann in die andere Richtung erstreckten. Man sah etliche Pappkartons, Seile zum Befestigen und einige Schutzbezüge. Auf der einen Seite stand ein Bett, das mit Plastikfolie bedeckt war, in der sich das schaukelnde Licht reflektierte, kleine gelbe Blitze, wie Augen in der Nacht. Das Bett war ein extravagantes Himmelbett mit vielen Schnitzereien und einem Polster an einem Ende.

»Das ist ein Ausstellungsstück«, sagte Jeff. »Für die rote Satinbettwäsche und die Schaffelle.« In dem Anhänger war es so kalt, daß Sophie seinen weißen Atemhauch sehen konnte. Sie zitterte. »Probier mal den hier«, sagte er, »ich organisiere solange etwas.« Er gab ihr den Boukha; sie nahm einen Schluck, und ihre Kehle wurde taub.

»Wir müssen an Iglus denken«, sagte er, »je weniger Platz, desto wärmer werden wir es haben.«

»Du meinst wohl das Bett.«

»Mm.« Er zog die Plastikfolie von der Matratze und fing an, die Schutzbezüge wie Vorhänge über das Gestell zu hängen. »Mach mal ein paar von den Kisten auf«, sagte er, »irgendwo ist eine Decke, und jede Menge Bettwäsche. Es müßten auch Kissen dabei sein. Wir bauen uns ein Nest, indem wir die Sachen an der Wagenwand und am Kopf- und Fußende auftürmen. Dann sind wir auf drei Seiten eingeschlossen.«

Sophie fing an, Kisten zu öffnen. Die erste war ein Volltreffer; schwarze Seidenlaken und Bezüge. Die nächste Kiste war mit aromatisierten Kondomen gefüllt und die dritte voller Gläser mit Körperfarbe aus Schokolade. Zumindest würden sie nicht verhungern. Sie fand die Decke und die Kissen unter den Dildos und Penisattrappen. Das erwartet einen also, dachte sie, wenn man einen schlichten braunen Umschlag öffnet.

Als das Iglu fertig war, sah es aus wie Aladins Höhle. Auf einer Seite waren Schaffelle aufgetürmt, von denen einige weiß und flauschig, andere gefärbt waren, seidig grün und blau und purpur. Jeff hatte das rote Satinlaken auf die Matratze gelegt, passende Bezüge auf die Kissen gezogen und an einem Ende einen Haufen Kleidung gestapelt. Es waren alles Kostüme; rüschenbesetzte weiße Schürzen, Krankenschwesteruniformen und sogar ein Torero-Anzug – das Brokat glitzerte im Schein der Taschenlampe, und die Pailletten tanzten wie Leuchtkäfer, als er die Kleider auf einer Seite zusammenschob und sagte: »Würde es dir etwas ausmachen, die Schuhe auszuziehen? Ich kann dir ein Paar Haremspantoffeln anbieten.«

Sophie saß im Schneidersitz auf dem Bett, vergraben unter Schaffellen, und Jeff zog den provisorischen Vorhang zu. Die Atmosphäre war seltsam intim, und sie aßen die restlichen Kekse und tranken von dem Boukha, doch trotzdem zitterten sie noch von Zeit zu Zeit. Schließlich kuschelten sie sich in stillschweigendem Einvernehmen aneinander, und allmählich ließ die Gänsehaut nach.

»In meinem Geschäft muß man die geheimen Vorlieben der Leute erraten«, sagte er. »Ärzte und Krankenschwestern, Schuljungen und Matronen, Supermarktkassiererinnen und Lastwagenfahrer...«

Sophie erstarrte ein wenig, die Seile fielen ihr ein, und sie mußte an Vergewaltigung denken. Er lachte. »Einige Phantasien gibt es schon ewig, Sophie. Statt Lastwagenfahrer kannst du auch Hufschmied oder Wildhüter oder Torfstecher einsetzen. Die Kassiererin wird dann zur Tochter des Stellmachers oder zur Frau des Pfarrers. Du mußt wissen, daß es einen richtigen Ansturm auf Gummipuppen gegeben hat, als der stellvertretende Gesundheitsminister uns so viel kostenlose Publicity verschafft hat.«

»Du scheinst über die geschäftliche Seite aber ganz gut Bescheid zu wissen«, sagte sie. »Ich dachte, du wärst nur Fahrer.« Und da war sie schon wieder, diese subtile Geringschätzung.

»Du hältst dich wohl für was Besseres, kann das sein?« fragte er.

Sie gab keine Antwort.

»Kann das sein?« wiederholte er und drehte ihren Kopf in seine Richtung.

»Du bist nur nicht gerade das... was ich erwartet hatte.«

»Und was hattest du erwartet? So etwas?« Er zog ihren Kopf zu sich hinüber und küßte sie, ziemlich fest und zielstrebig. Sophie reagierte, ohne nachzudenken; sie hatte mehr getrunken, als ihr klar gewesen war. Dann sagte die hämische kleine Stimme in ihrem Kopf: *Macht Spaß, was,* und sie dachte – was zum Teufel tue ich hier? Sie machte sich ziemlich abrupt von ihm los.

»Also«, fragte er, »was verlangt deine Phantasie? Was soll ich jetzt tun?«

»Was soll das heißen, meine Phantasie?«

»Hast du keine?«

Sie starrte ihn an.

Er hob eine Augenbraue und wartete.

Sophie fühlte sich irgendwie in die Ecke gedrängt. Die Wahrheit zu leugnen (in der Leute jeder Art von arabischen Scheichs bis zu Filmstars vorkamen) würde bedeuten, einen absoluten Mangel an Vorstellungskraft einzugestehen, und das ließ ihr Stolz nicht zu. Andererseits war die Unterhaltung schon zweideutig genug geworden. Das Problem war nur, daß sie das schreckliche Gefühl hatte, sie habe wirklich eine Schwäche für ihn. Er hatte ganz genau gewußt, was er tat, als er sie küßte. Also – wenn sie ihm zum Beweis ihrer Originalität eine Phantasie anbot (warum war es ihr nur so wichtig, was er von ihr dachte?), dann mußte sie gut sein. Nicht so etwas Abgedroschenes wie eine Kassiererin und ein Lastwagenfahrer.

»Ohne Zweifel etwas, was ich dir nicht bieten kann«, sagte er, wobei er sie nicht aus den Augen ließ. »Was macht dich an? Macht? Geld? Designerjeans?«

»Togas«, sagte Sophie und dachte: *Ja,* das war gut. Dann: *Nein,* absolut daneben. Jeder kann sich aus einem Laken eine Toga machen. Jeff schien ihrem Gedankengang zu folgen, denn er lachte. Noch vor einer halben Stunde hätte sie erwartet, daß er fragen würde, was eine Toga sei. Jetzt wußte sie nicht genau, was sie denken sollte.

»Kein heimliches Verlangen nach ein bißchen Gewalt?«

»Ein Zenturio vielleicht«, sagte Sophie.

»In Ordnung.«

Sie starrte ihn an. »Was meinst du mit ›in Ordnung‹?«

»In einer der Kisten ist ein Kostüm«, sagte er. »Wie gut ist dein Latein?«

»*Amo, amas, amat*«, sagte Sophie, die sich an ihre Schulzeit erinnerte und die vergaß, daß sie ungebildet wirken wollte.

»*Amamus*«, sagte er. »Bin sofort wieder da«, und er nahm die Taschenlampe, zog einen der Schonbezüge beiseite und verschwand.

Sie saß in der Dunkelheit und dachte: Das glaube ich einfach nicht. Wie absurd kann das Leben sein. Eingeschneit hinten in einem Lastwagen mit einem Lastwagenfahrer, der sich für einen römischen Soldaten hält und Latein spricht. In ihrer Magengrube regte sich ein angenehmes Gefühl, denn sein rauhes Wesen wirkte irgendwie verlockend. Vielleicht war es der Boukha. Oder vielleicht war Jeff es. Er war irgendwie rätselhaft.

Er schien Ewigkeiten fort zu sein, sie konnte hören, wie er in den Kisten kramte, hörte leise Geräusche, wenn er Dinge bewegte, sanftes Rascheln und Klimpern. Sie war schläfrig, die Wärme der Schaffelle und der starke Alkohol zeigten erhebliche Wirkung. Sie schloß die Augen und lehnte sich zurück.

Sie mußte eingeschlafen sein, denn was dann geschah, schien wie ein Traum, obwohl sie tief in ihrem Inneren wußte, daß es keiner war. Sie vermutete vage, daß sie irgendwann aufgewacht und vom Traum in die Wirklichkeit hinübergeglitten war, nur gab es da seltsamerweise keinen Unterschied.

Sie hatte auf einem Marktplatz gestanden; das Szenario war sehr lebhaft gewesen, helles Sonnenlicht, Käfige mit mageren Hühnern, Körbe mit Feigen, Frauen in langen Kleidern, ein weißgekleideter Mann, der sich vorsichtig seinen Weg durch die fauligen Äpfel bahnte, die auf dem Boden verstreut lagen. Sophie konnte die überreifen Früchte riechen, dazu frischgebackenes Brot und Gewürze. Ein Pferd wieherte, und jemand rempelte sie an: Es war ein alter Mann mit schlechten Zähnen und nur einem Auge. Sie hatte keine Ahnung, was sie dort tat; vielleicht hatte sie sich verirrt. Sie sah sich um.

Ihr Blick fiel auf einen Soldaten mit federgeschmücktem Helm, der mit jemandem um eine Öllampe feilschte. Er hatte sich seit einigen Tagen nicht rasiert, aber er hatte schöne blaue Augen und war recht attraktiv. Er sah in ihre Richtung, sagte etwas zu dem Händler und kam auf sie zu. Sie stand da und wußte nicht, was sie tun sollte. Er sprach zu ihr, aber sie konnte nicht verstehen, was er sagte. Sie spürte Panik in sich aufsteigen. Er wiederholte seine Worte lauter, aber sie ergaben keinen Sinn. Er schüttelte den Kopf, leicht verärgert, packte sie am Handgelenk und zog sie in eine Weinhandlung. Der Besitzer zeigte auf eine Tür im Hintergrund; der Soldat zog sie über die Schwelle in einen winzigen Raum. Auf dem Boden lagen eine dünne Strohmatte und einige Decken. Er legte die Arme um sie und küßte sie rauh, und sie fühlte sich sehr klein und unbedeutend und hilflos, und gleichzeitig begann sie, Erregung zu verspüren. Er schob ihr das Kleid von den Schultern und befühlte ihre Brüste, wobei er den Blick nicht von ihrem Gesicht abwandte. Sie schluckte. Das Gefühl, ein Gegenstand zu sein, führte irgendwie dazu, daß sie zu seinen Füßen zerfließen wollte. Er hob sie hoch, trug sie hinüber zu der Matte und legte sie nieder. Dann trat er zurück und betrachtete sie mit ausdruckslosem Gesicht. Sie sagte etwas; offensichtlich verstand er sie nicht. Dann schienen die Decken sich in Flaum zu verwandeln, und sie spürte die glatte Kühle eines Satinlakens.

Er löste seine Brustplatte und legte sie vorsichtig neben sich. Dann zog er die Sandalen und die Tunika aus und kniete sich vollkommen nackt neben sie. Er legte sein Schwert neben sich auf das Bett, und die lederne Scheide berührte ihren Schenkel, reptilienartig, fremd. Der Raum war geschrumpft und mit Vorhängen versehen.

Er sagte nichts. Sie sah zu, wie er ihr Hemd aufknöpfte, sein Gesicht im Schatten, seine Schultern von irgendwoher von einer Lampe beschienen. Er war langsam und unerwartet sanft, und sie leistete keinen Widerstand. Er genoß es, jedes einzelne Kleidungsstück zu entfernen, hielt es an seinen Körper, befühlte es, als sei es etwas Unbekanntes, seltsam Erregendes. Als er ihr schließlich das ziemlich nüchterne weiße Baumwollhöschen auszog, wickelte er es um seinen Penis, als sei es aus französischer Seide gemacht. Dann ergriff er ihre Hand, und sie spürte ihn durch das dünne Material, hart und durch den Stoff dennoch weich.

Er lehnte sich über sie und berührte die Spitze ihrer Brustwarze mit seiner Zunge. Sie fühlte, wie diese hart wurde, und instinktiv reagierte sie mit einer Bewegung der Hüften. Sie wußte, daß sie jetzt wach war, aber es war so fremdartig, so unwirklich, so erotisch. Seine samtene Haut, seine weichen Lippen, seine sanfte Berührung. Sie wollte ihn.

Seine Hand glitt zwischen ihre Beine, und sie spürte, wie er die Falten öffnete und mit dem Finger um das Innere ihrer Schamlippen fuhr. Die Erregung breitete sich in ihr aus wie Wein, der auf einem Tischtuch verschüttet wird. Das weiße Baumwollhöschen glitt auf das Laken, und sie konnte zum ersten Mal seinen Penis an sich spüren. Er hatte ein Kondom übergezogen. Das brachte sie plötzlich in die Gegenwart zurück, doch wie ein kalter Guß in den Tropen war es nur von kurzer Dauer. Er begann, sich an ihr zu reiben, sehr langsam und bedächtig, und die Weinflecken drangen bis in ihre Fingerspitzen vor. Er hatte sie nicht ein einziges Mal geküßt; dadurch wirkte die ganze Episode wie gespielt, wie ein Schattenspiel, wie Figuren auf einem Bildschirm. Dann packte er sie plötzlich bei den Schultern, und sie fühlte, wie er in sie eindrang, und die Sanftheit war verschwunden.

Sie ließ zu, daß ihre Muskeln sich um ihn spannten; sie ritten zusammen durch den Sturm, hinaus auf einen Ozean, mit jeder Woge höher und höher, mit Salz auf der Zunge und Rauschen in den Ohren. So eine Begeisterung hatte sie noch nie verspürt, ihre Augen waren fest geschlossen, wie früher, wenn sie als Kind geschaukelt hatte, berauscht von der Empfindung, ängstlich und ekstatisch.

Er ist ein Lastwagenfahrer, sagte eine Stimme in ihrem Kopf. Ein Lastwagenfahrer.

Das ist mir scheißegal, antwortete sie sich selbst. Aber sie öffnete die Augen, und er beobachtete sie, ein leises Lächeln, das mit jedem Stoß schmaler wurde. Sie war ihm so nah; sie merkte, daß sie an ihm zog, sie wollte es so fest, wie er nur konnte.

Das Lächeln wurde breiter. »*Nil desperandum*«, flüsterte er, »*et quid pro quo.*« Und als sie die siebte Woge erreichten, vergaß sie vollkommen, wo sie war oder wer sie war oder wer er war, und es war der intensivste Orgasmus, den sie jemals erlebt hatte.

Nach einer Weile fragte sie: »Wer bist du?«

»Wen immer du dir wünschst«, sagte er.

Sie schüttelte den Kopf. »Wer bist du wirklich?«

»Das habe ich dir doch gesagt«, antwortete er. »Ich bin ein Chamäleon.«

»Mit einem Fernfahrerschein.«

»Ja.«

»Gehört dir der Betrieb?«

»Nein.«

Die Schaffelle waren auf sie getürmt, es war beinahe zu warm. Sophie schob einige beiseite und sah ihn an. Er machte keinen Versuch, ihrem Blick auszuweichen. Sein Körper lieferte keinen Anhaltspunkt, keine Tätowierungen, keine Narben, kein Schmuck. Er war muskulös, aber nicht übermäßig.

»Du bist also nur ein Fahrer«, sagte sie, »der zufällig ein wenig Latein spricht.«

»Ein Pleb«, sagte er und begann sie zu küssen. Sie wußte, daß sie etwas tun mußte, irgend etwas, das etwas mit Verwaltung zu tun hatte ... oder war es Vergewaltigung ...? Sie konnte sich nicht genau erinnern, denn das, was er mit ihr machte, schien irgendwie zu vorübergehendem Gedächtnisschwund zu führen ...

Irgendwann später fiel ihr ein, daß Küssen ein ausgezeichnetes Mittel war, sie daran zu hindern, weitere Fragen zu stellen. Sie machte sich los.

»Nein«, sagte er, »vom Verhör habe ich genug. Die Nacht ist noch jung. Was kommt nach einem römischen Zenturio?«

»Bestimmt nicht dein Sklavenmädchen«, sagte Sophie und dachte: *Telefonanruf.* Ich habe nicht angerufen.

»Sklavenmädchen«, sagte er lächelnd, »das warst du also.«

»Was ist mit dir?« fragte Sophie. »Was ist deine Phantasie?«
»Zu sein, was immer du willst«, sagte er.

»In Ordnung«, fuhr sie ihn an, verärgert über seine Ausflüchte, wenn sie etwas über seine Person fragte, und sie sagte das Erstbeste, was ihr in den Sinn kam. »Ein Eisbär.«

Er biß sie in die Schulter, nicht zu fest, aber ziemlich fest. Sophie schob ihn weg, und er schlug gegen ihre Schläfe. Auch das tat nicht richtig weh, aber es war auch nicht gerade sanft. Sie wandte sich von ihm ab. Er knurrte und stürzte sich auf sie, seine Finger wurden zu Krallen. Sie rollten über die Schaffelle, kratzten und bissen sich, bis sie am Fußende des Bettes landeten und es kein Entkommen mehr gab. Er spreizte ihre Beine und leckte sie wie ein Tier, rhythmisch, zielstrebig, sorgfältig. Dann drehte er sie plötzlich herum und bestieg sie von hinten. Diesmal bumste er sie langsam und frustrierend, hielt sie fest und ließ nicht zu, daß sie sich an ihm bewegte. Sie versuchte sich wegzudrehen; er zog sie zurück. Sie fauchte ihn an, und er entfernte sich. Das hatte sie nicht gewollt; und sie begriff, daß ihm das vollkommen klar war. Sie wandte sich ihm zu; er fletschte die Zähne. Dann glitt er vom Bett und gab ihr eine weiße Schaffelljacke, die sie auf links anziehen mußte. Er selbst zog auch eine an, und dann hob er sie hoch. Er trug sie zur Tür und stützte sich gegen den Griff.

Der Schneesturm draußen wirbelte um sie wie Federn. Der Schnee reichte bis an die Räder des Lastwagens, und es war kein anderes Fahrzeug zu sehen. Es ging etwa einen Meter tief hinunter; er sprang, und sie fielen beide in die Wehe. »Auf die Gefahr hin, meine Rolle für einen Augenblick aufzugeben«, sagte er, »wir sollten uns lieber beeilen.« Dann waren sie wieder Eisbären, und sie balgten und wälzten sich, bis sie ein gutes Stück von der Straße inmitten von Büschen waren, das Haar weiß überzogen, das Fell ihrer Pelze zu Bärenhäuten geworden; ihr Atem war so deutlich zu sehen wie der Atem eines Drachen. Es war alles so anstrengend, daß Sophie die Kälte nicht spürte, und ihr fielen Skandinavier ein, die nach einem Saunagang nackt durch den Schnee stürmten. Der Metabolismus war schon eine seltsame Sache. Jeff drängte sie gegen einen Baum, und die Äste bebten und überschütteten sie mit Weiß. Schließlich zwang er sie auf alle viere, biß ihr in den Nacken und drang von hinten in sie ein, wobei er seine Fäuste wie Tatzen an sie preßte. Es war kurz und schnell und heftig, und es war phantastisch. Und direkt danach begannen sie beide zu zittern, und sie krabbelten zurück zum Lastwagen, so schnell sie konnten.

Dieses Mal brauchten sie deutlich länger, um warm zu werden. Sophies Zähne klapperten äußerst unvorteilhaft, bis Jeff ihr die Flasche Boukha reichte.

»Hör mal«, sagte sie schließlich, als sie wieder sprechen konnte, »ich kann auch direkt auf den Punkt kommen und es aussprechen. Ich glaube, du bist nicht der, für den du dich ausgibst.«

»Dito«, sagte Jeff. »Du bist keine Kassiererin, das steht fest.«

Sie war schockiert. Sie dachte, sie hätte ihre Rolle recht überzeugend gespielt.

Er lächelte. »Erklär mir, wie man eine elektrische Kasse bedient.«

Sie sagte nichts.

Das Lächeln wurde breiter. »Du bist Journalistin, Sophie. Ich habe deine Tasche durchsucht, als du geschlafen hast, ich habe sogar die Sachen gelesen, die du geschrieben hast. Das Stück über die fünf Hausfrauen, die sich einen italienischen Kellner teilen?«

»O Gott«, sagte Sophie. Dann wurde sie wütend. »Du hast meine Tasche durchstöbert? Als ich geschlafen habe?«

»Ich war neugierig«, sagte er. »Obwohl ich irgendwie gehofft hatte, es würde sich herausstellen, daß du bist, was du behauptet hast.«

»Es wäre dir lieber, ich würde in einem Supermarkt arbeiten als für eine Zeitschrift?«

»Unter diesen Umständen schon.«

»Warum – hast du Angst, ich könnte über dich schreiben?«

»Nein«, sagte er. »Denn ich glaube nicht, daß du das tun wirst.«

»Da wäre ich mir nicht so sicher.«

»Was sollte es denn werden – meine leidenschaftliche Nacht mit der Unterschicht?«

Sie starrte ihn an.

»Wild und willig am Straßenrand? Er kann mir jederzeit die Brustwarzen ölen? Und, liebe Leser, ihr werdet kaum glauben, wie lang seine Nockenwelle war?«

»Also gut«, sagte sie, »manchmal schreibe ich Müll, aber das kommt an. Ich arbeite an einem Roman.«

Er bekam einen Lachanfall.

Plötzlich war sie unglaublich wütend auf ihn, und sie entdeckte seine Jeans, die neben ihr auf dem Bett lag. In der Hintertasche steckte eine kleine Brieftasche. Blitzschnell beugte sie sich vor und nahm sie an sich. Sie wandte ihm den Rücken zu, damit er nicht sehen konnte, was sie tat, und prüfte den Inhalt. Sie fand die üblichen Kreditkarten auf den Namen Jeremy Thomas. Der Name kam ihr irgendwie bekannt vor, aber sie konnte ihn nicht einordnen. Über die Schulter warf sie einen Blick auf ihn; er lag auf die Kissen gelehnt, hatte die Augen geschlossen und ein dämliches Grinsen auf den Lippen.

Sie faltete Papierstücke auf. Eine Quittung für Maschendraht, ausgerechnet, ein paar Briefmarken, eine Jahreskarte für einen Fitneßclub, ein paar Tombola-Lose – *und ein Ausweis der Schauspielergewerkschaft*. Jeremy Thomas. Er war Schauspieler, er trat in einer Fernsehserie auf, die ihre Mutter immer schaute.

»Das darf doch nicht wahr sein«, sagte sie, »Jeremy Thomas.«

Sie drehte sich um und sah ihn an. Er lächelte nicht mehr.

»Ich werde alles leugnen«, sagte er.

Jetzt lächelte sie.

»Mein Agent wird mir zu einer Klage raten.«

Sie lachte laut auf. »Sag mal«, fragte sie, »versteht man das unter *Drehpause?*«

»Nein«, erwiderte er knapp, »das sind Recherchen. Ich spiele demnächst einen Lastwagenfahrer.«

»Und du wolltest eine Kassiererin bumsen, damit du weißt, wie das ist. Pech gehabt. Versuch es an der nächsten Tankstelle.«

»Du wolltest von einem Lastwagenfahrer flachgelegt werden.«

Sie sahen einander an, und dann begannen sie beide zu kichern.

»Ziemliche Zeitverschwendung, nicht wahr?« sagte Jeremy schließlich.

Sophies Gesicht verdunkelte sich.

»So habe ich das nicht gemeint«, sagte er.

»Nein. Du meintest, worüber ich jetzt wohl schreiben soll.«

Er zuckte die Schultern.

»Ich werde etwas erfinden«, sagte Sophie. »So wie immer. Wie sieht es bei dir aus?«

»Ich werde schauspielern«, sagte Jeremy. »So wie immer.«

Sie grinsten einander an.

»Du hast wohl nicht zufällig ein Handy, was?« fragte Sophie. »Ich sollte eine befreundete Journalistin anrufen, um ihr zu sagen, daß mir nichts passiert ist.«

Er schüttelte den Kopf. »Eigentlich«, sagte er, »könntest du einen unglaublichen Artikel schreiben, solange du mich nicht mit Namen erwähnst. In den Kisten da gibt es noch jede Menge Sachen zum Ausprobieren. Und es kann sein, daß wir noch eine ganze Weile hier sind.«

Sie bemühte sich, nicht allzu ungläubig zu klingen. »Du hast es schon zweimal gemacht«, sagte sie, »ißt du viel Spinat oder so?«

»Ich meinte nicht mich«, sagte er. »Ich habe da elektrische Utensilien, die über deine kühnsten Träume hinausgehen. Und du weißt ja – ich kann jeder sein, den du dir wünschst.«

Sophie nahm noch einen Schluck Boukha. Die Taschenlampe schwang von der höchsten Strebe des Himmelbetts, und die

Vorhänge aus grauen Schonbezügen wirkten ein wenig wie das metallene Innere eines Raumschiffs. »Okay, Zard«, sagte sie, »zeig mir, wie man es auf Filtergropius macht.«

Er stand auf und legte eine Hand über die Taschenlampe. »Damit es richtig authentisch ist«, sagte er, »machen wir es diesmal im Dunkeln. Aber bevor wir anfangen – und in anderer Reihenfolge, als es üblich ist – möchte ich dich fragen, ob ich dich wiedersehen kann. Ich habe das Gefühl, daß unsere Beziehung ganz wunderbar funktioniert.«

»Soll das heißen, du willst, daß ich die Kassiererin spiele?«

»So in etwa.«

»Okay«, sagte sie, »unter einer Bedingung.«

»Welche?«

»Ich kann einen Artikel über dich schreiben. Über dein wahres Ich.«

»In Ordnung«, sagte er, »aber bitte angemessen anständig.« Er hüllte sich in einen Kimono und verschwand, um weitere Kisten zu durchsuchen.

»Rein wie der Schnee«, rief Sophie hinter ihm her, so aufrichtig sie konnte, wobei sie dachte: *Keine Chance.* Dann: Wenn ich alles an die große Glocke hänge, werde ich ihn niemals wiedersehen. Und danach: Ich könnte eine ganze Serie über Phantasievorstellungen schreiben, und ich könnte jede einzelne davon mit ihm recherchieren. Er summte vor sich hin, und sie konnte hören, wie er Plastikbeutel und Pappkartons öffnete. Sie legte sich auf das rote Satinlaken und begann, sich ihr Opus auszumalen.

Zard schaltete das Licht aus. Alles wurde vollkommen schwarz, und eine fremdartige, ätherische Musik setzte ein, leise, monoton, gedämpft und seltsam dissonant. Nach einer Weile spürte sie, daß sich etwas über ihren Bauch bewegte, eine Hand und doch irgendwie keine Hand, das Gewebe war zu weich und glatt, wie Gummi. Noch eine Berührung – ein Finger, eine Kralle, ein Tentakel – sie konnte es nicht sagen. Es bewegte sich ihren Körper hinab bis zwischen ihre Beine, verschwand einen Augenblick lang und kam dann wieder, kühl und sehr feucht. Sie spürte, wie es sich vor und zurück bewegte und sie mit etwas Gallertartigem einrieb, und dann hörte sie ein leises Summen, wie eine Wespe, die in einem Marmeladenglas gefangen ist.

Die Berührung von Zards außerirdischem Penis war wie ein elektrischer Schlag, sie war so unvermittelt und heftig erregend. Er zischte leise, als er ihn kreisen und kreisen ließ, bis sie versuchte, ihm zu folgen und ihn an die richtige Stelle zu bringen. Er brachte sie beinahe zum Wahnsinn, und dann leckte er ihr plötzlich beide Brustwarzen gleichzeitig – so fühlte es sich zumindest an. Ihr Körper wölbte sich einen Augenblick lang nach vorne, und sie spürte sein Gliedmaß, kühl und glatt, beinahe amphibisch, mit einem Rhythmus, der nicht menschlich war. Sie konnte sich nicht auf alle Empfindungen gleichzeitig konzentrieren, sie mußte eine nach der anderen verarbeiten. Der seltsame Penis trieb sie zum Äußersten, dann zog er sich zurück und begann wieder zu kreisen. Sie hörte sich stöhnen, hörte, wie er mit einem dramatischen Summen antwortete. Wieder brachte er sie beinahe so weit und glitt dann wieder davon. Sie schrie beinahe vor Frustration. Als er sie zum dritten Mal dort berührte, reichte es. Als sie kam, legte er sein außerirdisches Organ in voller Länge an sie, und die Vibration erstreckte sich von einer Öffnung zur anderen. Die ganze Welt schien wie ein verlöschender Stern zusammenzusinken; dann dehnte sie sich wieder aus und zog sich wieder zusammen und dehnte sich wieder aus, wieder und wieder.

Sie war davon so mitgenommen, daß sie nicht hörte, wie an die Wand des Lastwagens geklopft wurde, und sie hörte auch nicht, wie eine Stimme fragte: »Hallo? Hallo? Ist da jemand?«

Die Lackierung ist wirklich gelungen, dachte der Polizist, als er innehielt und auf eine Antwort wartete. Der Lastwagen war wie ein riesiger brauner Briefumschlag gestaltet – so ein robuster aus etwas körnigem Papier. Gute Idee.

»Versuchen Sie es noch mal, Constable«, sagte der Sergeant,

stampfte mit den Füßen auf und rieb die Hände aneinander, um die Kälte abzuwehren.

Der Constable holte tief Luft und rief: »Hey! Ihr da drinnen! Hier ist die Polizei. Wenn ihr nicht antwortet, kommen wir rein, jemand hat eine Person namens Sophie als vermißt gemeldet.« Er legte ein Ohr an das eisige Metall. Noch immer keine Antwort, obwohl er meinte, ein leises Brummen hören zu können, das wie eine zornige Wespe klang.

Der Sergeant schüttelte den Kopf. »Vielleicht sind die da drinnen erfroren. Ich glaube, Sie sollten den Umschlag lieber öffnen, Constable. Wer weiß, was wir da drin finden.«

Originaltitel: The Plain Brown Envelope
Deutsch von Annika Tschöpe

Quellennachweis

G. A. McKevett

**Mit Schirm, Charme
und Schokolade**

Ein Savannah-Reid-Krimi

336 Seiten

TB 25197-X

Deutsche Erstausgabe

Mit Charme kommt man in den meisten Fällen weiter – sollte man meinen. In ihrem ersten Fall in der eigenen Detektei macht Savannah Reid allerdings andere Erfahrungen. Allzu unbedarft macht sie sich für den als seriös geltenden Immobilienmakler O'Donnell auf die Suche nach seiner verlorenen Schwester. Daß sie mit ihren Ermittlungen dem Mörder nur den Weg zu seinem Opfer weist, übertrifft selbst ihre schlimmsten Erwartungen. Zu guter Letzt steht sie am Ende ihrer Arbeit auch noch unter Mordverdacht. Die Situation für Savannah scheint ziemlich ausweglos, doch bewaffnet mit ihrer heißgeliebten Schokolade löst sie auch diesen Fall. Ein hervorragendes Krimi-Menu.

»Einfach großartig!«
Publishers Weekly

G. A. McKevett

**Nicht ohne
meine Schokolade**

Ein Savannah-Reid-Krimi

320 Seiten

TB 25975-X

Savannah Reid, vollschlanke Polizistin mit Herz und Verstand, erhält den Auftrag, den brutalen Mord an dem erfolgreichen Modedesigner Jonathan Winston aufzuklären. Als ihr Verdacht auf die engagierte Stadträtin Beverly Winston, die Frau des Opfers, fällt, gerät sie in einen Strudel aus persönlichen Intrigen und politischen Machenschaften. Doch selbst ihre Suspendierung vom Dienst kann sie nicht daran hindern, die heiße Spur auf eigene Faust weiterzuverfolgen – bewaffnet nur mit einer Baretta und ihrer heißgeliebten Schokolade.

Für alle Krimifans, die das Besondere lieben!

Barbara Block
Eine Frau mit Biß
Krimi
344 Seiten
TB 25187-2
Deutsche Erstausgabe

Eigentlich hatte sich Robin Light ihr neues Leben als Besitzerin einer Reptilienhandlung recht angenehm vorgestellt. Doch als ihr Mitarbeiter plötzlich an einem Schlangenbiß stirbt, muß sie feststellen, daß auch Tiere ein mörderisches Geschäft sein können. Der Hauptverdacht fällt zu allem Übel sofort auf sie selbst. Robin, intelligent, humorvoll und spitzzüngig, setzt alle Kräfte daran, den wirklich Schuldigen zu entlarven. Dies aber erweist sich trotz einiger Hinweise schwieriger als erwartet, und schon bald droht sie in einem Sumpf aus Drogengeschäften, illegalem Tierhandel und Hexenritualen zu versinken …
Mit Robin Light betritt eine neue und wunderbar skurrile Privatdetektivin die deutsche Krimibühne.

Econ & List

Unni Lindell
Das dreizehnte Sternbild
Krimi
520 Seiten
TB 25196-1
Deutsche Erstausgabe

Wiegenlieder werden eigentlich für Kinder gesungen, wenn sie nicht einschlafen können.

Einen unruhigen Schlaf hat seit kurzem auch Hauptkommissarin Myklebust, denn die Strophe eines alten Wiegenliedes ist bisher die einzige Spur in einer unheimlichen Mordserie, von der die Osloer Polizei in Atem gehalten wird.

Vier Männer, die auf den ersten Blick nichts miteinander zu tun haben, werden auf mysteriöse Weise getötet, und die Ermittler stehen vor einem Rätsel – der Fall scheint unlösbar.

Doch die Polizei hat ein wichtiges Detail übersehen …

»Unni Lindells Debütroman muß zu den absoluten Höhepunkten der norwegischen Krimiliteratur gezählt werden.«

Aftenposten